DEALING WITH DARWIN
How Great Companies Innovate at Every Phase of Their Evolution

公司进化论
伟大的企业如何持续创新

[美] 杰弗里·摩尔（Geoffrey A. Moore） 著　陈劲 译

图书在版编目（CIP）数据

公司进化论：伟大的企业如何持续创新（珍藏版）/（美）摩尔（Moore G. A.）著；陈劲译 . —北京：机械工业出版社，2014.5（2024.5 重印）

书名原文：Dealing with Darwin: How Great Companies Innovate at Every Phase of Their Evolution

ISBN 978-7-111-46706-9

I. 公… II. ①摩… ②陈… III. 企业管理-研究 IV. F270

中国版本图书馆 CIP 数据核字（2014）第 100082 号

北京市版权局著作权合同登记　图字：01-2013-2589 号。

Geoffrey A. Moore. Dealing with Darwin: How Great Companies Innovate at Every Phase of Their Evolution.

Copyright © 2005 by Geoffrey A. Moore.

Simplified Chinese Translation Copyright © 2014 by China Machine Press.

No part of this book may be reproduced or transmitted in any form or by any means, electronic or mechanical, including photocopying, recording or any information storage and retrieval system, without permission, in writing, from the publisher.

All rights reserved.

本书中文简体字版由 Geoffrey A. Moore 通过 Andrew Nurnberg Associates International Ltd. 授权机械工业出版社在中国大陆地区（不包括香港、澳门特别行政区及台湾地区）独家出版发行。未经出版者书面许可，不得以任何方式抄袭、复制或节录本书中的任何部分。

公司进化论：伟大的企业如何持续创新

[美] 杰弗里·摩尔（Geoffrey A. Moore） 著

出版发行：	机械工业出版社（北京市西城区百万庄大街22号　邮政编码：100037）			
责任编辑：	岳小月	责任校对：	董纪丽	
印　　刷：	固安县铭成印刷有限公司	版　　次：	2024年5月第1版第11次印刷	
开　　本：	170mm×242mm　1/16	印　　张：	15	
书　　号：	ISBN 978-7-111-46706-9	定　　价：	79.00元	

客服电话：（010）88361066　68326294

版权所有·侵权必究
封底无防伪标均为盗版

DEALING WITH DARWIN
How Great Companies Innovate at Every Phase of Their Evolution

推荐序

掌控创新之舵

对于创新，一向有很多的误解。在人类历史上，著名的创新总是与爱迪生、贝尔这些振聋发聩的名字联系在一起，似乎只有他们以及那些颠覆性的创新，才构成了公司和商业不断演进的历史。然而实际上，企业的生存和进化并不能仅寄希望于天才和奇迹。

在真实的商业环境中，一项创新可能会迅速被竞争者模仿，从而失去竞争优势。在创新道路上不思进取的企业将在竞争者的不断追逐之下迅速丧失市场份额和领先地位。随着经济全球化、信息通信技术革命和日益激烈的商业竞争，这一情形已经变得尤为突出。今天，一个重要的商业事实就在于，当企业面临瞬息万变的市场环境时，创新已不再是可有可无之物——它已经成为企业生存与发展的必要条件。

因此，企业唯有将创新纳入有效的管理规划之中，遵循明确的指导原则和方法论，进行持续不断的系统化创新，才能长久保持竞争优势。这正是本书作者杰弗里·摩尔所倡导的"公司进化"的理念。

作者将商业环境与自然规则相比拟，阐述了企业如何能够在持续成功的创新中"适者生存"，避免遭遇被市场无情淘汰的商业"达尔文法则"。作者特别强调创新的有效性和方法论，破除"为创新而创新"的误区。若要让创新真正能够对企业的经营起到推动作用，则离不开两方面的管理：对创新的管理，以及对于惯性或者惰性力量的克服。最终，遵循创新规律和方法论的企业，将能在内部建立起持续创新的机制和文化。

杰弗里·摩尔是一位声誉卓著的商业思想大师，尤以对新技术行业的真知灼见而闻名于管理学界和企业界。多年前，我有幸拜读摩尔的《跨越鸿沟》（Crossing the Chasm）[⊖]一书，随后欲罢不能，与他的后续著作也结下了不解之缘。我不断将他的方法与理念应用于管理实践，对其进行借鉴、印证、反思和升华，这让我受益匪浅。最近几年，随着商业环境的变迁，企业开始着眼于运营优化和成本控制，如何创新成为企业的核心命题之一。创新需要企业投入一定的资源，但资源总是有限的。因此，在创新与资源之间，想法与执行之间始终存在着尖锐的矛盾，直接导致了很多创新并没有获得有效的执行。我从摩尔关于"核心"（core）与"外围"（context）、使命关键与非使命关键的分析方法中得到了很多启示，学会解放"外围"所占用的资源，将其重新用于"核心"。在多年的管理实践过程中，我努力让自己保持敏锐的判断力，时时审视企业和自身的"核心"与"外围"，不断追求将企业资源集中于事关企业"核心"的有效创新，将自己的精力集中于事关自身"核心"的有效管理之中。

本书可谓是摩尔管理思想的总结和升华，书中持续创新原则和方法论的阐述，对谋求创新的企业和个人来说，都具有深刻的指导意义。尤其值得一提的是，本书与思科公司渊源颇深。思科不仅是网络和通信领域的全球领先厂商，其自身更是网络化运营和创新的典范。思科每年投资 40 多亿美元于研发创新之

⊖ 该书中文版已由机械工业出版社出版。——译者注

中；迄今为止成功收购了110余家创新型企业，从中获得了新的技术和商业模式；通过建立良好的商业生态系统与合作伙伴协作，以解放资源，让自身聚焦于"核心"之上。因而，思科能在与互联网相关的各项创新上都屡有斩获。作者对思科的公司运营进行了深入考察，甚至亲身参与到思科的战略转型和项目管理之中，与包括思科公司CEO约翰·钱伯斯（John Chambers）在内的管理层不断进行思想碰撞，从中寻求答案，探索如何通过有效投资实施创新的途径。思科公司关于创新的最佳实践开拓了杰弗里·摩尔的视野，丰富了他的见解，而思科公司也从这位管理大师的思想中汲取了新的力量。

今天，网络作为一种改变和决定未来的力量，正在深入社会经济的各个层面，成为提供全新通信、应用和生活体验的包罗万象的平台，也让每个国家、地区、企业和个人都有能力在这个平台上通过创新改变自己的竞争力和命运。改革开放30多年来，中国正成为推动世界经济增长的重要引擎，并从"中国制造"向"中国创造"迈进。中国企业不仅需要在技术研发、产品服务、商业流程和模式上开展多渠道的创新，更需从管理思想上认知创新的价值和规律，从而真正掌控创新之舵，驶向充满机遇的蓝海。相信本书定能为中国商界和学术界有识之士所欣见，进一步激发中国企业的创新力，推动更多的企业不断"进化"，成长为市场的优胜者！

林正刚

思科系统（中国）网络技术有限公司前总裁

DEALING WITH DARWIN
How Great Companies Innovate at Every Phase of Their Evolution

译者序

整体穿越"达尔文之海"

  创新的本质就是穿越"达尔文之海"。从基础性的研发到初建创新企业,再到大规模产业化之间,存在众多的鸿沟,限制了知识创新、技术发明以及产业创新的有效联结。成功的企业家只有依托独特的想象力、基于精算的冒险精神、坚定执著的毅力,才能率领团队实现从创意到商业价值的成功转换。

  传统的创新理论更重视基于研发到市场价值实现的过程描述,指导全球众多企业穿越了创造到实现第一次商业价值的鸿沟,部分地穿越了"达尔文之海",完成了熊彼特式的初始创新过程。然而,企业必须在后续的商业进程中不断地创新,才能在企业的持续进化中获得永续的生存与发展。

  杰弗里·摩尔的《公司进化论》,是关于企业创新的优秀著述。与传统的关注研发以及新创企业的商业书籍不同,摩尔更为关注技术创新与产品及市场的密切关系,以及成熟或在位企业在其业务周期各阶段驾驭产品和市场创新特性的成功实践,分析如何跨越快速增长的高科技企业与成熟、低增长和商品化的企业之间的鸿沟，从而指导企业完成熊彼特式的持续创新，整体地穿越"达尔文之海"。

在本书中，摩尔根据自身独特的五阶段品类生命周期理论和"鸿沟"模型，科学地刻画了企业如何选择适合所处情势的创新类型，巧妙地加以利用"机会之窗"、外部资源和内部核心能力，以动态地创造与其直接竞争对手之间的绝对差距，动态地完成差异化产品或服务到大规模运营再转向复杂产品系统的演化过程。

在创新的策略与资源配置规划中，摩尔更为关注企业创新与惯性的选择关系。一方面，不断地提高组织的发展目标，通过持续地自主学习和利用外围资源，有效地将外围资源内化为组织的核心能力；另一方面，号召企业充分利用已有的资产与规程进行创新，在组织的自然选择中重视资源的再循环，以提高企业资源的利用价值，从而有效地完成在技术创新与市场竞争中企业的遗传、变异与进化的综合管理。

凭借独特的公司创新进化论，兼之国际著名创新企业思科的翔实案例，《公司进化论》将为中国企业的创新活动提供更为先进的经营思想和行动指南，帮助广大中国企业科学地开展创新管理，以早日迈入世界创新型企业的前沿阵列。

清华大学技术创新研究中心一直致力于引进、学习与发展企业技术创新与管理创新的新理论、新方法，承蒙机械工业出版社的信任，我们完成了本书的翻译工作。感谢机械工业出版社诸位同仁的细致工作以及"最佳创新"研究团队成员的大力协助！

陈劲

创新管理教授

清华大学

DEALING WITH DARWIN
How Great Companies Innovate at Every Phase of Their Evolution

前　言

你读过不少的报刊头条新闻；你了解了航空业萧条的经济表现；你看到了汽车行业周而复始的裁员；你知道计算机行业是如何不断成熟、进入缓慢增长期的；你也听说制药行业的研发费用是如何步步飙升，可开发出来的药品却越来越少；但你可能还不知道，在2003年，当印度咨询公司Infosys雇用1万名新的专业人员时，他们是从120万名合格的应征者中把这些人挑选出来的。不过，你肯定知道商界的竞争已经变得日益激烈；全球化、放松管制以及商品化正在渗透到产业的方方面面；你的公司也正面临着越来越大的创新压力。

那么你把现在面临的所有这些压力称为什么呢？我们将它叫做"公司进化论"。之所以这么叫，是因为自由市场经济运作的方式，遵循着一些类似自然界有机系统的定律：

- 对顾客购买这一稀缺资源的竞争，带来了刺激创新的渴望。
- 顾客对某种创新的偏好形成了某种自然选择机制，导致适者生存的结果。

- 每一个新生代都会在较上一代更高的水平上重新展开竞争。
- 随着时间推移，成功的公司必须不断"进化"其竞争力，否则就会遭到淘汰。

要迎合这不断上升的标准是一项永无休止的挑战。成功公司享有经过努力而获得的光荣遗产，而现在它们得将这些遗产传承下去，为此它们必须具有能创造竞争优势的核心竞争力。我们可以长期保持乐观，但是每当新的一天到来，它也带来了出乎意料的趋势和市场衰退的恼人报告。这些都是一种信号，标志着旧的管理方式不再像以前那样适用，于是竞争者已经逐渐学会化解你的一些竞争策略，这时你必须开始进化。

本书的主题就是如何引领企业的进化，也就是在这个不断商品化的世界里创造竞争优势。为了创造这样的成就，你必须持续不断地重新评价你的公司在市场生态系统中扮演着什么样的角色，竞争态势在如何转变，过去公司的竞争优势来自哪里、未来又将来自何方，以及哪种类型的差异化能带来最大的回报。这是我们所要考量的外部问题。与此同时，你也需要重新审视公司的内部机理，在什么情况下核心竞争力会停下进化的脚步，资源转移到新领域的必要性有多大，这样的转变会带来多大的危害，具有保护性的惯性如何对表现出不稳定性的创新进行极力抵制，以及什么类型的管理对策能够最有效地解决这一惯性问题，并将其能量转而用于创新。这是我们所要考量的内部问题。

因此，总的来说这是一本关于创新与惯性的著作。它旨在回答达尔文学说所提出的根本问题：我们如何才能实现持续创新？因为这正是自然选择迫使我们不得不做的事情。进化要求我们不断更新我们的竞争优势，有时是点滴变化，有时则是巨变，但总会使我们业务组合的某一部分面临风险、参与竞争。换句话说，持续创新并不是人们所渴望的，它只是一条谋划规则。它并非一项战略，而是一种内在要求。

创新有多种形式，比管理团队通常所知道的要多得多。在本书中，我们将界定十几种创新类型，并探索应在何处、何时以及怎样运用每种类型，以满足达尔文法则的要求。正如在自然生态系统中不同契机的最优生存策略各不相同，市场中不同细分市场的最优创新类型也千差万别。管理团队所面临的挑战就是：选择适合其所处情势的创新类型，巧妙地加以利用，以创造与直接竞争对手之间的绝对差距。如何成功地做到这一点，就是本书核心部分所关注的焦点。

一家企业进行此类持续革新实践的时间越长，其过往成就所传承下来的遗产就越多。这一点应当说是鼓舞了我们，但它偶尔也会引发焦虑：万一我们失去了创新能力怎么办？万一我们不能很好地继承前辈的事业呢？我们的员工还有竞争力吗？我们真的懂得如何进行创新吗？而即使我们懂得，我们能把它们成功推向市场吗？我们可以足够快速、足够廉价、足够大胆地进行创新吗？还有那些计划者和分析者，以及咨询师和顾问，会不会云集在创新的周围，用他们永无休止的冗长问题和评论，使创新难见天日？正是这些顾虑，使管理团队寝食难安。

让我们退而分析一下这些顾虑。在任何一家企业里，创新怎么会成为一项重大挑战？人类堪称这个星球有史以来最具创新能力的生物。我们热爱创新，关于这一点，就像任何父母在孩子莫名其妙安静下来时都会去看看他们在干什么那样，是很容易得到证明的。我们分享自己的创意，我们利用他人的创意，并把这些创意应用于我们的产品和流程，我们将其传承给下一代。每年有越来越多的创意不断涌现，前仆后继地、无休止地争相吸引我们个人或集体的注意。然而，现实中的企业在创新时怎么会有困境呢？

事实情况是，关于这个困境有数不胜数的解答。例如，一些企业专注于特定类型的创新，而未能适应市场的变化，结果影响了创新效果的发挥；另一些企业则太急于增长，投资了过多创新项目，导致企业内部资源出现各种拥堵现象，以及随之而来的失败和怒气；还有一些创新欠考虑地把稀缺的时间、人才和管理资源浪费在不能形成竞争优势的行为上。最后，所有朝着新方向努力前进的企业都会受到惯性的阻碍。的确，它们过去的创新越成功，任何试图改变原有进程的后续创新就会面临越强大的阻力。

所有这些问题引出了本书的一个基本假定：创新和惯性彼此缠绕不清，任何进化都必然同时涉及这两个方面。企业界通常做不到这一点。大多数公司都是依次而非并行地处理这两个方面：投资、缩编、再投资、再缩编。这种进进退退的节奏往往被商业周期的此消彼长掩盖，但是这两种变化是不应当被混为一谈的。尽管商业天生具有周期性，对创新的需求和来自惯性的阻力却是长期存在的，而在周期的每一阶段，都有可能同时解决这两方面的问题。

我们以系统的观点来理解创新和惯性，运用核心与外围分析的框架。核心被定义为一家公司能够创造差异化、从而能在采购决策过程中影响顾客偏好的经营活动，它是有助于创造竞争优势的创新。相反地，外围则代表公司所进行的其他活动。这些活动极其重要也值得高度重视，但并不能给你带来与竞争对手相比的差异化，却会滋生出各种惯性的力量。

同时应对创新和惯性的办法很简单：从外围中提取资源，重新整合后再运用于核心。这种做法并不是一种临时性的对策，而是一种日常性的商务运作。这种办法有效地满足了持续创新法则。它旨在实现投资与节约相结合、战略与执行相结合，以及长期价值创造与短期财务回报相结合。我们需要反对一种观点：某些行业的业务可以当做无需创新的摇钱树来进行管理，而另一些行业的业务则被当做毫无惯性的后起之秀来加以对待。在每一行业的生命周期的每一阶段，都可以并且应当同时关注创新与惯性两个方面。通过开发新的未来从而解构遗产，管理层不仅为创新扫清了道路，同时也收回了投资于创新的资源。

从外围提取资源重新整合于核心这一思路毫不复杂，合乎逻辑，且有利可图，但实施起来也颇具挑战性。这就把我们带向了本书的另一方面内容，对一家深入贯彻这一做法的公司进行的一项长期研究。

这家公司就是思科系统公司（Cisco Systems），它是互联网解决方案设备市场的领导者。在该公司迅猛发展的20世纪90年代，不仅对其产品，也在商务实践方面实现了巨大的创新。事实上，这两个方面的联系日渐紧密，因为思科的做法是利用其产品创造令人震惊的生产率。这家公司其实就是它自己最好的广告，世界各地的管理团队纷纷前往加利福尼亚的圣何塞，就是为了更好地了解思科的最佳实践。

当技术泡沫破灭时，许多人以为思科的最佳实践业已成为逝去的潮流。然而，后来发生的事实却恰恰相反。在历经科技行业最严峻的三年萧条之后，思科创造了每个季度10亿美元的自由现金流。其市值——在泡沫时期曾达到最接近它的10家竞争对手市值总和的4倍，而它的峰值已经达到了这个总和的10倍！显然，思科的方法有其优点和持久力，因此，该公司毫无例外地是《财富》500强最中意的标杆学习对象。

以上都是好消息。坏消息是这些绩效表现都已经被投资者计入了思科的股价，而现在他们再一次——就像他们惯常的做法一样——问道：最近你又为我做了些什么呢？这就呼唤着新一代的商业新贵登场。与此同时，那些往日最适用于利用超速增长市场的最佳实践，已经不是如今投资者的渴望了。换句话说，人们要求思科进化。它必须再次创新，但这一次还必须同时承受遗产的负担。这就是公司进化这一挑战的核心问题所在。

值得一提的是，应思科首席执行官之邀，我全程记录了该公司的创新进展。2002年秋天，约翰·钱伯斯找我写一本关于思科的书。钱伯斯认为（我也同意他的观点），如果有些公司能够真正理解网络化虚拟组织的强大力量，它们就能成为思科产品和服务更大也更好的客户。由于思科是这一运营模式的领先实践者，而且钱伯斯也推荐不出别家公司可供研究，他就想知道我是不是有兴趣来完成这一任务。

我简直是迫不及待地想要接受这个邀请。从1996年起，我就开始了解这家公司，我与思科管理层的大多数人都有交情，并且对它的文化和所取得的成就都十分敬佩。但同时，我又不太确信自己是否可以胜任这本书的写作。似乎这本书应该由一个新闻记者而不是管理学作家来写作。此外，当时市面上陆续推出的关于思科的书籍为数不少，而我认为其中一些也算得上是出类拔萃。但钱伯斯的态度却很坚决：他们不会去找一个新闻记者来写，因为现在要写的是一本关于管理思想的书，而不是一本吹捧谄媚之作或者公司圣哲传记。为了确保我能够真正理解思科的创新之路，我们达成了共识：我将亲自参与一系列关键项目，与相关的主管人员紧密合作，出席那些指出并讨论棘手问题的重大会议，在任何可能的地方发挥我的咨询专长。

本书是合作的成果。它并不是一本介绍思科的书，而是一本关于如何持续创新的书，书中几乎每个章节都插入了针对思科进行的案例研究以资佐证。各章节本身还含有来自其他公司的100多个丰富实例，而为了更好地平衡各章节，我特意把思科的案例都放在这些实例之外讲述。换句话说，本书的读者，不一定非得是网络行业的狂热爱好者。

我必须承认，书中引用到的大多数实例都来自高科技行业。这刚好体现了我在高科技营销方面20年的咨询经验。我在15年前写的一本《跨越鸿沟》中第一次探讨过这些挑战，那本书所关注的是如何让主流商家采纳颠覆性技术这一难题。随后问世的是《龙卷风暴》（*Inside the Tornado*），它所讨论的问题与前一本书正好相反，是关于如何应对由技术广泛采纳导致的市场份额竞争。这本书又引出了《猩猩游戏》（*The Gorilla Game*）一书，这本书通过探讨"龙卷风"对股权投资的影响而重构了该理论的内容。而最近，由该书引出的《断层地带》（*Living on the Fault Line*）一书，关注的则是在所有这些力量的另一端进行业务管理所面临的挑战：此时的目标不是进行颠覆，而是避免遭到颠覆。

因此，可以这么说，高科技行业是我所有研究的重心所在。但是，随着每本书的写作，越来越多的公司实例被纳入我的研究视野，一部分原因是这世界正变得越来越依赖科技，另一部分原因则是科技行业与经济体系中的其他行业变得愈发相似。不再有人认为一般商业规律不适用于科技型公司，也不再有人认为诸如整合、商品化、遗产和惯性这些词不适用于这一行业。这个行业正在走向成熟。

随着这个行业的成熟，人们意识到该行业所有的创新方式都有待进化。30年来，摩尔定律的自然展开，给该行业带来了一波又一波依赖半导体技术在价格/性能方面的改进。但是，这一定律正在瓦解，如果不是从物理上，那至少也是从经济上来说。开支巨大的计算基础设施（computing infrastructure）在过去的30多年中曾一再发生大规模波动，而今摩尔定律却再也不能对其进行合理预测了。这意味着技术创新必须让位给其他的竞争优势来源，而该行业正努力地想要探询这些新的来源会是什么。这么做的同时，该行业还越来越注重参考其他行业。的确，技术管理者正指望着从这些行业得到指引，从而开始尝试其他行业在面临扩张期结束时所采用的各种战略和战术。

与此同时，随着技术型公司变得越来越像其他行业的成熟企业，那些传统的企业也正在变得越来越像技术型公司。我们首先在金融行业观察到这一现象，它们将"计算"作为制造产品和服务的"工厂"；然后再来看医疗保健行业，由于制药研究越来越关注基因，如果没有大型计算的帮助，基因就不能被解码或利用；现在我们又在零售业看到这一现象，因为电子零售行业已经从一个新兴商业模式变成了每个大型零售商买卖组合不可或缺的组成部分；此外我们还在传媒行业观察到该现象，由于媒体内容的数字化，互联网本身也已从沟通渠道转换成媒体的一种；我们也在汽车行业看到这一现象：新车型的差异化特性越来越多地来自于半导体电子设备，不论是娱乐影音系统、自动温控系统、车载导航系统、仪表盘显示器，还是机械控制系统。

于是，我们所有人的周围都充斥着可以创造竞争优势的各种创新类型，从创造了新品类的颠覆性创新，到维持这些品类的持续性创新，以及彻底改造它们的更新式创新。我们所有人都身处达尔文式设计要求的控制之下，不断地被迫想出新的行动方案，以赢得下一轮的市场竞争。我们必须相互学习很多东西，所以不论我们是思科还是西斯科，是 Sun 还是桑诺科，是位于红木城的甲骨文公司还是"奥马哈的圣贤"，是 SAP 还是 ADP，我们都希望能够得到一些帮助，以应对我们始终面临着的彻底改造压力。

本书分为三个部分。第一部分：基本模型，这部分向读者展示给创新领域注入新思想的三个体系架构。其一聚焦于创新的经济效应，特别是如何在产品与服务方面创造与竞争对手之间的充分差距，从而凭借目标毛利赢得目标收益；其二关注围绕创新的品类特性，为理解在品类成熟过程中为何不同时点上更适宜采纳不同类型的创新打下基础；其三关注的则是商业架构，重点探讨规模运营和复杂系统两种商业模式之间的差异，以及这两种环境中进行创新的方式是如何大相径庭。

在这之后，我们将转向本书的第二部分：创新管理。这部分各章节中，作者对 14 种创新类型做了详尽的分析，提供了 100 多个实例，阐释公司如何运用某类创新，创造与竞争对手之间具有决定性的差异化，并长期维持这种差异化。其中包括一个有关机遇的清单，你可以从中选择并开发最适合自身情形的创新类型。这部分的最后一章提出了一套方法，以引领你的组织完成这个选择和开发的过程。

但是，看见竞争优势的希望之洲是一回事，带领你的团队走向它却是另一回事。许多人不确定自己是否奋勇向前，而还有一些则积极地试图阻止其他人前往那里。于是就有了本书的第三部分，也就是最后一部分：惯性管理。这是关于如何从"外围"提取资源，重新整合后运用在"核心"上的双重艺术。其中，本书介绍了适应于所有生态系统的循环再生方式，它执行起来绝不像人们想象中那么标新立异，但是它的确要求所有相关各方自动自发甚至是热情高昂地合作，并确保大家从容不迫、群策群力、休戚与共、坚韧不拔。本章中的框架提供了为确保这一产出而进行对话时所需要的交流语言。

我的确相信现在是进行这种对话的时候了。世界经济正在经历另一波重大的迁移，每隔一个世纪左右就发生一次变革，使经济优势的中心移往新的地理位置。在过去的5个世纪，我们看到了这一中心由意大利的银行家转移到荷兰的商人那里，之后又迁移到了法国、德国和英格兰这些宗主国势力的手中，然后在20世纪跨越大西洋来到了美国。现在，我们正看到这一迁移横跨太平洋，几乎没有几个经济学家还不相信中国和印度所引领的亚洲，将会成为21世纪的全球经济中心。

显然，任何这样的迁移对于竞争优势战略而言都意义重大。它是少见的一份无需修改重写的商业计划。不过这并不是说你非得在下周一之前完成它不可——进化的过程比这个来得更加缓和，它的确需要你退后一步并进行反思。你开始得越早，你就能够越早地让自己摆脱那些使你脆弱不堪的经营活动，而确立起能够巩固你的新地位的经营方向。

带着这样的想法，让我们开始阅读本书吧。

DEALING WITH DARWIN
How Great Companies Innovate at Every Phase of Their Evolution

目　录

推荐序　掌控创新之舵
译者序　整体穿越"达尔文之海"
前言

第一部分　基本模型

第1章　创新的经济效应 // 3

第2章　创新与品类成熟 // 10
案例：思科的产品组合 // 15

第3章　创新与商业构架 // 23
案例：思科的商业架构 // 39

第二部分　创新管理

第4章　创新的类型 // 48

第 5 章　成长型市场中的创新管理 // 57

　　　　　案例：思科在成长型市场中的创新 // 78

第 6 章　成熟市场中的创新管理 // 87

　　　　　案例：思科在成熟市场中的创新 // 126

第 7 章　衰退市场中的创新管理 // 133

　　　　　案例：思科在衰退性市场中的创新 // 144

第 8 章　企业的创新管理 // 151

第三部分　惯性管理

第 9 章　从外围提取资源 // 165

　　　　　案例：思科及其核心—外围分析 // 179

第 10 章　将资源重新运用于核心 // 186

　　　　　案例：思科与资源循环利用 // 196

第 11 章　企业的惯性管理 // 203

术语表 // 208

DEALING WITH DARWIN
How Great Companies Innovate at Every Phase of Their Evolution

第一部分

基 本 模 型

创新和惯性，是自易货贸易以来，就一直困扰着成熟企业的两股力量。这些困扰来源于由误解造成的迷雾，而本部分的目标就是驱散这些迷雾，让我们得以顺利管理我们企业的经营。

我们需要特别消除的几个迷思是：

（1）创新本身就是有价值的。

（2）随着品类的成熟，创新变得不再必需，创新的可能性也减小。

（3）创新的本质在任何公司都是相同的。

我们将在第1章的结尾部分看到，只有当创新能帮助我们获得经济优势时，它才具有价值。创新最大的价值在于为我们带来与竞争对手足够大的差异化，使得顾客偏好我们所提供的产品或服务，并愿意为支持这一偏好付出额外的费用。创新的价值还体现在，抵消对手的竞争优势以及提高我们自身的生产率进而提高赢利能力。但是我们应当看到，我们的企业中如今正在进行的许多创新并不符合这些标准，反倒是在制造浪费。成功地管理创新要求我们将力量重新集中在能够带来经济回报的产出上。

在第2章中，我们将从一个不同的视角来审视创新，看看随着品类的成熟，顾客是如何看待不同形式的创新的。然而，市场永远不会赞同终止创新的行为。即使是在品类生命周期的尽头，只要用对了合适的创新类型，仍然存在着通过创新来创造更大经济回报的机会。当然，成功的确需要将所选择的创新类型与品类的主要特性匹配，而这一章的目的就是建立这样的匹配关系。

创新的战术和采用该战术的企业的商业架构之间，还需要另一种形式的匹配关系。在第3章中，我们将看到两类主要的商业架构，即作为消费者交易基础的规模运营模式和作为企业间贸易基础的复杂系统模式，它们分别具有双方无法采用的不同创新方式。在这两个领域转换职业的专业人士，必须根据他们当前所处的情境进行反思并重估他们的经验。能够同时适用于这两种环境的经验法则寥寥无几。

一旦牢记了这些观点，我们就将进入本书的主要焦点：成熟企业对创新的管理和对惯性的克服。

DEALING WITH DARWIN
How Great Companies Innovate at Every Phase of Their Evolution

第 1 章

创新的经济效应

推崇创新的经济学观点看重的是创新带给企业的定价能力。没有创新，企业所提供的产品或服务就会越来越相似，它们会逐渐商品化（commoditize）。随着商品化的进行，顾客可以使厂商之间相互竞争，从而获得低价。一段时间以后，市场的价格趋于稳定，但是这个价格低于成本或与成本持平，这就造成投资者的投资收益低于其投资成本，从而导致市场资金外逃。相反，如果企业应用了创新，产品或服务的差异化会越来越大，不同产品将逐渐成为不同细分市场的优先选择，这就让这些产品的供应商在各自的细分市场内拥有更强的定价权。在这种情况下，市场稳定后的价格会远远高于成本，创造出超过资产成本的投资回报，从而吸引更多的投资进入市场。

该观点形成的基本思想是：一旦创新创造了产品的差异性，它就为企业带来诱人的经济回报。然而，这并不是创新可以带给我们的唯一结果，我们需要结合实际情况进行分析。仔细观察图 1-1 所示的饼图。

这个饼图描绘了一家企业的全部创新活动（研究项目、开发项目、交叉功能创新举措等）可能带来的回报。除了差异化之外，创新还带来另外三种可能的结果，其中两种是企业所渴望的，另一种是企业不希望得到的。在实际中，每个组织饼图的四种结果比例不尽相同，而我画这张图只是为了尽可能地激发读者思考。

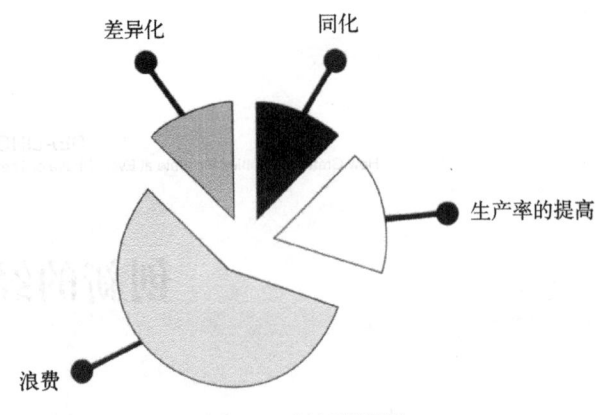

图1-1 创新的回报

企业所渴望获得的两个创新结果之一是同化，目的是通过追赶竞争者卓越的业绩水平，或达到曾一度无法满足的市场标准，从而减少产品差异。当多功能运动车（SUV）刚推出时，福特等一小部分汽车生产商在进入市场时实现了差异化，而当其他每一家汽车制造商都推出类似的产品时，它们的目标则在于同化。网景公司在互联网浏览器上制造了差异化，微软公司随后将其同化；花旗银行在20世纪70年代用ATM机创造了差异化，其后其他所有银行对此实现了同化。

同化是对不断变化的竞争动态特性的重要适应，它确实也需要创新，然而其经济效应与差异化是不同的。同化并不能像差异化那样产生巨大的正面回报，一部分原因是由于同化的作用是削减负面回报。因此，致力于同化的创新项目的目标应该是不同的。在此，我们寻求的是足够好而不是同级别中最好，其原因有两个：其一，同级别中最好的，如果不能率先进入市场，就不会获得与投资相当的回报；其二，对于同化来说，进入市场的时间比性能或功能差异的影响更大。同化创新的目标是减缓其他团队的步伐，它们独占市场的时间越短，它们所能制造的势头就越弱。

除了差异化和同化，创新的第三个目标是提高生产率。这一目标不是为了影响市场产出，而是为了实现低成本。诚然，只要生产率的提高具有足够的突破性，就可以创造差异化，也可能会产生部分的同化效应，从而使你的公司迈上一个新的台阶。生产率提高的主要目的是降低现有工艺的成本，从而节约投资或者增加利润。

提高生产率是公司进化适应过程所必不可少的，因为它解放了那些可被用于其他形式创新的资源。它需要由重大创新来推动，此类创新主要强调的是，在深入理解现有流程动态特性或使用更先进工具的基础上，进行流程再造。其重点在于资源的循环利用以确保项目自负盈亏，通常采用的方式是降低预算和减少首期支付。很多企业都需要改进的一点是：重新利用被解放的资源。管理层总是过多地采用临时解雇和销账等方式，这会对自己的劳动力队伍及所处的社会环境造成损害，并且会埋下不信任和不团结的种子。这是一种高支出、低效率的方法，找寻更合适的替代方式将是维持创新绩效的关键——这将在本书的后面部分进行讨论。

除了差异化、同化、生产率的提高，还有什么呢？是浪费。被浪费的创新可被归结为几类。第一类是尝试实现其他三种创新目标，但未取得成功的创新。这是商业经营活动的一部分。没有任何一件事情是可以确保成功的，每件事都是一次赌博，而有一些赌博必然会输。假如许多赌博都输了，那你就应该审视你的下注过程或者更换打赌者，但是大部分情况下你应该将这些风险计入你的整体计划中。

创新浪费的其他方式对企业更加有害。同化的效应若超过了"恰到好处"这一目标（经常是因为骄傲），并不产生任何额外的经济回报——事实上，由于你透支了市场的需要，因而回报会更低。提高生产率的效应若超出了降低成本，或加快循环周期，并误入歧途去制造一些看似不错的增强功能，这也是一种资源浪费。但是，最糟糕的创新浪费是：一个创新项目确实成功地达到了特定目标，却无法在市场上创造竞争差距，就因为它进行得不够深入。

这是一个可怕的结果。你为了实现差异化而消耗资源，达到的却是同化的效果。这意味着你的定价能力得不到任何净增长,因而无法获得最基本的经济回报来证明创新的成功。你此时正滑向一条危险的商品化曲线,而假如你在短期内不采取强有力的措施,就会发现自己被甩到山脚,而且既没精力又没资金协助你重登山顶。

通用汽车的雪佛兰公司和惠普的个人电脑公司的命运就是如此,大批的航空公司和电信服务供应商更是如此。不是这些公司不创新,关键在于它们的产品或服务没能创造差距,其隐患就在于,它们根本就不是为差异化而设计的。

请你试着回想一下雪佛兰在过去 10 年中生产的某种轿车的样子。想不出来?这就是我要讲的观点。那么你能想出一辆克尔维特(Corvette)跑车、一辆克莱斯勒 PT 漫步者(Chrysler PT Cruiser)敞篷车、一辆凯迪拉克赛威(Cadillac Seville)、一辆悍马(Hummer)或是一辆迷你库博(Mini Cooper)吗?当然可以。这是我的观点的另一半。着眼于差异化的创新必须足够大胆,一旦成功,就会实现市场差距。这就是为什么克莱斯勒失败的蝰蛇(Viper)比雪佛兰成功的神行者(Prowler)更让人难忘。

那为什么会这样?着眼于差异化的创新怎么会在其成功了的情况下被视为失败呢?可悲的是,这种事情实在太容易发生了。有两个根深蒂固的原因造成了创新绩效不如预期,而假如我们想要走出这片密林,我们就得直接解决这二者。其一是降低风险的心态;其二是缺乏公司内部协同。

⊘ 差异化的敌人

降低风险的心态要求人们避免采取危害现有资产和关系的莽撞行为。它的基本理念是恪守规范,从而充分利用员工的经验。因此,它实际上是对不偏好差异化的状况的一种积极进化反应。我们将这些状况称为"外围"。

降低风险对于管理外围来说是一种明智的战略。对外围管理失当会带来损失,但是表现出色却没有奖励。因此,此时没有理由要承担风险,但却有充分的理由去阻止承担风险。规避风险的行为是处理此类难题的理想手段。

但是，对于核心业务来说，降低风险是个可怕的工具。"核心"一词，被我们用来形容能够带来差异化的创新。要在核心业务上获得成功，最常见的途径是将你的价值主张发挥到竞争者不能也不愿跟进的极限，这就制造了你一直在寻求的差距。显然，你从普通大众群体中脱离出来，做出了大众不愿意也不应该做的决定。这是一些需要承担风险的决定，而且有可能会失败。不过这个时候值得尝试，因为所获得的定价能力可以对抗商品化。所以，规避风险的行为在这里是一个失败的战略，它唯一做的就是增加了创新被浪费的可能性。

在处理创新事宜时，只要我们能界定核心与外围的区别，并摒弃降低风险的思想，那么一切都会很好。这并不容易做到，特别是当对外围的管理成为了你的工作重心时，更是难上加难。此外，降低风险常常被表现不佳、心怀不满的员工用做一种伪装，他们总是想方设法避免承担责任，或者大肆宣扬消极进取式的"恐怖"行动给他们带来的挫折感，推翻任何大胆寻求快速发展的提议。对于那些不能理解为什么不是每个人都能为了更好的未来而合作的领导者来说，这使得他们相当难办。

然而，缺少合作常常是由于这些领导往往也会沦为另一个创新天敌——缺乏公司内部协同——的牺牲品。要实现使企业脱颖而出的差异化，就需要整个企业的精诚合作。一开始最好有一个强大的团队负责进行创新活动，但这仅仅是开始。最终，为了放大创新效应，实现使企业脱颖而出的差异化地位，企业的每个职能部门都要重新调整其工作的优先等级。做不到以上任何一点，都会使竞争优势很容易地被竞争者所同化。

因此，个人电脑供应商能够同化 Gateway 公司，但不能同化戴尔；杂货零售商能够同化 Pack'n Save 连锁超市，但不能同化沃尔玛；豪华酒店能赶超丽思–卡尔顿酒店（Ritz-Carlton），但无法赶超四季酒店（Four Seasons）；其他搜索引擎能取代 Ask Jeeves，但无法取代谷歌。为什么？因为每一家与众不同的企业都是上下同心、协同地围绕着一个特定的价值主张来运作的。

为什么会缺乏这种内部协同呢？答案是：在大多数企业，创新都是高度分散的活动，多头多方向地进行。这实际上是很好的战略，因为它能给企业提供一个可供选择的组合。其失败（这里是指领导的失败，而不是指基层）的根源是没能将某项创新排在优于其他创新的地位。我们避免将所有鸡蛋放在一个篮子里，两面下注以防赌输，但如果回想一下数学老师讲解的向量叠加知识，我们就不会那么做了。还记得向量吧——表示给定力的方向及量值的那些箭头，还记得将它们叠加以后结果是什么吗（见图1-2）？

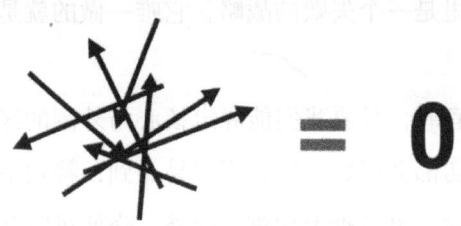

多创新举措的"冒泡"式管理

图1-2　创新战略——牢记你的向量运算

如果企业不对创新战略加以管理，尽管创新会不断涌现，但是它们得不到协同规划。如果将它们全部引入市场——而这是这种情形下的唯一选择，那么没有一种创新能够使企业取得独一无二的地位。

在我看来，这正是惠普公司所陷入的困境。曾经有一段时间，惠普每个分立部门都独自进行创新，因为它们分别服务于不同的技术部门。这也是惠普的经营之道。但是，一旦公司的市场汇集了大企业市场和消费品市场部门，其以发明为核心的战略就开始制造浪费，而非实现差异化，这就是惠普无法赶超戴尔和IBM的原因。这不是基层的问题，而是领导层的问题。具体来说，这是一个确定创新项目的"优先顺序"和"重点"的问题——这恰恰是管理顾问最喜欢使用的两个词。这两点说起来容易，做起来难。为什么会这样呢？

那么，让我们根据图1-3来做一个简单的思维实验。

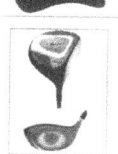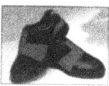

泰格·伍兹
核心　　　　　　　　　外围

图1-3　核心与外围

假设泰格·伍兹（Tiger Woods）来向你征求建议，他想知道他应该如何分配他在核心事业以及外围事务上的时间。你会告诉他什么呢？如果你的想法和大多数人一样，你会说："将你所有的时间都集中在你的核心事业上，雇用其他人来打理其他事务。"那么他可能会说："你知道吗，我90%的收入都来自于这些外围事务，而不是核心事业。你确定我不应该在其他外围事务上花更多时间吗？""不应该！"我们会肯定地回驳他，"用从这些其他事务上赚来的钱，去争取更多的时间来专注于你的核心事业！这最终会有回报的。"

我们自己却不是这么做的。我们首先将时间分配在能获得主要收益的生产活动中，而不是用在取得竞争优势上。我们做的正好是我们告诉泰格·伍兹他不应该做的事。我们极力让他相信着眼于竞争优势，收入就会滚滚而来，他并不需要自己去管理这些事务。而事实上我们自己也需要采纳相同的建议。

因此，在进行着眼于差异化的创新时需要考虑重点和优先顺序的问题。如果我们不能从普通群体中脱颖而出，我们就浪费了预算。为了脱颖而出，我们必须摒弃降低风险的思想、消除缺乏公司内部协同的问题，而这两者都不会自然实现的。

为了进入下一步研讨，我们需要一个框架，在这个框架中我们可以准确地刻画出我们所拥有的创新选择，揭示恰当的风险规避议题，关注为实现差异化而大胆采取行动的必要性，支持实现显著差异化所需的公司内部协同。我们将这一框架称为创新类型模型，这也就是第2章的主题。

DEALING WITH DARWIN
How Great Companies Innovate at Every Phase of Their Evolution

第 2 章

创新与品类成熟

创新的经济效益是通过各种产品门类（简称品类）得以实现的，这包括了顾客如何选择他们想要购买的物品，在杂货店的哪一排货架上能够找到它，打算为它付出什么样的价格，想要通过该物品获取怎样的效用。这也事关投资者如何配置他们的投资组合，先选择在哪一个产业进行投资，然后决定对每个产业投资多少，接下来才确定他们打算持有哪家公司的股权。想要借助创新获得成功，你就必须理解：不同的创新类型在不同时间点会适用于不同品类。

特别地，如同世上大多数的事物一样，品类会历经产生、发展和消亡阶段。这些阶段的经济特性大相径庭，因而在制定创新战略之前，确定你的品类处于生命周期的哪一个阶段是至关重要的。本章的目的是提供一个直观的框架来辅助这一进程，该进程被称为"品类成熟生命周期"。

该模型由五个阶段构成，分别记为 A ～ E（见图 2-1）。第一个阶段描述的是一个新品类的问世，其本身就相当复杂，它包含一个称为"技术采纳生命周期"的子模型。这一领域是我早期几本书的关注焦点，其中最著名的是《跨越鸿沟》和《龙卷风暴》。如果你对它们都很熟悉，那么可以跳过下面几页；

如果你不熟悉，接下来的几页中将为你概述相关的关键概念。

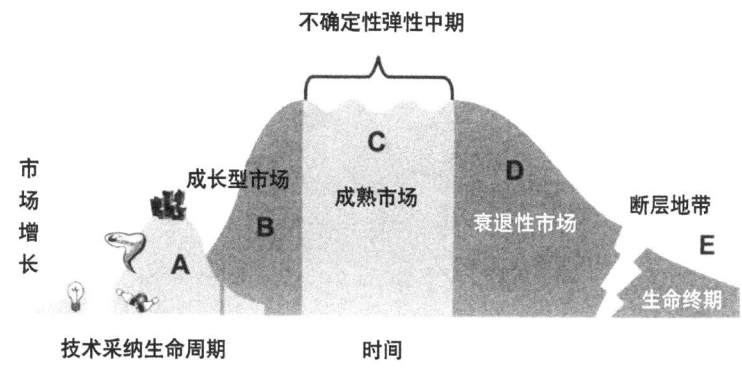

图 2-1　品类成熟生命周期

技术采纳生命周期源于不同的人和组织对引入到他们当中的颠覆性创新有着不同的反应。基本上来说有五种反应，如图 2-2 所示。

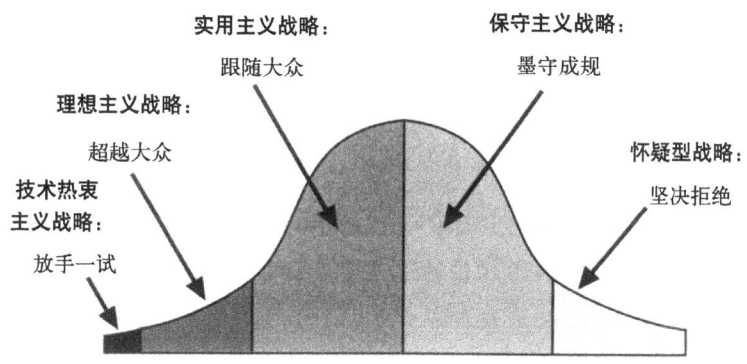

图 2-2　成长型市场的内在驱动——技术采纳战略

这五种反应：放手一试、超越大众、跟随大众、墨守成规以及坚决拒绝，代表着普遍的几类现象，而它们在图中所构成曲线的面积与其发生频率成比例关系。大多数人都会发现自己倾向于五种反应之一，在某种程度上，他们可以将自己归类于这几种类型之一。每一个品类都代表着新的选择，有些人在某些品类中是晚期采纳者，而在另一些品类中却是早期采纳者。

在任何特定市场的实际发展过程中，个人选择被包含在集体之中，而我们能看到的就是这五种战略的互动，进而创造了一种技术采纳生命周期所描述的模式，如图 2-3 所示。

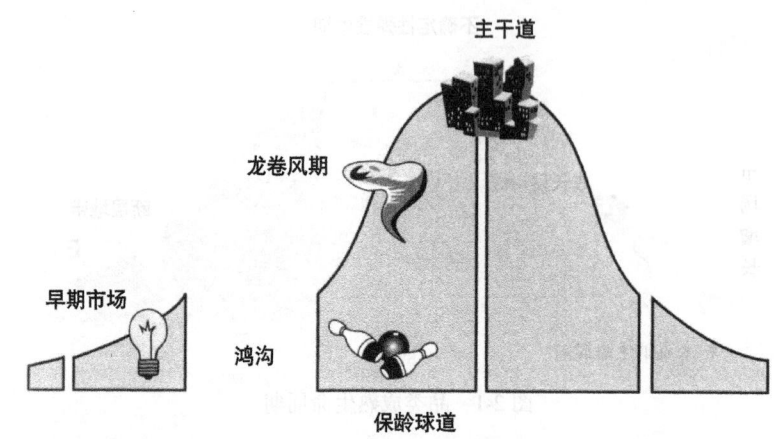

图 2-3　技术采纳生命周期

每一个图标都代表着该模型中的一个不同阶段，而每个阶段在某种程度上都代表着对前一个阶段的反抗和批判。下面是具体的阐述。

早期市场　当一项颠覆性创新最初被引入市场时，它最先吸引的是技术热衷主义者（他们认为它很酷）和理想主义者（他们认为它有潜在的颠覆性能力）的注意。后者对该项目进行投资，看能否探索出颠覆性能力，以获取显著竞争优势为目标。实用主义者对这些尝试很好奇，但是他们太过谨慎，因而不可能真正参与进去，他们处于鸿沟的另一边。当这些早期采纳项目开花结果时，媒体便会写出炫美的文章，将这些技术描述成下一代的重头戏。新的品类诞生了，如数字市场或基因药物，但事实上它究竟是真的还是昙花一现，没有人清楚。

鸿沟　鸿沟代表的是一个悬而未决、模棱两可的状态。进入市场一段时间后，产品或服务失去了其新颖性，而理想主义者不再将其视为显著竞争优势的来源——他们转向别处寻找颠覆性的机会。与此同时，对于该创新的采纳的广泛程度尚不足以说服实用主义者，让他们认为可以放心购买该创新。秉持从众战略（stick-to-the-herd strategy）的实用主义者得先看到其他实用主义者的购买行为，才会采取行动。2005 年，寻求穿越鸿沟之道的技术实例有：网格计算（grid computing）和氢燃料（hydrogen fuel cells）。某些典型产品，像"陀螺平衡小轮摩托车"（gyro-balanced motor scooters），似乎注定无法跨越鸿沟。

跨越鸿沟　要走出鸿沟，唯一可靠的方式是瞄准鸿沟另一边的某个利基市场——该市场由实用主义者组成，且其中存在一个尚未找到解决途径的共同问题。此类"痛苦的实用主义者"，只有在技术能为他们提供完整的成套解决方案时，才会有动力帮助新技术跨越鸿沟。这个概念首先由泰德·莱维特（Ted Levitt）提出，此后比尔·达维多夫（Bill Davidow）将其称为"整体产品"（whole product）。近几年中跨越了鸿沟的产品包括：RFID 传感器（交通运输和物流市场）、DNA 测试（犯罪学）以及网上银行（账单支付）。

保龄球道　在品类成熟的这一阶段，技术在多重利基市场中得到了实用主义者的接受，在其中为不寻常的问题带来了具有真知灼见的解决方式。一旦一个利基市场采纳了该技术，相邻的利基市场就会变得更容易受影响——我们将这种影响方式比做保龄球道。在采纳的利基市场内，新的范例在顾客和价值链伙伴中发展出了忠实的追随者，这些人看到了形成中的市场。在这些利基市场之外，技术在大众之间变得更加广为流传和接受，但是尚未得到采纳。2005 年，网络电话（VOIP）、视频会议以及全球定位系统（GPS）的应用软件等，都处于保龄球道期。

龙卷风期　技术的可用性在利基市场中得到了证明，在此过程中，一种杀手级的应用程序出现了，这种程序既能被广泛应用，又能吸引大众市场。一夜之间，它便被视为必需的标准。所有那些不敢做出承诺的实用主义者，此时都蜂拥进入市场，以确保自己不会落后于别人。市场上对于这些新涌入顾客的竞争相当激烈。收益以两位数或三位数的速率成倍增长，而投资者对参与了这个品类市场的公司的股票竞相抬价。2005 年，无线局域网（wireless LAN）、平面显示器（flat-panel display）以及数码相机都是处于龙卷风期的产品。

主干道　最初过度猛增的势头平息之后，留下来的公司间的市场份额等级地位将会持续很长时期。顾客选定了他们的卖主，接下来应当在更广的范围内使用这些技术。与此同时，他们希望看到产品和服务的系统化改进，并对每个改进回报以购买的增加。2005年，笔记本电脑、手机以及网站，都处于主干道期。

在市场完全消化了触发一个技术采纳生命周期的颠覆性举措之后，这一生命周期就宣告结束。对于汽车工业来说，这个结束点发生在第一次世界大战与第二次世界大战之间的某个时间段；对电视机行业来说，则发生在20世纪60年代；对手机行业来说，它发生在过去的10多年间。在整个周期结束前，技术采纳力量的影响如此巨大，以至于它抑制了其他力量的影响。

而另一方面，当对新技术的消化吸收发生之后，一组新的力量出现了，如图2-1"品类成熟生命周期"中剩下的阶段所示：

B阶段，成长型市场 即使技术已经被完全吸收，它所带来的产品或服务仍然会在较长的时期内保持高需求。市场以两位数速度增长，利润率可观。用进化学的语言来说，一种新物种的数量扩张，迅速地消耗着一片未曾使用过的营养田地，但此时物资短缺尚未发生。这是一段对管理者来说极度舒适的时光，因为你所掌管的是品类成长阶段会产生巨大经济回报，而承担很少的公司特有风险。2005年，宽带网络、电子零售以及信息存储系统都处于成长型市场中。

C阶段，成熟市场 在此阶段，品类增长的势头逐渐平缓下来，而商品化正在进行中。用达尔文式的话说，我们到达了小生境的边界，开始第一次经历资源稀缺的情况。不能再简单地通过品类扩张浪潮来获得增长。相反，获得增长的途径是在我们现有的顾客基础上扩大产出，或从其他竞争对手那里挖取顾客。在经历了一轮自然选择之后，接踵而至的是一波市场整合，这使得原有等级制度的根基遭到了动摇。市场领先者通过组织行为和收购行为创造惊人的增长，顾客如今已完全接受该品类，而媒体不再对其多加报道。不过，从其正面意义来说，只要在不远的将来不会出现淘汰性技术，品类风险就几乎为零。市场可以持续在这个状态下发展，只要一直不出现可行的颠覆性改革，市场就将经历一轮又一轮的品类内改进、革新以及自然选择。2005年，个人电脑、喷墨打印机以及关系数据库都属于成熟市场品类。

D阶段，衰退性市场　处于这个阶段的品类已经变得彻底封闭，越来越难找到创新的机会，即使是市场支配者也很难创造吸引人的回报。投资者对于缓慢的增长、停滞的利润和微薄的资本回报感到焦躁不安。下一代技术开始出现，不过尚未经历龙卷风期。市场接受某种形式的颠覆的时机已经成熟，其途径是通过某种淘汰性技术或某种突破性创新的商业模式。2005年，大型计算机、航空运输以及语音电话都处于衰退性市场中。

E阶段，生命终期　一项颠覆性技术出现，跨越了鸿沟，并进入了龙卷风期。结果，在位技术遭到废弃，仅剩的顾客是那些保守落伍的人。尽管品类仍然有着长尾，但其未来预期被永久地削减了，而公共市场的投资者已经逃离。这个时间最适合不动声色地去"收割"品类、品牌、分销渠道以及顾客关系所剩余的经济价值。2005年，胶卷成像和长途电话都越过了断层地带，进入了其生命终期。

总之，如果我们退后一步、整体地来审视这个模型，我们将会在某一给定品类的生命周期内看到多种多样的市场特性，其中每种特性都以独特的方式刺激或制约着竞争，因此使得某些特定的战术优于其他战术。正因为如此，不同类型的创新会在生命周期的不同时期占据主导地位。

在介绍创新管理的第二部分里，我们将把一系列的创新类型覆盖到品类成熟生命周期之中，每种类型都被放置于它最为适合的成熟度阶段。这些内容将为你提供至关重要的参考意见，以便你决定在争取顾客偏好的战斗中，哪一种类型的创新能够给你的公司带来最大的机会去创造与竞争对手之间的决定性差距。

现在，让我们引入本书的案例公司——思科公司，来说明品类成熟生命周期如何帮助我们挑选出一家大型企业的产品组合。

案例：思科的产品组合

思科系统是一家网络设备公司，2005年的收益超过200亿美元。它的产品为互联网和万维网提供主要的硬件支持，而它是这个领域当之无愧的市场领导者。尽管互联网基础设施是个相对较新的概念，但这个技术领域的变革步伐十分迅速，因而这家公司所提供的产品或服务几乎囊括了整个品类成熟生命周期的全部阶段。因此，以思科公司为例来阐述品类成熟生命周期模型是最好不过的了。

不过，对于不熟悉技术领域的读者来说，这一案例还有着另一个维度的新奇之处，即它介绍了许多思科的行业所专有的新产品和市场术语。在本节中，我将竭尽所能地介绍尽可能多的背景知识，来让这些术语变得生动有趣。对于已经熟悉这些资料的读者来说，我允许——不，我鼓励你们跳过本节。

生命周期随时间从左至右展开，但其实你如果从右向左读的话，更容易理解它们，从最成熟的产品或服务开始，到最革新的产品或服务结束。我们下面就将这样介绍（见图2-4）。

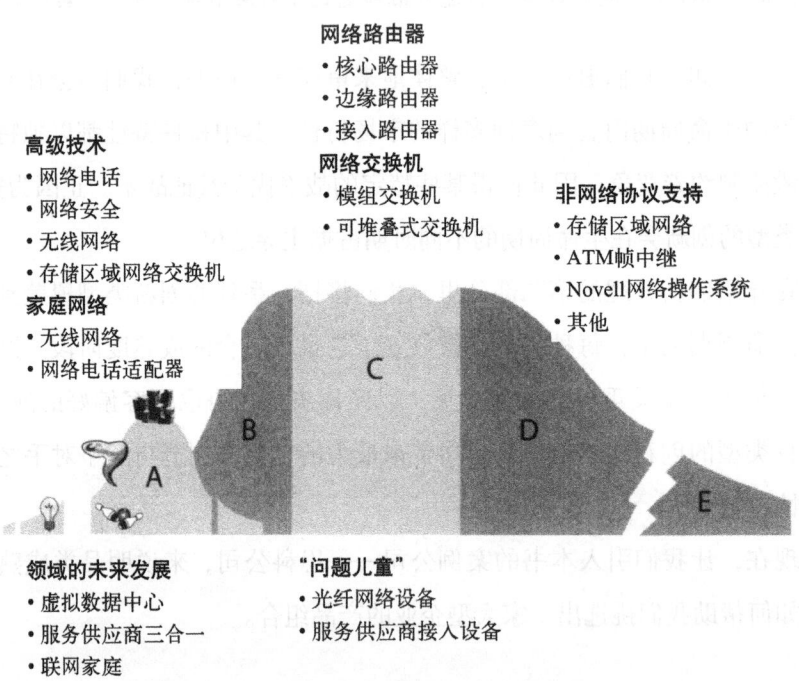

图2-4 思科系统与品类成熟生命周期

思科的业务始于20世纪80年代，为不兼容私有网络做网络路由，最初的业务是在斯坦福大学的校园内连接DEG和惠普的计算机。它通过为尽可能多的私有协议提供广泛支持，而获取了其最初的市场地位，其服务对象包括 IBM 公司和 Novell 公司，这二者分别是广域网和局域网的领先者。然而，到了 20 世纪 90 年代，这座巴别塔之上诞生了一个标准——互联网协议，简称为 IP，而如今几乎所有的网络开发都基于 IP 协议。尽管如此，基于前面几代协议的老系统依然会在几十年之内仍然存在。

这解释了为什么思科仍然持续生产着一组处于衰退性市场期的产品。这些产品的细节并不重要，重要的是要理解，它们仍然在为企业和通信网络提供对使命起关键作用的服务。尽管它们不再具备增长的机会，顾客却很看重其可用性、可靠性以及实用性，这些产品因而取得了额外的价值。公司已经没有兴趣再更新这些品类，但是也并不急于抛弃它们。因此，当前的战略是继续无限期地收割下去，在相关资源有了更好的去向时才退出这个市场。

这样的重大机会很可能来自于思科网络设备业务的两大支柱：IP 路由器和 IP 交换机。路由器和交换机对于很多人来说是相对较新的概念，但是它们的功用很容易理解。路由器是在一个大范围内管理网络传输的设备，它处理长距离传输，就好像城市间的航空运输。路由器的品类可以细分为核心路由器（core router），即连接远距离地点之间的传输的高速链路（类似于洲际航线和波音 747）；边缘路由器（edge router），即在给定区域范围内管理传输的媒介（就像由短途飞机连接的地区航线）；还有接入路由器（access router），即将本地传输接入互联网的界面（如同机场到城市的往返汽车和轿车）。

相反，交换机处理的是局部地区的网络传输，将数据传送到它预期送达的特定地址，这就好比城市内的地铁、公共汽车、出租车以及汽车运输。交换机品类可以细分为模组交换机（modular switch）和可堆叠式交换机（stackable switch），前者可以通过模块扩展提供先进的服务（就像在一架市郊火车上加一节车厢），而后者最适用于基本功能操作（类似常乘坐经济型汽车往返的通勤者）。

路由器和交换机是思科业务的中流砥柱，在 2005 年为该公司贡献了总收益的近85%。它们的市场十分健全，总增长率在8%～15%，因年份、地理和纵向领域的不同而略有波动。不过，它们不再是高速增长的市场，而公司对其所持的战略也从纯产品创新变为了结合产品线延伸创新的集成创新。在本书后面的章节中，我们将深入挖掘这种从成长型市场向成熟市场创新的转变以及它带来的影响。

产品创新本身在思科并没有过时，只是其重点逐渐转向了高级网络技术。如今最受管理层关注的四类技术是：网络安全、无线网络、网络电话和存储区域网络（SAN）交换机。它们的市场都分别以两位数的高速度增长着，为高花费、高风险的研发创新带来可观的回报。与此同时，由于它们的主机本身是交换机和路由器，或者嵌入了这二者，因此它们也增强了公司在成熟市场对集成创新和产品线延伸创新的价值主张。特别地：

- 思科的网络安全产品和服务是全公司增长最快的产品线，绝对处于龙卷风期。随着思科开始执行一项名为"自防御网络"（self-defending networks）的战略，网络安全业务从最初的设备产品逐渐转向了交换和路由服务。在这个数字资产的价值飞速飙升的世界中，由于这一市场吸引着犯罪分子和恐怖分子的注意力，因而它在不确定的未来时间内还将显著地增长。由于那些攻击者既关注应用又关注产品创新，因此防御者也必须做到这两个方面。

- 无线网络技术也处于龙卷风期之中，它重新定义了我们将笔记本电脑和PDA接入全球信息服务的方式。由于竞争十分激烈，而思科最初所提供的产品和服务对于市场来说尚难以接受，使得其他公司得以占取先机。思科已进行还击并夺回了领先地位，它收购了Airespace公司以填补其产品线上的一个关键性空缺。这是一个收购式创新的实例，这种创新不是用来更新一个品类，而是用以重新定位一家公司在该品类中的地位。

- 网络电话在其技术采纳生命周期中的位置更加靠前。它跨越了商务市场的鸿沟，专门用于管理面向子公司的业务以及与离岸呼叫中心之间的语音传输,而且随着像 Skype 和 Vonage 这类公司的崛起,网络电话在顾客中获得了相当好的早期市场拉动。此时正当进行附加的产品创新,预期未来所有的语音传输都将成为网络电话。

- 最后,存储区域网络交换机代表了思科对于数据中心业务相对较新的一次尝试,这项技术促进了各类计算机及其数据存储设备之间的往返数据交换。虽然目前对存储区域网络的采纳比网络电话更进一步,但它们仍是基于名叫"光纤通道"(Fibre Channel)的第一代网络协议。思科预计这一技术最终将为 IP 协议所取代,后者的应用将大幅提升公司在品类中的地位。目前,该技术尚未占据主导地位,以当前一代的交换服务辅助 EMC 等合作伙伴提供的整体存储产品和服务。

最终,网络产品客户市场的快速增长导致了另一次关键的收购行为——对 Linksys 的收购,后者是无线网络路由器和网络电话适配器消费者应用程序的市场领先者。由于商务活动要求包含这两种技术的全功能的成套解决方案,因而它们相对于那些单一价值主张(无线网络支持或互联网免费电话)就足以应付的个人消费者来说,适应得更加缓慢。结果,这些细分市场由消费者所引领,这一情形随着数字化产品占据我们越来越大的休闲产品空间而变得越发频繁。思科无法参与消费者市场的竞争,因为它的成本结构和商业实践都是面向企业客户服务所优化设计的。对 Linksys 的收购填补了这一空白。与此同时,这使得思科面临着同时管理两类截然不同的商业架构的挑战,这一点我们将在第 3 章作详细的讨论。

如果我们看向更远的未来,关注技术采纳生命周期的最前端甚至它左端的空白地带,有三类技术市场驱动着思科当前的主要投资:虚拟数据中心(Data Center Virtualization)、网络融合(Network Convergence)和联网家庭(Networked Home)。这三者体现了思科在新领域的机遇,其发展前景绝不亚于该公司目前的业务领域。

- 虚拟数据中心使得数据中心内的每台设备能够在相互之间共享工作,

其共享实现程度取决于设备的专业化和当前的工作负荷。这是凭借将所有设备通过一个单一网栅相互连接而实现的——实质上，这是一个限定在单一空间内的（至少最初是如此限定的）相当高速高传输的网络。这是一个大规模的技术难题，它需要全新一代拥有空前处理能力的交换机。目前尚不确定这些交换机会来自一个网络设备供应商、一个计算机系统供应商，还是某些其他来源，但似乎可以合理地假设，它会是多种供应商产品的结合产物，而这本身就为思科开拓了数以百亿计的市场机遇。

- 网络融合是由传统电话服务公司、无线电话运营商、光纤网络公司以及下一代服务供应商之间的竞争所推动的，这些运营商都聚焦于为消费者和企业提供数字产品和服务。目前网络融合所关注的是语音、数据和视频的融合。如今，尽管融合正在进行之中，上述四者的网络仍然两两之间相互分离，但是这四者都会在未来接受IP协议的统一，通往思科所称的"网络之网络"时代。这个转变意味着，尽管思科在其历史上在语音和视频市场涉足不广，但仍有着占领市场份额的巨大机会。

- 联网家庭是更长远的未来将实现的概念，它是由电器产品（包括商业和个人）不断数字化后的自然产物。当前，平面显示器和iPod吸引着全部媒体的注意力，但在未来，随着歌曲、电影、快照、家庭录影以及视频电话逐渐成为标准家庭娱乐装置的一部分，我们希望能够在家里不同的房间独立地使用这些设备。在投资组建这些网络的同时，我们将发现它们还能支持对那些更加普通的功能进行高级管理，如对安全、空调、照明、游泳池温度、花园灌溉等的管理。这就是思科的Linksys子公司将要努力开创的未来前景。

在探讨思科与品类成熟生命周期相关的业务时，我们还必须考察其产品组合中的两个"问题儿童"，二者同属通信服务供应商领域。由于受到市场管制放松的影响，服务供应商间的合并（consolidation）活动已持续了一段时间，而在可见的未来一段时间内还将持续下去。这提升了他们相对于网络设备供应商的购买力，将来后一类供应商的数量可不会再有目前的水平了。然而，到目前为止，尚未出现预期中的合并，也正是由于这种合并的缺席，使得戴尔崛起之前的计算机行业呈现出残酷竞争、无利繁荣的状况。

思科无论如何也不可能忽略这一领域，因为如今该领域占其收益的1/4。而在未来，随着越来越多的网络传输转向一种按需实用模型（on-demand utility-provided model），这个数字只可能还会增加。哪些商家将成为模型中的供应商，哪些商业模式最能为之带来繁荣，仍待观察。

简言之，有两个领域存在着最为严重的挑战。第一个挑战领域是光网络设备，它对于处理当前和未来所要求的传输量问题绝对是至关重要的，但是它同时又是一个过度开发的领域，在这一领域思科并没有主导市场，而且其产品也没有创造差异化。这一点再加上光学研发非同寻常的复杂性，就造成了投资陷阱。因此思科对这一品类采用了外科手术式的方法，集中关注将光学界面集成进其路由器和交换机中，并等待预期中的产业合并完成后，再采取进一步的行动。

第二个挑战领域是服务供应商接入设备，这一装置集合个人消费者和商务线路，将它们与更大范围的网络连接起来。在这一领域，思科的竞争对手阿尔卡特和Juniper网络公司（Juniper Networks）都已采取了强势行动。接入是任何端对端网络的构架基础，因而思科想要将其纳入囊中。但是当前的技术已经十分成熟，而思科在这一市场中的地位居于边缘，因此直接出击没有任何意义。如今它参与的是一些专业化细分市场的利润之争，关注有线网络公司，并聚焦于把公共和私营无线网络数据接入点整合进一个网络。

这些挑战如此严重的原因是，通信服务供应商指望他们的供应商提供端对端网络解决方案，而思科还缺乏整套方案的一些关键部分。此外，思科并不倾向于成为该领域传统商家（如朗讯、北方电信、爱立信等）经多年开发而成的提供特殊服务的专家。它要成为这些公司的服务业合作伙伴，但是其竞争产品组合又将此类联盟的可能性排除在外。同时，整个领域正在经历千载难逢的向IP网络基础设施转化的过程。现在就确立起来的供应商关系，在未来会有巨大的转换成本，于是赢家通吃，其他公司则无法插足。因此，找寻准确的进攻角度仍然是思科管理团队正在努力的目标。

总之，思科拥有处于品类成熟生命周期各个阶段的产品或服务，因此有机会考虑我们将要深入研究的几乎每一种创新类型。然而，思科很清楚，大杂烩式地采用创新类型只会减少而不会增加差异化。因此，它将关注的重点放在成长型市场的产品创新和成熟市场的集成创新这两个方向。在对这一商业实践案例接下来的研究中，我们将讨论思科是如何做出这些选择的。

DEALING WITH DARWIN
How Great Companies Innovate at Every Phase of Their Evolution

第 3 章

创新与商业构架

本书的写作目的是分析并讨论现有企业中创新的最佳实践。我们已经看到，创新的评判标准之一是，是否聚焦于创造可靠的竞争优势。我们还看到，创新必须与该产品或服务所属品类的当前市场特性相匹配。我们最后还要强调的是：创新还必须适合其所属企业的企业类型。

有一种基本的区分方式，将商业世界分为两个相互独立又互相影响的领域。它是由一对相反的商业架构来定义的，这二者分别是复杂系统（complex systems）模式和规模运营（volume operations）模式。在这两类架构中，创新的最佳实践一定不会重合。

复杂系统架构的专长是以咨询服务为主，处理复杂问题，并提出个性化解决方案。它强调了以大型公共或私有企业为主要客户的公司的经营方式。这类公司包括 IBM、思科和 SAP；高盛（Goldman Sachs）、瑞士再保险（Swiss Re）和世界银行（World Bank）；波音、泰克（Tektronix）和霍尼韦尔（Honeywell）；柏克德（Bechtel）、埃森哲（Accenture）和 IDEO；阿帕奇（Apache）、哈里伯顿（Halliburton）和柏林顿（Burlington）。

相反，规模运营架构专门用于批量市场的标准化产品和事务。尽管它也有许多企业客户的应用,但是其根源是面向消费者的业务,这类公司包括雀巢、宝洁和耐克;柯达、苹果和索尼;微软、Adobe 和艺电(Electronic Arts);赫兹(Hertz)、希尔顿和美国联合航空;eBay、谷歌和亚马逊。

如图 3-1 所示,这两种模式各自有一个"最佳点"(sweet spot),在这一点上其效率达到最优,而左右两侧都呈下降趋势。在复杂系统模式中,一方面,它可能由于系统过于复杂而导致模式崩溃,就像那些常见的预算严重超支的民用工程和军工项目一样;另一方面,如果没有足够的待解决复杂度,其成本结构又会变得越发难以承担,就像常见的复杂系统公司试图向下进入市场,为小企业顾客服务的情况一样。

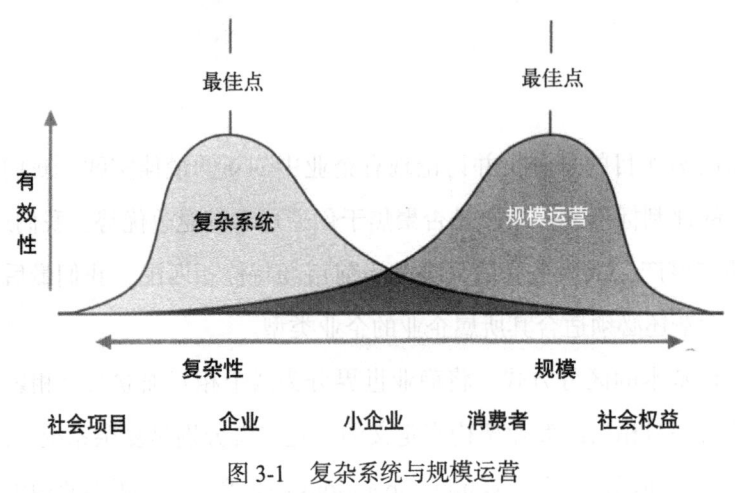

图 3-1 复杂系统与规模运营

相比较而言,一方面,规模运营模式可能由于过于庞大的数量而导致负担过重,就像常见的拼命提供基础服务的医疗保健系统或教育系统;另一方面,如果被要求在过小的数量情况下处理过多的例外情况,其系统又会变得低效,就像有时候规模运营公司想要进入市场,去为大中型企业客户提供服务的情况一样。

在其纯粹形式上,这两种模式几乎在每一个业务维度上都是截然相反的。也就是说,它们在产品和服务如何研发、设计、采购、制造、营销、销售和服务上,推行着截然相反的战略和技术。在一个领域内的最佳实践在另一领域内就可能是最坏实践。

这就引出了本章的主题：可持续竞争优势是建立在这两类架构其中之一的基础上，而不是建立在二者折中的基础上的。这是一种比较偏激的说法，并不能放之四海而皆准，因为两种模式之间存在着一些特殊的灰色地带，市场也的确会偏好一种混合式的行为。尽管如此，本章还是要极力向你证明这一说法的有效性。

如果证实这一说法真实且有效，那么它将对创新战略有一个重要启示。它意味着系统中会同时存在两个——而非一个——知识体：其一是复杂系统模式，其二是规模运营模式。尽管第 2 章里探讨的大多数创新类型都可以在两种阵营中得到运用，但其中一些类型在一种模式中比在另一种模式中更加高效，而所有类型在两种模式中的表现都是不同的。这就是为什么最佳实践的交流学习应当在商业架构相同的公司之间进行，而不应该在不同商业架构之间进行。

尽管这一理念看似简单而直接，实际上却频频遭到违背。某些职能部门的执行官，如工程部、市场营销部或销售部，经常会认为他们自身的专业经验优于部门的经验。如果他们在两种环境中都工作过（事实上这种情况很常见），他们便常常会用自己过去的经验来解决现有的问题。据我们的经验来看，这是一种很不好的做法，因为管理工具必须跟当前企业的主导商业架构相匹配，特别是创新，必须符合该商业架构的独有特性。要弄清楚为什么会这样，就让我们来详细地探讨一下这两种商业架构的具体内容。

两类商业架构

复杂系统模式和规模运营模式之间的区别在根本上是源于相反的经济公式。在复杂系统模式中，卖家致力于将顾客群从数十名增长至数百，甚至到数以千计，而每年每位顾客的交易数量都寥寥无几（实际上可能几年都没有一次交易），但是其平均价格却维持在上万或上百万美元的水平。在这一模式中，1 000 名顾客每年支付 100 万美元就可产生 10 亿美元的收益。这一类型的企业以图 3-2 所示的模式进行组织。

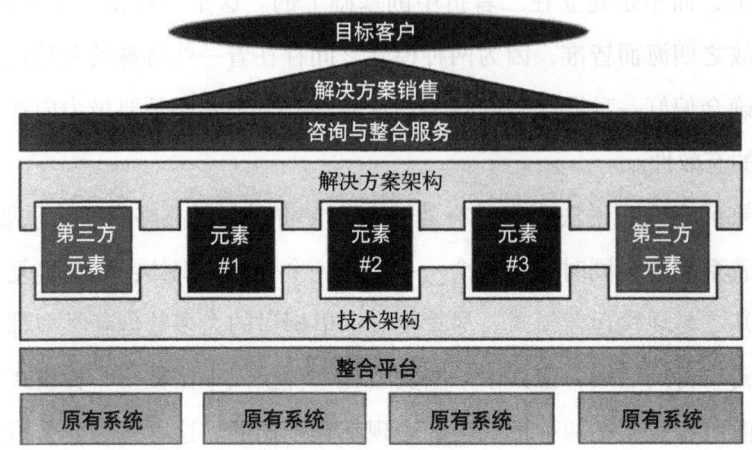

图 3-2　复杂系统模式

下面是这一模式的工作原理：

- 整个复杂系统模式是围绕目标客户进行组织的。因为它的经济效益取决于一个数额相对较小的客户群，而这一客户群做出相对大数额的采购承诺，因此符合这一要求的客户是这一系统中最为稀缺的资源，而在与卖家谈判的过程中他们一般拥有较大的主动权。
- 因此卖家要围绕一个精心设计的营销体系来组织业务，这一体系由一个提供解决方案的销售组织来引导完成，他们负责协调顾客的喜好和关心，搜出那些能够刺激采购行为的顾客需求。
- 作为这一紧密联系的顾客界面的补充，卖家开发出一套咨询和整合服务方案来连接顾客的特殊商务要求和其自身产品的固有性能，其职责是将已识别出的顾客需求转化成解决方案，采用复杂系统的形式来提出。
- 复杂系统本身是一个三明治式的结构，其中两个子架构夹住一组多重异类的元素。这些元素是可以用在解决方案中增进系统能力的模块，而这些模块通常由规模运营分包商所提供。

- 将这些产品和服务统一到面向市场层面的是一个解决方案架构，此架构由具有特殊作用的模板组成，这些模板将普通产品与给定细分市场的需求相结合。在特性上，它们既体现了某一给定垂直细分市场的特殊商业流程，又反映了行业特有的领域专业技术。
- 将这些产品和服务统一到面向系统层面的是一个由一般设施、协议和界面构成的技术架构，这一架构使得不同的模块元素可以被置换进出，以在无须从头开始重构整个三明治模式的前提下，打造出不同的解决方案。
- 最后，一个整合平台在整个庞大的结构与其余的顾客系统环境之间形成缓冲，这一平台允许产品和服务在这一层以上具有灵活性，而在这一层以下保持恒定的界面。这一点十分关键，因为所有复杂系统都必须能够以一种非侵入、可维护的模式被整合进其客户的固有系统。

复杂系统模式的实例在 IBM、波音、高盛、哈里伯顿以及埃森哲等公司的实际运作中都有体现。固然，每家企业所理解的技术架构都各不相同，而且它们各自都用其行业特有的元素来组成其解决方案，但最终这将是它们组织资源的共同方式。而对这种方式的采用，使得它们与规模运营模式截然不同。

在规模运营模式中，卖家致力于获取数以万计到数以百万计的顾客群，每个顾客每年的交易次数高达数十次，而每次交易的价格平均为几美元不等。在此模式中，800 万顾客每月花费大约 10 美元，才能创造 10 亿美元的收益。这是一个完全不同的经济公式，其基础是系统化交易，不同于复杂系统商务中基于培养关系的交易。

这类交易模式的特性导致了组织重心的巨大差别：

在规模运营模式中，单个顾客并不是系统中的稀缺资源，因此他们并不是这一模式关注的焦点。相反，稀缺的元素是一种能够低成本大批量生产差异化产品或服务的生产方式。这使得规模运营商家以订单生成能力为中心经营其业务（见图 3-3）：

图 3-3　规模运营模式

- 规模运营模式的中心是一项产品使能技术（offer-enabling technology）。它可能是一个股票交易平台，也可能是一个电话网络；可能是一家软件开发公司，也可能是一个食品加工厂，等等。不论它是什么，它都会为生产大规模定制化产品或服务进行最优化，利用规模经济，同时又保持表层的差异化能力。

- 规模运营模式的目标是创造大批量、多品种的产品和服务，它们可能是金融工具、软件或早餐麦片。这些产品和服务都被尽可能地优化，以满足零售市场的三项基本价值原则：价格、实用性和可选择性。

- 为保持尽可能低的成本，规模运营模式凭借资源、制造、物流和客户服务等方面的共享基础设施，充分利用规模经济。

- 此外，规模运营模式的规模以及产品和服务的价位都要求配送渠道的共享，这个渠道是专为处理大批量、低接触度交易（low touch transaction）而设计的。这种交易并不是真正向消费者进行销售，而是提供产品和服务使消费者能够购买。

- 最后，以品牌推广和促销宣传等沟通方式吸引这些消费者购买产品或服务。更加复杂的方式可能是个性化的促销，但与复杂系统模式不同的是，它们不可能是针对个人的。

规模运营模式描绘了 Verizon、戴尔、耐克、迪士尼还有赫兹这些公司是如何经营其业务的。在这些行业中，品牌保证必须与使能系统挂起钩来，从而创造竞争差异化。如果努力去做的话，它会迥异于复杂系统模式的 B2B 世界。

两种模式的发展过程

复杂系统模式的发展，是对向新市场引入新商品品类这一挑战的回应。在这种情况下，一件完整商品的许多部件要么难以获取，要么排列不当。因此，主要卖家必须承担协调安排的责任，这也是复杂系统组织结构设计的目的所在。首先，它必须遴选客户；其次，它必须表明具有说服力的购买理由；再次，它必须构想并设计出能够满足这些购买理由的复杂系统，接着还必须征募完成这一系统所需的伙伴和战略联盟；最后，作为主要的开发承包商，它还必须真正地将整套解决方案和服务销售出去。这一过程十分艰难，其所需基础设施的很大一部分都必须在组织内提前进行构建。因此，交易的价格和毛利都必须足够高，以抵消所需资本和所承担的风险。

与此相反，随着市场的不断成熟，商业方面的很多约束都跟着放松了。在已确立的品类中，有利可图的前景已经存在，而购买动机也已经建立起来。此外，基本的解决方案架构也得到了进化，并在市场上许多产品中得到了体现。因此，此时已经不再需要合作伙伴和集成辅助。反过来，这又减少了对分销渠道的压力，并使得主要卖家无需再大量投资支持性基础设施了。以上各方面带来的最终影响是不再需要高毛利,因而价格可以显著地降低。

在这种情况下,复杂系统商业模式逐渐变得缺乏竞争,而市场转向了低成本、简单配置关系的规模运营模式。这样一来,市场就受到了一定程度的限制。顾客不得不被分入有着普适解决方案的细分市场,而他们预期这些解决方案会逐渐标准化,不过他们仍然更中意那些能够满足他们偏好的大规模定制化商品。

当然,不是所有顾客都愿意这样,因此此时仍然存在复杂系统业务。但是,对于那些能够忍受市场局限性的客户来说,规模运营模式能够以更低的价格和更低的所有权成本换取可靠的货品,这些属性吸引了越来越多的顾客,导致产品的大批量生产,致使价格随商品化自增强循环被进一步地压低。这反过来又迫使复杂系统模式的卖家在他们所解决的问题上花更大的力气进行差异化构建,从而造成两种战略更进一步地分化。因此,起初的连续序列最终分化为两极,因为占领二极之间的区域变得越发困难了。

其结果是两个独立生态系统的进化。它们各自支持一个端对端的价值链,将构成市场所必需的所有功能连接起来,但是这些功能发挥作用的方式却截然不同,以至于要在二者之间转换或连接要素变得尤为困难。

要知道困难程度有多大,让我们仔细看看这两种商业架构分别如何响应一条简单价值链的需求(见图3-4)。

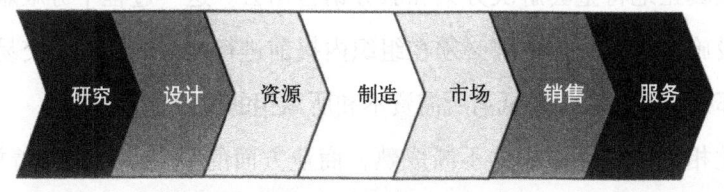

图3-4 简单价值链

这是我们能够想象出来的最简单的价值链模型,然而即使是在这个最基础的模式中,这些功能在两类商业架构中的实现方式仍然有着巨大的差别(见表3-1)。

表 3-1

价值链要素	复杂系统	规模运营
研究	定性阶段	定量分析
设计	模块集成	集成的模块
资源	考虑边际量	考虑平均量
制造	适应性方法	确定性流程
市场	价值链控制	品牌与宣传
销售	高接触度劝导	低接触度分销
服务	开放式咨询	封闭式处理

让我们从研究谈起。在复杂系统模式中，市场研究有着定性的偏向，因为每个顾客自身都构成一个市场实体。例如，空中客车和波音公司的商务航线业务在全球范围内或许有大约200个主要客户。从统计数据上平均地去看待这样小数额的客户没有任何意义。相反，你得深入挖掘每个客户的特殊情况，寻找其独特的模式，而不是数字上的相关性。这个时候你会发现，那些商战传说和假想情境，甚至是那些只具有偶然性的贴切隐喻，都非常富有启发性。

相反，规模运营模式是关于交易的一致性和可测量性。一件Palm或惠普的掌上设备需要售出上百万件才能收回投资在研发与市场营销上的成本。在此定量分析是关键，团队必须小心提防那些有说服力的商战传说和贴切隐喻。研发团队或营销团队所喜好的特性常常并不能代表目标市场的普遍喜好，而在进行规模生产时弄错这一点的后果是十分可怕的。因此，即使是最具启发性的简介，都必须经过完整设计、统计有效实验的检验，而这是规模运营市场研究所关注的核心。

接下来谈谈设计。复杂系统的精髓之处在于它们能够处理复杂性问题。考虑一个金融组合或一个计算机数据中心，这里不存在完全相同的客户执行方案，也没有普适的标准方法。相反，复杂系统卖家必须将各不相同的子系统紧密结合，使之融入一个独特的设计中，这就是前面提到的"模块集成"的含义。

相反，规模运营模式的目标是生产出那些无需修改就能被集成到大型系统中的细小零部件。在此，按订单生产（build-to-order）实际上意味着按订单设计（configure-to-order）或按订单装配（assemble-to-order），其中所有零部件都是标准的，而所有的可能都事先被考虑到了。这就是所谓"集成模块"的含义。考虑一下盖普（Gap）所销售的服饰，或百思买（Best Buy）出售的影音系统，就是这种情形。模块越多，它们就越容易被大规模定制化，以满足特殊客户的偏好，但是它们不可能真正地实现定制化。

- 再分析一下资源要素。在复杂系统解决方案中，资源配置关注的是保障稀缺要素的供应，而不是为大批量的部件获得最低的价格，这是因为导致整个系统成本增加的主要原因不是库存价格，而是进度的延误。进度由系统测试把关，而测试在最后一块部件装配完成之前都不可能完成。快速是这一模式的优点。
- 相反，在规模运营模式中，对大多数普通元件的价格和库存管理是最大的问题。在此导致成本增加的主要原因是支付了错误的价格、购买了太多原料和库存积压过多，或购买太少原料而无法满足需求。控制这些变量的方法是采用精确的流程和系统，并将其严格坚持下去。在这一模式中，快速是一个缺陷。

从制造方面看两者的区别。在复杂系统中并没有真正可重复的流程，不存在完全相同的两个大型设备或两个项目。相反，从那些适应特殊情况的可靠方法中能够得到的是连贯性、可预测性以及稳定性。这是柏克德或埃森哲等公司的项目管理专家所面临的情况。

将上述情形与规模运营模式中的确定性流程相对比，后者就好像一张药方里所有的药剂都是一模一样的。变化是固然存在的，但这里的目标不是主张这些变化，而是要通过设计排除它们。例如，在丰田的制造系统，正常工作时间为 99.999% 的电话通信系统，还有制药工厂出色的实验工作——所有这些都源于机械的统计性质量控制，这与经营复杂系统模式所需的单纯个人判断大不相同。

接下来讨论市场，在这个层面二者的对比也同样是极端性的。在复杂系统模式中，没有哪个价值链中的单一成员可以端对端提供所有的产品和服务。因此，市场营销的一个关键问题就是与合作伙伴和战略联盟的协调。例如，要引入 SAP 的企业资源计划（ERP），需要惠普、埃森哲以及甲骨文这类公司的直接投资，还需要思科、EMC 以及微软等公司的间接投资。在此情境下，一家公司最有价值的资产是声誉，声誉让公司得以占据领先地位，并成为其他公司的理想合作伙伴。

将这一点与规模运营模式对比，后者所提供的整个商品是被放在一个包装之内，整个价值链预先设定好的，而唯一可管理的变量是消费者的选择。这是苹果公司的成功之道，首先是该公司的麦金塔电脑，然后是新推出的 iPod。其最具挑战之处在于，要赢得每个消费者心目中的偏好，而最有价值的营销资产就是品牌形象。

在销售层面比较两类模式所暴露出的问题基本一样。复杂系统的销售周期需要几个月，并需要相当细心地集合所有对购买决策起决定性作用的顾客利益集团。想想你们公司在选择员工实物福利的供应商或其背后运行的人力资源系统时所下的工夫吧。

相反，规模运营模式的买卖过程是简单交易，不需要甚至通常会反对销售助理的干预。这里的焦点是购买，而需要做的销售工作都是通过产品包装自身完成，辅以销售点的展示。儿童玩具和早餐麦片都是这类产品的典型，它们的包装本身就起着宣传促销的作用。

最后，来看看服务。在复杂系统模式中，服务占完整解决方案预算的很大比例，一般为 50%～80%。例如，终端产品为一座酒店大厦或酒店内一场精美的婚礼，就是这类情况。它同时包含了售前和售后的服务，前者帮助客户了解他们所面临的特殊情况，并调整他们的投资，而后者是为了帮助他们使产品运转更快、更稳定。

相反，在规模运营模式中，服务或者是嵌入了商品本身（如照片处理或互联网搜索），或者是售后处理维修和退货的低接触度交易。如果只是因为其他做法无法实现规模化的话，那么这些都会由供应商负责并由服务中心安排。

总结前面所述，我们这里所讲的是两种截然不同、完全相反的商业形态。它们各自拥有自身的特点：

- 在复杂系统模式中，定性的市场研究阶段识别了那些只能通过集成架构满足的需求，这一集成架构的资源配置原则是保证稀缺要素的供给，采用调适性方法进行构建，通过协调配合的价值链进行营销，进行高接触度说服式销售，并借助开放式咨询进行服务。这是复杂系统的经营方式。
- 规模运营模式与前者截然相反。在这里，定量的市场研究分析得到了可凭借模块化架构满足的需求，其资源配置原则是面向最常见的要素，通过确定性流程进行生产，通过品牌推广与促销活动来进行营销，通过低接触度的分销渠道进行销售，并通过封闭式事务模式提供服务。

这两种模式与创新战略之间的关系有两个维度。在每种模式内部，强调差异化的创新采取的是不同的路径。这就是为什么在两种模式之间共享最佳实践是个糟糕的建议。如果事情就是这么简单的话，本章便可以就此打住。这两类模式之间还有着互动的联系，这一联系与品类成熟生命周期相关联，进一步塑造了创新战略。因此在结束本章之前，我们需要来考虑一下这个相互影响的互动模式。

商业架构与品类成熟生命周期

复杂系统模式与规模运营模式之间的相互影响随着品类成熟生命周期的展开而发展、变化。这一进化过程的关键阶段可以从图3-5中看到，图中举例说明了过去的 30 年计算系统的逐渐演化过程。

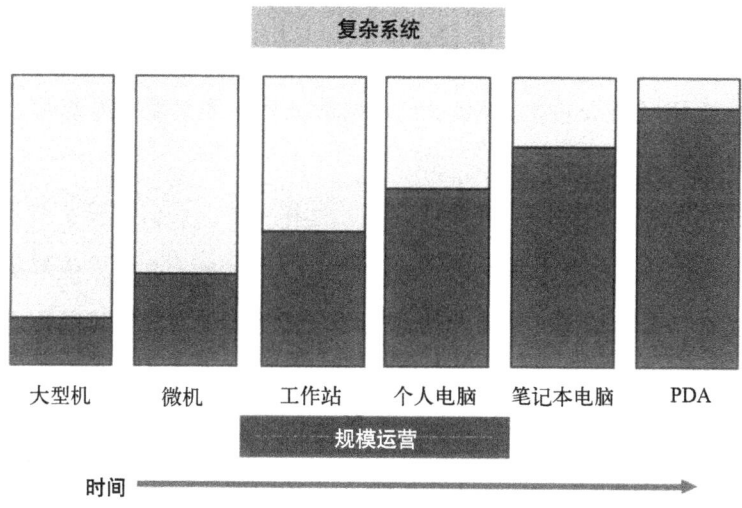

图 3-5　品类进化

- 复杂系统架构是新技术和新市场的先驱，它提供建立于集成架构之上的服务导向型商品。这是 20 世纪六七十年代，IBM 等大型机制造商的经历。
- 随着先驱商品的流行和繁衍，那些最初的纯客户系统的先驱，如今可以利用规模运营模式将原客户系统转换成更加高效的部件子系统。这是 20 世纪 80 年代数字设备公司（DEC）等微型计算机制造商的经历。
- 同时还出现一种共生关系。复杂系统需要不断削减当前成本以维持利润，而很大程度上，这是通过应用低成本批量部件替代现有的专用子系统来实现的。规模运营需要有待开发的市场机会以谋求扩张，而这种市场机会正是由前述的现有子系统所提供的。这正是 Sun 公司及其伙伴工作站制造商的做法，时间也是在 20 世纪 80 年代。
- 然而，随着时间推移，品类内部的竞争优势无情地移向了规模运营架构。各式各样的子系统已变得强大到可以创造出自己的端对端替代品，代替完整的复杂系统商品。最初此类商品并不能与复杂系统商品的质量或特性相抗衡，但它们的价格占优势，而它们一般主要吸引那些无法负担复杂系统商品的消费者。自20世纪80年代起进军个人电脑制造的IBM等公司，自90年代采纳局域网和客户服务系统后，取得了真正的成果。

- 这些规模运营的商品持续地改进，这样一来，它们取代了那些曾经是它们的客户的复杂系统制造商的商品。反过来，复杂系统解决方案被推向越来越高端的市场，在那里寻求仍然需要它们所提供的高成本附加价值产品的客户。这些稀有领域的顾客越来越少，而其带来的结果是高端市场的卖家地位巩固——即使规模运营在低端市场显著地增长。从表面上看来，似乎复杂系统模式已寿终正寝。DEC的微型计算机输给了个人电脑／局域网范式就是一个例子。

故事并没有到此结束！如图3-6所示，复杂系统模式能够并且必须自我重建。

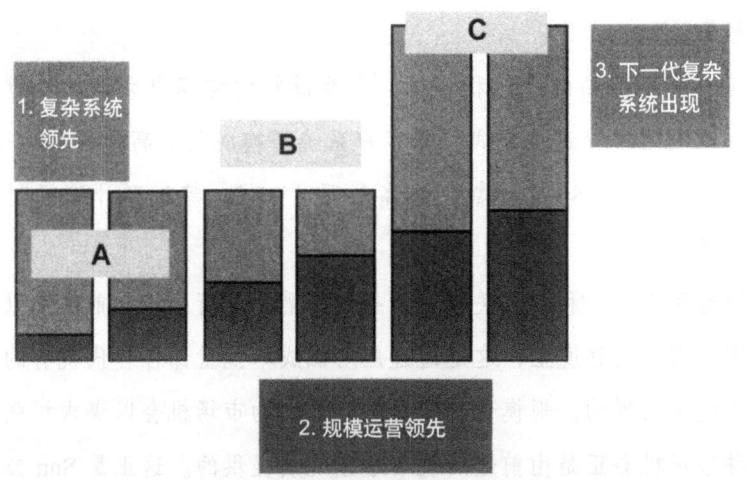

图3-6 品类过渡期的商务模式创新

当过去的品类商品化不再需要复杂系统架构时，卖家必须开辟一片新领域，重新开始整个生命周期。如此一来，他们就能利用过去的经验，设计下一代系统，融合并且超越他们所留下的商品化产品。因此，IBM 正重新发明计算体系结构，利用数千台个人电脑服务器，制造超级计算机族，而如希柏（Siebel）、甲骨文以及 SAP 等公司，则在创建移动工作站应用程序，以发挥智能电话的计算能力。

那么，在理解了复杂系统架构可以通过发明具有更高复杂性的新品类来自我更新之后，我们可以这样来描绘这两类商业架构在品类成熟生命周期发展过程中的相互作用：

- 在市场发展的 A 阶段，复杂系统厂商扮演领先者的角色。在此期间商品的数量太少，因此规模运营方式不可行。此外，此时实际上不存在所谓标准，因此复杂模式的增值服务是成功的关键。因此，规模运营厂商聪明地停步不前，见机留下一些部件生产业务，并等待进一步的发展。
- 接下来是 B 阶段。随着品类的成熟，规模运营可以开始进犯复杂系统的地位。这一入侵行为在复杂系统厂商中间制造了一些恐慌，但智者会愉快地接受入侵，因为这可以帮助降低最终产品的成本，而当前复杂系统卖家仍然拥有许多有待通过完成解决方案来创造的价值。结果，两种模式此时得以相对和谐地共存并共同进化。
- 然而，最终市场会来到 C 阶段，此时部件产品中已经融合了过多的系统价值，因而要想再维持集成架构这一传统已显得十分愚蠢了。规模运营在当前的品类中占了上风，复杂系统模式必须放弃其在这一品类中的地位，并在系统层级的更上一层中重新配置资产。正是造成当前局面的商品化使得这一点成为可能，因为复杂系统模式现在可以将这次商品化所创造的用品，用做更高层级系统的一个使能部件。

随着一代又一代技术的产生，出现了一个周期性循环发展的模式，如图 3-7 所示。

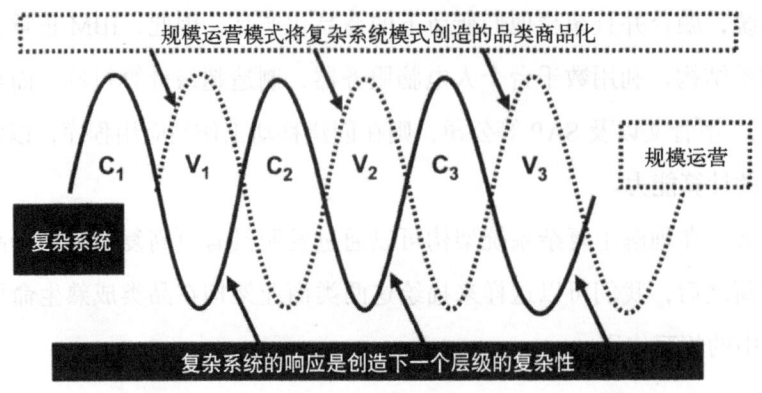

图 3-7 循环与战略

图 3-7 中实线绘制的正弦曲线描绘了复杂系统模式的市场命运，而虚线曲线描绘了规模运营模式的命运。两条曲线上任意时刻之间的相位都相差 180 度。在每对循环周期内，面向复杂系统的企业开辟出新的战场并夺取早期收益，而积极展开规模运营的公司则紧随其后榨取剩余的价值。

着眼于竞争优势的创新的正确路径是坚守你自己企业的商务模式的曲线，而不要在对方取得优势时对其垂涎。在品类刚刚出现时，规模运营公司应当避免羡慕复杂系统企业此时丰厚的利润和开放的市场，而随着品类成熟，复杂系统公司则应当避免嫉妒规模运营企业精益运营的利润和数量庞大的基础产品。事实上，两种模式都不能成功地在对方的机遇上进行投资。规模运营永远不可能真正地接受复杂性，而复杂系统也永远不可能接受商品化。

诚然，在规模运营模式寻求额外的市场增长时，它通过系统地占领先前被复杂系统企业所占据的市场来实现。在此过程中，复杂系统公司的战略是抵抗这种侵袭，并在尽可能长的时间内捍卫自己的领土。也就是说，复杂系统模式是否最终会让位于规模运营模式并不见得是个问题，但是何时让位却一直是个关键，而毫不夸张地说，对这一转变的时间把握可以决定数十亿美元的收益。最为成功的复杂系统公司的出色之处就是在后防线上表现优异，就像最为成功的规模运营公司就出色在其无情的越位攻击上一样。

◯ 总结

为了向读者提供理解创新如何在商业界创造竞争优势的适当背景知识，我们探索了两类商业架构的特性和互动关系。我们发现了两条路径而非仅仅一条。这两条路径之间是如此不同，因此二者之间不应该分享创新的最佳实践。

接下来，这一点引出了竞争优势战略必须回答的第一个问题：我们将要采用复杂系统模式还是规模运营模式？这代表着我们迈向竞争差异化的第一步。这一点十分重要，只要迈出了这一步，你就无需再用其他方法去实现与另一类架构的竞争对手之间的差异化了。创新转而关注延迟或加快品类商品化的步伐，就看你是属于哪一类商业架构范畴。

当竞争是来自采用同一架构的公司时，差异化就变得十分关键了，此时创新类型模式便开始发挥作用。我们将使用这一模式来确定：我们的竞争对手将会采用哪类创新来对我们实现差异化，以及我们将要采用哪类创新来对他们实现差异化。

案例：思科的商业架构

除了一个部门之外，思科是一家纯粹的复杂系统公司，它按功能性产品线组织经营，主要资源分配于工程和销售部门，有客户服务、营销、制造与物流、信息技术、财务、法律以及人力资源等部门提供支持。这一功能型结构中唯一的例外，是在 2003 年收购 Linksys 基础上建立起来的消费者产品部门，该部门用自己的品牌为家庭用户以及一小部分中小企业提供产品。这是一个自主运营的规模运营部门，其目的是为确保其商业模式不会被母公司的复杂系统模式拖住后腿。

由于面向复杂系统的企业的组织结构是围绕产品线功能，因此思科必须随时处理大量的创新难题。第一道难题是管理跨功能的业务流程。按功能组织的企业倾向于围绕产品线功能进行运营优化，这就造成了无法快速适应跨功能流程需求的瓶颈。然而，思科所服务的那些国际企业所提出的复杂需求又要求有高度组织化的跨功能协同联动。怎样才能在保持职能集中化的内部有效性的同时，适应市场的外部需求呢？在这种情况下的最佳实践又是什么呢？

对于许多公司来说，答案是：要按照业务单元进行重组，使每一个单元都聚焦于某个特定的垂直市场，并将服务运营优化为针对具体市场的全套解决方案。这不仅能创造更加和谐的客户关系，同时还能提供培养继任CEO候选人的温床。然而，这样的做法常常是以牺牲可观的毛利为代价，因为业务单元模型的固有特性决定了大量功能的分散以及随之而来的重复。思科能够保持出色的毛利——超过65%，一部分的原因就在于它拒绝放弃功能性组织的模型。

相反，思科所采用的方法是组建由高级产品线管理者所组成的跨功能业务委员会。根据市场领域的不同，思科共组建了三个这样的委员会：全球合作企业委员会、通信客户服务供应商委员会，以及中小企业客户商业委员会。它们各自的目的都很明确：处理客户驱动的需求，并针对这些需求进行一对一的响应。然而，要让这些委员会工作得当，却是个巨大的挑战。

从开始来讲，这些委员会的存在违背了思科的管理文化。思科的风格是，哪怕是很复杂的问题，也只指派给单一的问题处理者，并促使其提出一套能够符合一种以上具体标准的解决方案。相反地，委员会的做法则是对问题进行讨论再公布讨论结果，直至达成一致意见，然后在功能性组织内部执行。对于一家惯于"促其发生"(making things happen)的公司来说，要转变为"任其发生"(letting them happen)是十分困难的。

特别地，公司内存在一些很难参与这一类团队工作的管理者，而即便他们在其他领域有着很高的本事，他们也必须离开。随着他们的离开，团队合作显著增加，而使用同行评议（peer review）进行团队行为评价的薪酬体系更进一步促进了这种合作。结果，随着时间的推移，委员会制度受到了更多的关注，特别是在竞争环境要求跨功能协同联动的情况下更是如此。总而言之，这是一个缓慢的进程,但是CEO约翰·钱伯斯却有耐心乐见其成。而我要说的是,这种耐心正是此时事关重大的最佳实践。

看看思科的业绩记录。在第一年里这些委员会没有起到任何效用。第二年,企业委员会发挥了一些作用,但由于思科本身默认的经营方式就是面向市场的,所以这也算不上什么丰功伟绩。然而到了第三年,商业委员会取得了突破。它能够成功地与合作伙伴一道组织一系列面向解决方案的端对端项目,将面向企业的复杂系统模式运用于一个对价格更为敏感的市场领域。其中包括产品的工程再造(以简化其安装、管理,使产品使用更加方便),为销售伙伴专设的激励计划(以激励他们发展新客户和新用途),有针对性的财务政策(用以支持批发商、转售商以及终端消费者),以及培训资源(将昂贵的思科技术诀窍重新包装,嵌入合作伙伴可以接受的低成本服务之中)。所有这些创新都成功地扩展了思科的复杂系统模式的市场,而无需牺牲公司追求更高利润的目标。

下面轮到服务供应商委员会了。它所面对的是一个最大的挑战:在认为企业理应倾尽其市场专用资源提供产品和服务的通信行业,如何展开竞争。干脆创建一个独立的而毛利却很低的业务单元,然后就这么勉强度日——这种诱惑之大更甚于别处。但是从思科的长远规划来看,这样的做法是缺乏远见的。思科认为通信网络和企业网络将最终融合成为一个网络。从长远来看,思科最佳的战略是与专营通信的企业建立合作伙伴关系,并针对这一领域的特殊市场需求提供服务。

不幸的是,大多数值得合作的商业伙伴都直接与思科进行着主要产品线的竞争,因此短期内思科必须独立进行创新。此时它关注的是那些早期采纳新技术的理想主义者,他们通过在其领域内率先提供建立在全IP支柱上的下一代网络服务,获取竞争优势。这些先驱型的客户成为了服务供应商委员会关注的焦点,通过满足他们的需求,委员会激发了自身实现跨功能转变的能力。

思科的委员会制度仍然在推行之中,但是它表明了一家复杂系统模式的企业可以将功能性组织维持得比想象中更持久,并且借此获取令人羡慕的毛利。这一战略的另一部分是,公司相对于服务收益来说,对产品收益的强调。这又是一个存亡攸关的最佳实践。

复杂系统模式并没有指出整体解决方案中有多少来自产品,多少来自专业服务,但它却对基于产品的交付赋予高额利润(假定公司可以保证足够的市场份额以补偿预先进行的投资)。在无法通过产品许可来满足收益目标的情况下,复杂系统公司就会逐渐转向基于服务的商业模式。这导致了毛利的减少,并且更易受离岸服务供应商商品化竞争的影响。此时更好的方法是将专业服务聚焦于加速对下一代产品的采用,但是如何才能在不危及总利润的情况下做到这一点呢?

思科对于这项挑战的回应可以被称为"骑兵与枪炮"(cavalry and weaponry)——没有步兵(infantry)。也就是说,思科部署咨询团队(骑兵)去支持下一代架构与产品,这些团队在转型项目上与旗舰用户交战,推进技术发展水平。每一个此类项目都有两个关键的目标:其一,一个满足的客户;其二,一个可重新包装以备后用的一整套知识(枪炮)。实质上,这些项目都是创造服务产品的有偿研发,而那些服务产品随时间推移都会被自动化的系统或思科的合作伙伴(步兵)所实现。通过这种方式,思科为其合作伙伴创造了市场,从而进一步捍卫了其市场领先地位,同时又避免了陷入对低利润服务性收益的依赖。

只要公司的下一代产品受到市场的欢迎,这种最佳实践就是有效的。这又引出了新的问题:如果不受欢迎怎么办呢?思科还没有遇到过这个问题,但是我们的其他客户遇到过,在此我们有一个我们自己的最佳实践供大家参考。

从全局的观点来看,我们应该注意到,标准的做法都是尽力维持收益增长,这不可避免地导致对服务的依赖性增强。然而,这一做法违背了一个重要的原则,即任何公司中最难成功改变的就是其利润模式。每一次这样的变革都会导致剧烈的缩编和重组,但是很少会同时发生管理层大规模换人的情况。换句话说，这时并没有引入推行新的利润模式所需的新技能。相反，这里只有一个越来越不堪重负的老卫兵，挣扎着想要去适应自己从未应对过的模式和问题。

因此，在我们看来，在当前一代的商品没能成功地被市场接受时，最好的处理方法应该是立即采取结构重组，在一个较小的收益基础上维持利润模型，并集中力量让下一代商品重返主流市场。这样可以保持企业处于当前管理团队经验的掌控范围内，并维持一个可支持当前组织模式的财务模式——尽管只能维持在较小程度。它的确需要管理团队坦率地承认工作上的缺失，而不是将这些纰漏掩盖在另一个收益流之下，以便将清算推迟到下一期进行，而这样很可能意味着个人报酬的缩水也能推迟一段时间到来。不过反过来说，从整体上看，它提供了制定未来管理决策、创造更加健康企业的一个更为可靠的平台。

回到思科的案例上来，现在让我们来关注一下它唯一的规模运营部门——Linksys，并看看它被收购后是如何融入整个企业的运作中的。从一开始，思科就小心地维持着这一部门的自治，因此该部门就得以保持其规模运营的特色。其中包含了一个成本低、进入市场速度快的商务模式（它将大部分的研发、全部的制造以及物流进行外包），以及一个关注零售式营销和分销的进入市场模式。为了确保其自主性得到保持，该部门直接向一位思科的高层管理者汇报情况，这位高层管理者的主要职责是保护该部门不被来自公司其他面向复杂系统的强大生产线组织的需求给压得喘不过气来。

迄今为止这项举措是成功的，而该部门在思科接掌后的两年内发展扩大了一倍，收益达到近 10 亿美元。只要它集中精力通过零售业务影响消费者市场，其当前的公平交易（arm's-length）战略就仍然有效。然而，从长远来看，思科的愿景是让 Linksys 与其他产品部门更加紧密地协作互动，因为家用产品将会逐渐变为复杂服务供应商网络中的集成规模运营部件。在这样的未来愿景下，服务供应商的业务将由集成了规模运营元件的复杂系统解决方案来提供，这些规模运营元件是为集成在大型系统中而专门设计制造的。Linksys 怎样才能负担这样的设计制造而仍然维持精益运营的利润呢？

思科还没有遇到这一问题，但商业模式架构的原则已经很清楚地表明了它必须怎样做。它必须保存Linksys的运作模式。因此，它必须找到一种途径来吸收复杂系统部门利润模式中更大的复杂性所带来的成本。为了补偿这些成本，它还必须让承担成本的部门也创造出适当比例的更高利润。这样一来，Linksys就可以作为一个虚拟原始设备制造商（OEM），将规模运营部件提供给复杂系统的主要承包商，后者向上承担非重复性工程（nonrecurring engineering）责任，向下承担销售和服务的职责。

不过在目前，思科总体上仍然继续保持面向复杂系统的运营模式，并享受着将所有功能优化以支持这一架构所带来的协作优势。它的研究、设计、资源配置、制造、营销、销售和服务都反映了复杂系统的运作方式。当它需要快速适应变化的市场或强大的竞争对手时，它的多条产品线可以顺利地协作，因为它们共享着一套相同的财务模式和相同的创造竞争差异化的方法。这是单一架构企业的最佳实践。

DEALING WITH DARWIN
How Great Companies Innovate at Every Phase of Their Evolution

第二部分

创新管理

企业在制定创新战略时首先必须回答的一个问题就是：我们最擅长的是哪种创新类型，即哪种类型的创新能让我们在竞争中立于不败之地？本部分的目的就是帮助你和你的同事在这个问题上达成一致。

我们建议将每一种创新类型看成一个独立的向量，每一个向量都指向不同的方向。将任何一个向量进行充分放大就可以帮助企业从竞争环境中脱颖而出。那么企业选择这种创新类型而摒弃其他创新类型的依据是什么呢？我们认为有三个因素会影响创新类型的选择。

（1）核心能力（core competence）。不同的企业可以利用的资产不同——有些是隐藏的，有些是实际拥有的；部分存在于它们的商业架构中，部分存在于它们特定的历史经验中。

（2）竞争分析（competitive analysis）。企业面对不同类别的竞争对手，可以利用的机会也不同。有些企业完全忽略了这些机会，有些企业虽然抓住了这些机会，但利用效果不佳。

（3）品类成熟度（category maturity）。在品类成熟生命周期的不同阶段，企业采用的创新形式不同。随着品类越来越成熟，某些特定的创新形式就不再适用，而需要启用新的创新形式。

在这三个因素中，前两个因素在每家企业中的表现形式各不相同，因此这两个因素在制定创新战略的过程中如何安排是每家企业各自的责任。品类成熟度是每家企业都面临的问题，而且它为企业内的物质流动提供了背景。我们假设企业能选择符合品类成熟度的创新类型，以及放弃不符合的创新类型。在确定了品类成熟生命周期的每一个阶段可以采用的创新类型后，我们就可以在为某个战略焦点选择创新类型时，仔细分析每个创新类型各自的优势。

只选择单一的创新向量看起来存在大量的风险，并且会带来很多额外的工作。实际上，在任何优胜劣汰的环境中，这种选择的风险最小。相反，如果你选择了多个创新向量，那么你的创新速度就会下降，甚至不得不放弃某些东西，这样你就会面临更多的竞争对手却没有相应的自保能力。你可以将赌注押在所有的创新类型上，但这样做使你在任何一个向量上都不可能创造差距，所以你还是无法在竞争对手的攻击中全身而退。如果你将赌注押在以下几点上，情况会好得多：

在特定的时间段内，针对某类特定的市场产品，将主要精力放在选定的创新类型上，这样我们才能超越竞争对手，未来的顾客和合作伙伴才会选择企业的产品和服务。

当然，赌注的投放生死攸关，需要进行妥善管理。管理是一个从上往下的过程，这正好与创新形成了奇偶配对，因为创新一般被认为是从底部往上"冒泡"，但这两者之间可以相互匹配。管理创新要求主管人员自下而上创造创新机会，开放企业的期权组合，但同时在产生差异化的单一创新向量中要从上往下传递命令。一旦选定的创新类型产生了高额的回报，企业就会希望有其他的创新形式能与该创新类型相匹配，或者作为该创新类型的从属创新。

还有一点就是：这不仅仅是一场赌博。管理创新还意味着企业必须建立并维护一个战略组合，因为不同的品类对应不同类型的创新。这让情况变得有点儿复杂。在规模较大的企业里面可以让一些团队研究这种创新，另一些团队研究其他创新类型，这可能会产生混淆。为了保证组合的一致性和有效执行，管理层必须让组织了解不同选择背后的逻辑体系，以及严格区分不同选择的重要性。

接下来的创新类型模型将帮助企业理解所有的这些责任；它提供了各种各样的创新战略供企业选择；它弄清楚了每一种创新在品类成熟生命周期中创新成果最好的阶段。它解释了每一种创新类型不同于其他创新的主要特征。实际上，它是一种分类方法，能帮助你和你的团队正确框定所有的选择，然后做出最好的选择。

DEALING WITH DARWIN
How Great Companies Innovate at Every Phase of Their Evolution

第 4 章

创新的类型

无论何时，当我们听到"创新"这个词时，出现在脑海中的总是最让人惊叹的一种形式——颠覆性创新。只有最聪慧的发明家、最富有想象力的艺术家以及最激进的企业家，才能成功进行让人振奋的颠覆性创新。这种创新的确是一种重要的创新类型，在图 4-1 中处于左侧最突出的位置。正如图 4-1 所示，颠覆性创新拥有许许多多其他的"兄弟姐妹"，它们共同分享着整个品类生命周期。

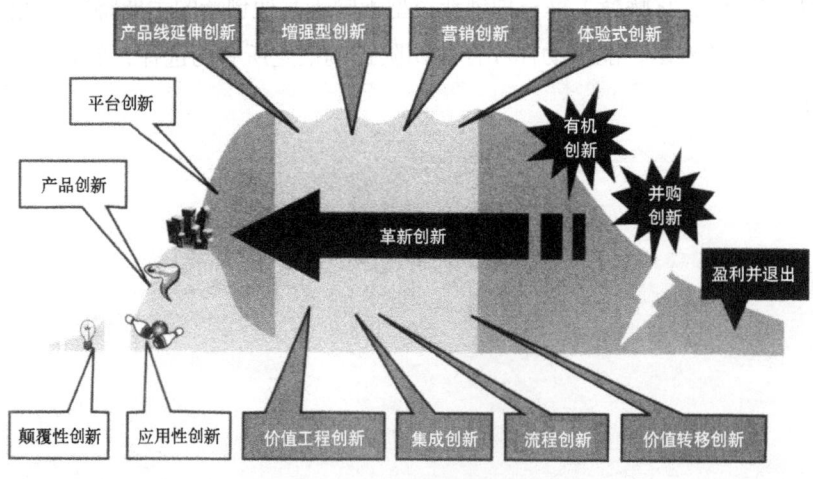

图 4-1　广义的创新类型

在本章接下来的段落中，我们会将这些创新类型逐一分类解释。现在，只是从整体上对这些创新类型进行归类。常常会有人说："我们无论如何都无法创新了。"在这一刹那，你完全有理由认识到其实并不是那么一回事。在任何时候，所有公司都有机会去创新，而且大多数公司都在创新上花费相当大。问题是，就如我们在先前的章节中提出的，这些大公司并没有从创新中获得竞争差距，因此也就没有得到相应的经济回报。而且随着时间的推移，这些公司徘徊不前，不断裁员，往日的雄心壮志一去不复返。尽管如此，这并不意味着公司失去了创新的机会，同样也不能断定公司将迈入衰退的不归路。

我们的目标是使用创新类型模型来帮助企业扭转这些不良的局面。要达到这个目的，企业所要做的第一步是将这些创新类型组织成集群，既便于理解又能帮助记忆。我们利用价值定律的概念来支撑我们的集群原则。这条定律是由迈克尔·特里西（Michael Treacy）与弗雷德·威尔斯马（Fred Wiersema）在《市场领导者的修炼》（*The Discipline of Market Leaders*）中首先提出的。根据这一构架，我们将创新种类分为四大集群或创新区域，如图4-2所示。

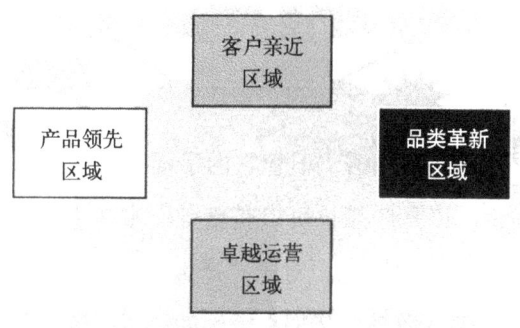

图4-2　四个创新区域

四大创新区域中的三个区域，是根据作为这些创新类型集群驱动力的价值定律来命名的。你可以发现，在"产品领先区域"的创新类型是品类增长阶段特有的，而"客户亲近区域"与"卓越运营区域"的创新类型是品类成熟阶段特有的。一般来说，价值定律代表了在同一品类中创造价值的不同途径。处于右侧的"品类革新区域"，包含了那些失去维持未来价值创造能力的品类可以采用的创新类型，这些品类内的企业运作需要改变其特许经营方式，转移战略重点。

表 4-1 显示了这四种区域中各种创新类型的分组情况。

表 4-1

产品领先区域	客户亲近区域	卓越运营区域	品类革新区域
颠覆性创新	产品线延伸创新	价值工程创新	有机创新
应用性创新	增强型创新	集成创新	并购创新
产品创新	营销创新	流程创新	盈利并退出
平台创新	体验式创新	价值转移创新	

将创新类型进行这样的分类，使我们一下子接触到这么多创新类型，可能会感觉脑子有点不够用，但同时我们也感到非常兴奋和受到鼓舞。每种类型都各有千秋，因此当你想要标新立异时，你可拥有的选择是如此之多！就像所有的生态系统一样，市场鼓励各种不同的生存法则，并给予相应的回馈。正因为如此，当我们遇到那些深陷困境又渴望重振雄风的企业时，我们才能如此乐观地迎接挑战。

❷ 产品领先区域的创新类型

关于"产品领先"这个短语，不管它的字面含义如何，它可以用于任何类型的商业供给物，可以是产品也可以是服务。事实上，本书中"产品"的概念可以等同于"供给"的概念。对于"产品领先"，应与基于顾客体验的"客户亲近"战略或是基于价值链传递有效性的"卓越运营"战略相区别。

有四种主要的创新类型是以"产品领先"作为潜在的价值创造发动机的。

颠覆性创新 这种类型的创新基于不连续的技术变革或颠覆性的商业模式来创造新的市场种类。基于不连续的技术变革的案例包括 Shutterfly 公司与 Ofoto 公司的数字图片处理技术；基于颠覆性商业模式的案例包括 Napster 公司在数字媒体传播方面的突破，以及苹果公司的 iTunes 带来的更完美的创新。颠覆性创新的主要特征是开拓了新的市场，并与已有的标准和价值链不相容。

应用性创新 这种创新类型是一种解决方案型创新，可以通过挖掘已有产品的新用途为它们开拓新的市场，而且一般是通过用新颖的方式对产品进行重新组合来做到这一点。案例包括在银行的 ATM 机上运行的具有容错功能的电脑；华尔街上支持财政交易工作站运行的工程计算机；在制药行业中使用的能大大加快新药品应用过程的文档管理系统；在广告和传媒业中从苹果机到桌面排版技术的逐步升级。应用性创新引入了新的标准，但采用了已有的价值链，只是关注中心转移了。

产品创新 这种类型的创新在当前的市场中继续关注已有的产品，通过提供当前产品没有提供的特性、功能来实现差异化。通常，这种创新形式的成功取决于进入市场的速度，尽管有时候专利可以在一段时间内阻止竞争者快速模仿，但尽早地占领市场能获得更多的优势。案例包括汽车中的混合引擎、手机中的摄像头、笔记本电脑的无线接入、娱乐中心的纯平等离子设备。

所有的产品都处于元件、产品、系统这一层次化的构架中，因此产品创新有一个额外的维度：每个产品都由元件构成，且本身又是某个更大系统中的组成部分。因此，除了在阶层中更好地扮演现有的角色，产品创新还可以在阶层序列中任意转移：可以向元件分解以达到量化的要求，也可以组合成系统以创造更多的价值。转向元件层的例子包括佳能为惠普激光打印机提供的打印动力系统；吉列公司将其剃须刀业务的重点从剃刀转向剃刀刀片。转向系统层的例子有：微软的 Windows 操作系统从在单一的个人电脑上运行转向应用于家庭媒体中心；IBM 从大型机转向网格计算。

平台创新 这种类型的创新提出了一个简化的产品层来掩盖其中的复杂性与综合性，这样下一代产品就可以关注新的价值主张。因此，这里的部分创新活动包括招募与支持价值链上的合作伙伴。最成功的平台创新可以将那些已被广泛接受的产品重置，使其具备这种新的功能。平台创新的案例包括：微软与英特尔公司重置 DOS 与 8086 微处理器，将其从 IBM 的个人电脑集成元件变成个人电脑复制驱动器；甲骨文将其关系数据库从微型电脑的组成元件变为普遍的企业应用软件；高通（Qualcomm）重置 CDMA 技术，使其从自身产品的差异化来源变为 3G 无线电话技术的驱动元素。

以上四种创新类型都需要大量的研发投入以及承担重大的市场风险——这种特性将产品领先区域与其他区域区分开来，这也是这些创新类型最适合用于增长型市场的原因。作为风险与开支的保证，回报不仅仅包括已经获得的销售额，更需要通过新的顾客来获得接踵而至的潜在销售额。因此，在这一区域，我们关注的重点首先是赢得市场份额，然后才是将利润最大化。后面两个创新区域都不存在这种情况。

● 客户亲近区域的创新类型

成熟市场的创新种类都具有最优化的特质，它们要么通过亲近客户使提供的产品对顾客更具吸引力，要么利用卓越运营使供应商能获得更多的利润。

在客户亲近区域，有四种类型的创新可以选择，按照从最接近产品到最接近客户的转变分别来介绍。

产品线延伸创新 这种类型的创新通过结构改变，从已有产品中创造出有特色的子品类。其目标在于通过获得新顾客群或改造旧产品以获得更有吸引力的产品来拓展成熟市场。这种创新类型的案例包括：在汽车行业中引进小货车与多功能运动车（SUV）；在运动服饰业引入跑步鞋；个人电脑系列中引入笔记本电脑与工作组服务器。在每个例子中绝大多数产品的核心基础构架并没有改变，这样供应商就可以进行分期投资，降低开发风险。同时，产品线延伸创新所赋予的外观差异已经足够让顾客另眼相看，而不会将它看成一个普通的商品。

增强型创新　这种类型的创新延续由产品线延伸创新开始的轨迹，通过创新不断优化产品的组成部分，而且对产品的核心基础构成影响越来越少，创新对象越来越接近产品外观。其目标是在已有市场上通过改变产品某个单一的维度来改进已有的产品，便于再次激起顾客对这个不断商品化的品类的兴趣。这方面的案例包括电冰箱的冰块制作、汽车的导航系统、煎锅用的聚四氟乙烯、樱桃口味的可口可乐。

营销创新　这种类型的创新关注，在购买过程中，与有价值的顾客交互过程的差异化。其目标是比竞争对手销售更多的产品，而不是比他们生产更好的产品。营销创新的案例包括：在网站中利用病毒式营销宣传一部新电影；电视展播中的产品布置；社会网络的面对面营销；单一供应商的陈列商店。

体验式创新　顾客亲近轨迹中最彻底的优化形式是体验式创新。其价值并不是基于功能的差异化，而是来源于产品或服务的体验。体验创新特别适用于产品已经完全商品化，且其购买决策没有风险的消费者市场。这方面的案例包括：商务酒店记得你喜欢的报纸；餐馆提供书本，客人可以在等待就餐时随意翻阅；充满欧式氛围的咖啡店。

这些类型的创新在改变局部产品方面非常有特色。因为其核心产品并没有改变，因此在成熟市场中，随着越来越多的供应商达到了同一个相对完整的设计要求，产品本身的商品化程度就越高。在这些市场中，对产品领先区域的额外投资并不能产生回报。相反地，在产品生命周期的早期，产品品类的关键功能仍有相当大的改进空间时，顾客亲近区域的创新就不太适用，因为它们的首要评价标准仍旧是性价比。所有这些都强调了我们的主旨：创新战略必须选择合适的创新类型。顾客在选择一种产品放弃另一种产品时总需要有合适的理由，赢得顾客偏好之战是经济上成功的关键。问题的关键是如何去赢得。

卓越运营区域的创新类型

客户亲近区域关注市场需求方的产品差异化，作为补充，卓越运营区域关注供给方的差异化。这一区域的主要成果是获得低成本结构，让企业能降低价格，进行资本再投资或获得更高的利润。除此之外，卓越运营区域创新需要注意的第二点是投入市场的时间以及对市场变革的适应速度，这两点都是在竞争壁垒较低的市场中获得成功的关键。

卓越运营区域的创新种类包括以下几种，按从最接近产品到最接近流程的转变来进行介绍。

价值工程创新　这种类型的创新减少了已有产品的材料成本与制造成本，但不改变其外部属性。典型的做法是将早期高成本手工集成的定制元件设计替换为低成本的标准化部件与已集成的子系统。这方面的案例包括电视、个人电脑、手机、飞机引擎、大型计算机，所有这些都通过价值工程大大降低了成本。

集成创新　这种类型的创新通过将各个分散的元件集成为一个单一的中心化管理系统来减少顾客对操作复杂产品的维护成本。典型的做法是对已有系统的向后集成，且通过一个管理集成层作为缓冲，允许在保证内部构架不变的情况下进行外部的改变。这方面的案例包括互惠基金、数据中心管理软件、打印、传真与复印多功能一体机。

流程创新　这种类型的创新关注边际利润的提高，其做法并不是减少产品本身的浪费，而是从生产产品的过程中减少浪费。其目标是取消工作流程中没有价值的步骤。案例包括沃尔玛的供应商管理库存流程（VMIP）、丰田公司看板管理制造流程，以及戴尔的直销模式。

价值转移创新　这种类型的创新包括商业模式的重新定位，将其从原有的市场价值链商品化元素转向更具利润的领域。这种创新与阿德里安·斯莱沃斯基（Adrian Slywotzky）在其开创性的著作《价值转移》（*Value Migration: How to Think*

Several Moves Ahead of the Competition）中所描述的现象相映成趣。这方面的案例包括从产品到其他易耗品的焦点转移——例如，从剃须刀到剃须刀片，从打印机到兼容墨盒；以及其他产品到服务的转移——例如，电话答录机由语音邮件取而代之，成熟系统公司将自身变革为咨询者或外包者。

同时考虑客户亲近区域和卓越运营区域的创新，成熟市场的创新类型总的来说是利于深化与已有顾客的关系而不是获得新顾客。由于这些关系已经确立，创新类型的影响并不需要与产品领先区域的创新产生同样深远的影响力，因为产品领先区域的创新焦点在于获得新顾客。为了保持有吸引力的供应商利润，同时满足顾客对低成本的需求，这两个区域的创新必须不断减少开支并提高资本有效性。

品类革新区域的创新类型

所有的市场品类迟早都将走向衰退。当面临着一个衰退的市场时，你必须认识到任何市场仍然拥有各自有价值的资产。市场为交易提供了必要的环境，同时市场的创造是需要昂贵的成本和承担一定的风险的。因此，即便在于衰退的市场，消费者与在位供应商仍有动机去参与其中。

从供应商的角度来看，有两个基本的选择可供研究，一般来说两者具有先后顺序：更新你的特许经验方式，将大部分资源用于一个新的品类；同时依据盈利并退出战略，最优化当前品类有用的剩余生命周期来获得利润。以下是属于这个区域的创新类型。

有机创新 采取这种创新类型的公司将其内部资源用于一个增长的品类，并将公司重新定位到该品类中。在行业市场中，这种重置一般包括重新联系最有价值的顾客，依据应用性创新中提到的方法为顾客发现新的问题并加以解决。这就是IBM将其重新定位为电子商务先驱时所做的。在消费者市场，重置一般包括与新的龙卷风市场重新联系。这就是微软在与网景公司争夺浏览器市场中所做的，也是柯达公司在数码相机业务中试图完成的。同时，这也代表了对产品创新的回归。所有的案例中，供应商留在同一个产品部门，但重置了其产品线。

并购创新　并购创新通过合并与收购等外部化方法解决品类更新问题，公司可以成为兼并者或被兼并者。东亚银行有限公司（BEA）通过兼并网络应用服务软件公司 Weblogic，使其从 Unix 市场转向互联网市场，大大提高了绩效。另一种选择，当个人电脑软件公司莲花公司（Lotus）无法通过 Notes 平台进行自我更新时，它将自身出售给 IBM，由此获得了成熟的分销与服务能力，这对于 Notes 的成功都是必需的。

总结

品类生命周期模型提供了一个框架，用来分析影响竞争优势战略的市场驱动力。创新类型模型可以让你致力于特定的差异化向量来赢得与竞争对手的决定性差距。将两者共同考虑可得到形成企业核心优势的蓝图。

企业的战略性领导活动就是通过创新获得可持续竞争优势，这是公司经营的核心。正确地选择需要对每个创新类型的特性都有深刻的认识，这便是本部分其他章节的任务。在这些章节中，我们将探讨每种创新类型以及介绍各种公司的案例，这些公司使用不同类型的创新来取得与其最接近的竞争对手之间持久的差异化。在本部分的最后，我们将画出一个管理团队成功应用这些模型来选择战略焦点的过程图。

DEALING WITH DARWIN
How Great Companies Innovate at Every Phase of Their Evolution

第 5 章

成长型市场中的创新管理

成长型市场中的创新就是要推动品类的成长。这时候，企业发展是顺风顺水的，而成长型市场中的创新要最大限度地利用这种优势。

正如本书在第一次讨论创新类型时所提到的，在成长型市场中可以利用的首要价值定律是产品领先。有四种创新是以这一价值定律为基础的，详见第 4 章的图 4-1。在那一部分中，我们还提出每一种创新类型都对应于技术采纳生命周期曲线上的某个拐点（见图 5-1），具体指：

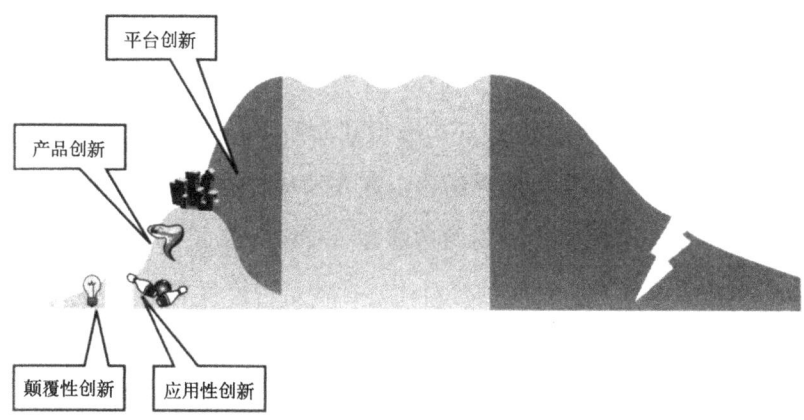

图 5-1 成长型市场中的创新类型——产品领先区域

- 颠覆性创新：产品或服务在市场上第一次出现，对应技术采纳生命周期中的初期市场阶段。
- 应用性创新：产品或服务可以解决某个具体的应用难题，开始为市场所接受，对应保龄球道阶段。
- 产品创新：产品或服务的性价比得到大大提高，已经得到了市场的普遍认可，并用于多种应用场合，对应龙卷风期。
- 平台创新：产品或服务已经成为某个或多个产品家族的关键组成部分，这是在龙卷风后会出现的现象，而且往往会被卷入下一轮龙卷风中，因此我们在采用这类创新时必须付出更多的努力。

在成长型市场中，技术采纳生命周期是企业制定战略的重要依据，因此公司全体员工必须首先就品类所处的生命周期阶段达成一致。这本身就是件十分困难的事情，因为在不同的细分市场中市场的表现行为不同，不同员工对此的理解也会不同，但无论如何，必须确定一个基准作为后续讨论的基础。

一旦确定了基准，四种创新类型中的某一种且仅有一种就会自动成为企业创新战略的首选，但这并不意味着你没有其他选择。它只是告诉你，在这种情况下其他创新类型与品类的动态采纳过程并不同步，但它们能发挥自身的作用，因此在管理过程中必须进行适当的安排，使这种作用能为我所用。你需要合理安排其他创新类型的其中一种原因可能是，你某个强有力的竞争对手已经抢先实施了默认的战略，而且企业在这方面与它们的差距太大，迎头赶上的机会很小。

在成长型市场中进行创新时还需要保证你采用的创新类型适合企业的主体业务架构。复杂系统与规模化运营企业在每一种创新类型中的表现迥异，所以必须保证整个团队看待事物的角度是一样的。在我们进行案例分析时，你可以将企业自身情况与案例进行对比，看看是否符合案例中的情形，也可以从案例中看出你的竞争对手在采用了相反的商业架构时如何进行创新。

具备了这些观念后，我们就可以开始分析产品领先区域中的四种创新类型了。在接下来的三章中，你的任务是逐字阅读这三章，理解每一种创新类型，并在每一章结束时问自己一个问题：你能做到文中提到的事情吗？如果答案是肯定的，那就可以将该创新类型归入优先考虑的列表；如果答案是否定的，那么请具体列出理由，然后就这些理由与公司同事进行交流。排除不适合的创新类型后，从剩余的类型中选出符合当前竞争环境和企业自身能力的创新类型就会相对容易得多。

❷ 是否应该集中精力进行颠覆性创新

下面主要讨论两种类型的颠覆性创新：一种主要针对复杂系统模式；另一种主要针对规模化运营模式。前者主要是基于颠覆性技术，而后者是基于颠覆性商业模式。无论是哪种，供应商都需要处理两件事情：新颖的产品或服务和新型的市场。因此颠覆性创新是所有创新类型中风险最大的创新，所以它只能用于高收益项目。而且，这种创新类型的目标市场的规模以及发展潜力都必须足够大，必须能为企业带来持久的竞争优势，只有这样才能创造出足够的风险调整资本回报（risk-adjusted return）。

颠覆性技术创新包含两个关键特征。第一个特征是颠覆性技术的性价比远远高于市场的原有技术，一般是具有一个数量级的优势。像碳纳管，强度比钢材还高，却跟绳子一样软。如果在科学（研究）和产业应用中能利用这些特征，就可以创造出很多目前想象不到的产品结构，包括来往于太空站的宇宙电梯。

颠覆性技术的另一个特征是与当前的市场标准基本不相容。如氢燃料电池和网络电话都用到了淘汰—替换原理，这对那些"梦想者"（visionary）非常有吸引力（他们正在寻找借口丢弃原来的老产品，可能出现新产品的事实让他们非常兴奋），但对其他人来说则有些可怕。因此，为了完成初期的市场开发，企业唯一可以借助的客户力量就是这些"追梦者"。

为了在商业竞争中获胜，你必须用服务来包装不连续的技术，这样企业才能获得引人注目的竞争优势。这一阶段的每一个产品都相当于一个项目，顾问型销售团队与专业的服务组织携手合作，划定工作范围，完成工作计划。这可以直接增强复杂系统供应商的实力。

下面是一些复杂系统企业的案例，它们都成功地将颠覆性技术带入市场，并由此获得了可持续的竞争优势。

甲骨文（Oracle） 当数据库还是由计算机系统供应商提供时，甲骨文就推出了一款便携式数据库，可以运行在不同的计算机中；而且，它是一个关系数据库，用大家熟悉的表格将信息以行和列的方式存储。这两个创新点首先吸引了实验室科学家的注意，然后软件商也开始关注甲骨文的数据库。甲骨文的数据库便于汇总以及多平台运行能力，也是他们关注甲骨文的原因。到了20世纪80年代后期，甲骨文成了关系数据库市场中当仁不让的领导者，每一个大型的计算机供应商都支持它的软件，每一个主要的应用供应商都以甲骨文的数据库为平台。

波士顿科学国际有限公司（Boston Scientific） 支架（stent）是一种嵌在阻塞的血管中的塑料管道，用于疏通血管并保持其通畅，但是在支架周围经常形成堵塞，需要外力干预疏通。波士顿科学首先推出了释药型支架，在使用点上释放能抑制斑块（plaque）形成的化学物质。这种类型的支架改进了血管硬化的治疗手段，公司及其快速追随者强生（Jonson & Johnson）占领了主导市场。

美国应用生物系统公司（Applied Biosystems） 该公司获得了基因研究的关键核心反应——聚合酶链式反应（PCR）的专利权。有了这项专利，公司就可以制造PCR器械颠覆该领域，其收益快速超过了原来的手工方法。结果是在大约10年的时间内，一个公司的收入就达到了130亿美元。接下来，公司开始帮助它的姐妹公司Celera推出了第二项颠覆性技术，加速了人类基因计划。后来这两个公司合并成为一个公司——Applera，成为基因研究工具方面的佼佼者。

可编程逻辑公司（Xilinx） 在Xilinx的现场可编程门阵列（FPGA）之前，很多公司利用已有的新芯片制造设备，花费大量的时间和金钱逐层构建了专用集成电路（ASIC）。FPGA包含了预置电路用于计算理想的逻辑路径。尽管芯片的单片价格相对高得多，但使用 FPGA 芯片的资本密集度低，软件原型进入市场的周期短——以周为单位而不是以月为单位。先行者 Xilinx 及其快速追随者 Altera 从一开始就主导了市场。

相对于前面提到的企业，规模化运营企业在引入颠覆性技术时，不能直接向初期市场推出它所需要的顾问型服务和系统集成，它们必须和合作伙伴一起完成技术引进工作。这项工作可以完成，但过程绝不简单，下面我们举几个案例说明这一点。

苹果（Apple） 苹果公司利用图形用户界面（DUI）技术推动了个人电脑的改革，但它没有找到 IBM 这样的企业帮助它招募合作伙伴并且服务于早期用户，结果它一直等到 Adobe 和阿斯图（Aldus）通过各自的努力，推动了桌面排版技术的发展，才跨越了这一技术鸿沟。这就给竞争对手微软足够的时间将整个系统复制到已经普遍使用的 DOS 系统中，最终被其超越。结果是微软将 DUI 带入龙卷风期而不是苹果。

莲花（Lotus） 1-2-3 试算表是一种改编自 VisiCalc 且专为 IBM 个人电脑量身定制的程序，莲花在这种程序上获得了巨大的成功。然后，莲花又努力将其他更具革命意义的产品（如 Note）推向市场。莲花专门为规模化运营交易制定了定价策略并设计了配送渠道，但公司仍需提供大量的服务帮助用户使用 Note 中的信息共享功能。莲花曾经让经销联盟（VAR，增值分销商）负责提供这项服务，但效果并不好。最终莲花被 IBM 吞并。为复杂系统提供接口，支持基础设备运行，Note 取得了很大的成功，但是它已经失去了接入互联网的关键市场动力，永远没有发挥出最初预期的市场潜力。

高通（Qualcomm） 该公司申请了 CDMA 的新型技术专利，有了这项技术，就相当于在 CDMA 手机中以非常有效的方式复合了各种类型的电话。利用 CDMA 技术，公司重新发明了移动电话。电话行业一直激烈地反对使用该公司的产品，直到公司将网络设备和话机业务剥离给了企业的已建立复杂系统的合作者——爱立信。这种关系帮助企业跨越了技术鸿沟，但是业内还是拒绝向单一企业支付高昂的专利使用费，直到对手供应商开发出专利组合中的部分技术，并且提高了 CDMA 与原有技术的兼容性，CDMA 技术才进入龙卷风期。幸运的是，高通公司的专利地位足够稳固，才能安然度过等待期。

在早期市场中推动规模化运营变革的更直接的方法是引入颠覆性模式，而不是开发非连续的技术。创新目标仍然是以一个数量级的形式提高产品或服务的性价比，仍然需要利用淘汰—替换原理，只是这里需要淘汰和替换的是价值链的中间环节。消费者不参与重构的任何环节，他们只需要享受规模化运营所带来的低价而便利的服务，当然在此之前，他们必须付出相应的代价或者为享受这种服务各自进行适当的安排。

很多规模糊化运营企业已经通过这种方式成功地与竞争对手拉开了距离。

嘉信理财（Charles Schwab） 该公司设计了一个只提供必要功能的股票交易平台，聘请独立的理财顾问为客户提供服务，改革了中美洲的财产管理方式。这些措施吸取了迪安·维特（Dean Witter）和史密斯·巴尼（Smith Barney）股票经纪商业模式的精华，但对终端用户来说颠覆性相对较弱。虽然在动荡的网络时代，嘉信理财前进动力相对较弱，但它仍是一个高价值的特许经营公司（franchise）。

联邦快递（Federal Express） 从旧金山将一个包括经孟菲斯送到洛杉矶最快捷的方式是什么？弗雷德·史密斯（Fred Smith）给了我们答案。联邦快递自成立以来就在不断完善包裹递送服务，吸取美国邮政服务体系及其当地邮政商业模式的精华，保证为终端用户提供隔夜递送服务。联邦快递持续被评为美国最受尊敬的高盈利企业之一。

西南航空（Southwest Airlines） 如果以达到每个单一的流程和职能最经济为目的，从零开始设计一条航线，你将得到什么？你得到的将是一条市场价值为各竞争对手总和的航线。从工作制度到员工报酬，从座位预订到机票定价，从设备选择到机场选择，西南航空从现有的中心辐射式（hub-and-spoke）航空商业模式中提取精华，将市场的领导者（如联合航空、大陆航空、美国航空）推向破产的深渊，同时为客户提供更简单快速的服务。

eBay　在 eBay 的案例中，历史上并没有相关的经验可供参考。它利用风靡全球的互联网技术以及一种新颖的商业模式，率先尝试了一种全新的市场类型——在线拍卖。eBay 曾经作为边缘经济学的爱好者论坛，如今已经发展成为主流的配送渠道。拍卖定价（auction-set price）这一动态定价的技术术语使得各种类型的交易成为可能。如今 eBay 不仅仅是全球微型企业的主流经营渠道，还是大公司处理过期库存的主要市场途径。

对规模化运营企业来说，之所以颠覆性商业模式比较容易成功，而非连续的颠覆性技术比较难成功的原因是：这种情况下新产品或服务的市场已经存在。颠覆性商业模式的任务就是以低得多的价格提供新版本的产品，但是产品在使用上没现有产品方便，只是对终端消费者来说，使用产品的过程中并不需要额外的动作，不存在不兼容的问题，因此没必要请教顾问。企业只需要说服市场相信在两个版本的产品之间转换是非常安全的，只要市场接受，这种颠覆性创新带来的冲击就会由竞争对手承受，而非顾客。

由此，企业运用复杂系统架构和规模化运营架构都能成功进行颠覆性创新。如果你的企业是属于复杂系统阵营，你应将注意力集中于非连续性技术，并为顾客提供高水平的服务以满足他们的需求，用顾客亲近领域的专业知识辅助产品领先理论。反之，如果你的企业属于规模化运营阵营，建议采用颠覆性商业模式，使平稳的市场产生波动，这样企业更有可能获得成功。这里，你可以用卓越运营系统理论辅助产品领先理论，迅速提高产品或服务的量，并保持其可靠性。

无论在哪种情况下，第一个成功因素就是一个真正具有革命意义的产品或服务，即它能创造出比当前市场标准好一个数量级的差距；第二个关键成功因素是全新的方法（途径）。早期市场中无法在方法上投机取巧，这种行为必然会招致迎头痛击，这也是为什么成熟企业很少在颠覆性创新中取得成功的原因。他们的市场导入行为经常妥协于以前的范式，这导致产品或服务的价格在进入市场前就注定了不可能高于竞争对手。因此，大多数成熟企业更适合采用快速追随战略。让颠覆性创新用自己的方式跨越鸿沟，在它达到彼岸后，企业可以收购该创新，也可以复制它。

最后，问问你自己：我们的公司存在这些情况吗？我们有可能开发出颠覆性技术或颠覆性商业模式吗？我们将创新带入市场时能毫不妥协于旧范式吗？如果是，将颠覆性创新列入考虑范围，然后继续分析其他形式的产品领先创新。

❷ 是否应该集中精力进行应用性创新

不像颠覆性创新同时包含了一个新产品（或服务）和一个新市场，应用性创新主要关心的是后者。也就是说，它利用市场中已经存在的产品，对它的某个或某些方面进行创新，而不是全部推倒重来。它针对的是顾客未满足的迫切需求，因此顾客在购买时首先会选择这个产品或服务。而且，如果证明该产品或服务是成功的，这些顾客会向他们的朋友和同事推荐这种产品或服务，进一步加快了产品或服务被市场接受的速度。最后，因为这种需求在目前是未满足的，一般来说，市场中的竞争对手很少，因此相对来说比较容易拉开与竞争对手的差距，何乐而不为呢？

每一种产品或服务都存在市场，应用性市场本质上是一个利基市场（niche market），它们在市场规模方面并不出众。第一时间跨越鸿沟并不是小企业或新的风险投资企业需要考虑的问题，因为对于它们来说，一个新的利基市场已经足够满足需求。但那些成熟企业的期望是在高收入的基础上再增长几个百分点，对它们来说，花费时间、人力和精力寻找利基机会是不合理的。企业收入越高，越认为这样不合理。而且，为了在价值链中创造价值，利基市场的销售和营销渠道建设必须运用特殊领域的专业知识。如果让其他市场的渠道建设专家负责建设利基市场的渠道，结果肯定是不尽如人意的。因此，在决定是否采用应用性创新前，先想清楚你的组织是否能够解决上述问题。

对服务于企业客户的复杂系统企业来说，应用性创新有三个关键步骤。第一步垂直营销是核心，具体指组建一个高层领导支持的跨部门团队，负责构建初始目标市场，解决某个具体的特定业务区块中未满足的需求问题。有了这一步，才能进行第二步，即找到一个完整的解决方案满足未满足的需求，这一步也就是我们所说的整体产品管理。第三步就是，（团队）必须承诺为整体产品管理的结果负责，这意味着团队不仅需要合理安排本企业所有的产品和服务资源，还需要精心安排价值链上的其他合作伙伴。我们通常称最后一个职能步骤为联合营销。

下面的企业成功地利用垂直营销、整体产品管理和联合营销这三个关键步骤，通过应用性创新创造了竞争优势：

Sun 计算机系统公司　在工作站鼎盛的时期，共有六个竞争对手角逐市场领导地位：Sun、惠普、阿波罗、数字设备公司（DEC）、硅谷图形公司（Silicon Graphics）和 IBM。Sun 之所以能在竞争中脱颖而出并主导该类市场，主要是因为它在金融服务市场获得了骄人的成绩。公司与关系数据库供应商 Sybase 合作，将注意力集中于那些贪得无厌的金融市场交易者在交易时产生的信息。结果，Sun 成了公司交易者工作站细分市场上实际意义上的标准制定者。这个高利润的细分市场成了 Sun 稳固的基地，在此基础上公司才能在其他市场上与竞争对手进行价格血拼。

Juniper 网络　面对思科系统越来越稳固的主流产品领导地位，Juniper 开始全面削减开支，集中精力满足电信服务提供商的特定需求。当年思科被"声音是免费的"这一信息误导，因此忽略了这类客户。避开视频设备及其他竞争性的产品线，Juniper 将自己定位为 IP 路由器提供商，是传统电信系统供应商的另一种选择。这就保证 Juniper 能获得高技术产品或服务所需的特殊领域的专业服务知识,而不需要加重企业的工资负担。同时,这样做还允许 Juniper 将精力集中于电信产品或服务上,在毛吞吐量上超过竞争对手的同时,保证载波信号级别严格符合标准。在至少需要两个供应商的市场上,Juniper 持续占据了优势的竞争地位。

讯宝科技(Symbol Technologies) 讯宝科技已经在零售系统细分市场占据了主导地位。它首先在条形码解读器方面占主导,最近又成为移动信息系统市场的主导者。零售业的边际利润极薄,因此公司的关键增长点就在于降低库存和人工成本。讯宝科技将手提电脑、无线网络接入设备及软件和服务集成在一起,形成了一个生态系统,满足特殊的客户需求。这就允许讯宝科技集中关注可定制系统,这些系统可以提前装配,用于仓库、货车和销售现场。130亿美元的收入使讯宝科技成为细分市场中遥遥领先的佼佼者。

硅谷银行(Silicon Valley Bank) 在20世纪80年代风险投资创业逐渐繁荣的过程中,传统银行都不愿意贷款给即便是最为成功的风险投资企业来帮助它们成长,因为风险投资企业没有固定资产——它们所拥有的唯一资产是人力资源,而人员总是流动的。硅谷银行将注意力放在了这类未满足的需求上,找到了新的方法减轻新风险带来的影响,包括找出一种特殊的专业技能区分成功者和失败者,以及持有贷款企业的认股权证作为赔偿的补充形式。结果,硅谷银行确立了自己的利基地位,可以和很多竞争对手一较高下,同时为企业进军永久活跃的金融服务市场开辟了途径。

从以上案例的分析我们可以看出,垂直营销、整体产品管理和联合营销是复杂系统模式中应用性创新的三个关键点,但这些并不是规模化运营架构可以采用的策略,因为公司需要制定高利润的价格来弥补它在时间和人力方面的投入。那么,规模化运营企业如何进行应用性创新呢?实际上,规模化运营企业的应用性创新只是偶尔发生一两次。一般来说,规模化运营模式通过产品线延伸创新和增强型创新开发新市场。这些创新带来的改变较小,一般是改进已有的产品应用,而不是创造新的应用。它们偶尔也会创造全新的市场，但这绝对是"无心插柳"。正如下面的案例所示：

伟哥（Viagra） 辉瑞制药公司（Ptizer）开发出这种药物来治疗高血压，但它在临床试验中没有表现出预期的功效。后来参加试药的病人拒绝交回剩下的药品样本并继续服用，公司从他们身上发现了边缘药效，从而开辟了一个全新的市场。

弹性橡胶泥（Silly Putty） 第二次世界大战期间，美国的橡胶严重依赖进口，为了摆脱资源受制这一困境，政府开始致力于开发人造橡胶。后来，某些好玩的科学家发现了橡胶的弹性，某个企业家利用这种弹性生产出了第一个玩具。

便利贴（Post-in Notes） 如果你发现胶水不黏怎么办？3M 某个非常上进的员工发明了有黏性的便签。3M 花了很长的时间才让市场接受这种产品，现在在任何一个办公用品店都能找到它的影子。

Skin So Soft 雅芳一直以为它正在研制的是一种新的化妆品，谁知道它实际上是一种驱蚊剂（bug repellent）。现在它成了雅芳最佳销售排行榜前十位的常客。

为什么规模化运营企业一开始不针对某个具体的应用提供产品或服务呢？这是因为这类产品或服务的市场规模太小，没必要大规模生产。但也存在例外，如运行于消费者设备（PDA、电话等）上的应用软件就不存在这种情况。这就引发了许多完全不同的应用性创新，包括：

- RIM Blackberry：一种便携式邮件收发装置；
- Nintendo Game Boy：一种便携式游戏设备；
- TomTom Go：一种便携式导航装置；
- SkyCaddie：一种高尔夫专用的距离探测器。

规模化运营企业要成功进行应用性创新的关键在于，按照人口统计特征对消费者进行仔细分析，即人口统计细分（demographic segment），而不是将精力放在垂直营销上。这两种情况下都能创造新的应用，但前者能为产品销售和服务支持建立客户导向的基础架构。也就是说，企业可以用人口统计细分的方法分析直销和零售交易系统中的大众客户流。这对规模化运营模式来说比较容易做到，而且经济。

为了做到这一点，供应商可以通过收集合乎条件的消费者关心的特定信息，找出他们的需求，并将需求分类汇总，从中寻找出可行的产品或服务。一般来说，新的产品或服务只是改善了原有产品或服务的一两个方面，方便企业利用规模化运营的规模效应。企业销售的是产品而非解决方案，因为这样效率比较高。最主要的是，产品或服务可以使用现有的配送渠道而不需要运用任何客户领域的专业知识。也就是说，新产品或服务没有附带任何新的服务，或者至少这些服务不需要由员工提供（可以从网络上下载，这从另外一种角度看来也可能成为被攻击的对象）。因此，规模化运营模式中的应用性创新在可规模化方面存在的唯一的限制条件就是人口统计细分的大小。

在规模化运营模式中进行应用性创新存在一定的边界条件，这些条件主要取决于公司品牌形象的弹性。企业的应用产品线延伸得越长，企业的品牌形象就越模糊。因此，飞利浦试着推广手机产品却失败了，企业从负责的团队那里了解到，消费者都认为飞利浦是厨卫产品的制造商，介入手机则其产品线的延伸就过长了。同样的品牌限制也使得惠普败北复印机市场，尽管复印机与打印机和扫描仪在技术上并无本质差别。虽然品牌可以重新定位，但这样做的代价和风险都太大，所以规模化运营企业要进行应用性创新，新的产品或服务最好与现有的品牌形象保持一致。

综上所述，应用性创新是一种以顾客为中心的创新形式，它从某个消费者群体的特殊兴趣出发，向后推演，最终得到满足要求的产品或服务。它满足了客户的偏好，保证了客户的忠诚度，能让企业在竞争中保持优势地位。很多人都在讨论，为什么这种创新模式没有被普遍采用呢？最主要的原因是应用性创新很难规模化运作（scale operationally）。生产通用产品或服务，然后让下游组织根据客户要求对产品做相应改进，则相对容易得多。这就是我们接下来将讨论的产品创新所做的事情。当然在我们开始讨论产品创新之前，先问问自己：在我们的企业中进行应用性创新带来的好处和坏处哪个多，然后根据你的回答将应用性创新放入候选列表，或从列表中剔除。

是否应该集中精力进行产品创新

产品创新从某种意义上说是处于应用性创新的对立面。应用性创新的核心内容是改进现有产品，以服务于某个全新的市场，而产品创新则是在现有市场中推出一个全新的产品。从这方面来说，它与颠覆性创新完全不同，在颠覆性创新中无论是产品还是市场，一开始都是不存在的。它与产品线延伸创新和增强型创新比较接近，它们也服务于现有的市场，但它们是通过适当改进现有产品来实现这一点。相反，产品创新的实质就是对产品进行彻底的改变，在这个过程中会产生大量的成本，风险很高。

这场豪赌的理想结果是在一个成长型市场中占据主导的市场份额。摆脱了品类成长的浪潮，你就可以享受市场的动态变化，将顾客带到企业面前，而不是企业主动寻找顾客。一旦你得到了这些顾客，通过设定较高的转移成本，你就可以保持住这些顾客。这就是说，考虑到未来收益的可能性，它们对一个投资者的净现值超过了第一次销售带来的收入。而且，如果你够幸运，能够爬上该品类市场领导者的位置，未来的新顾客也会选择你的产品，而不是竞争对手的，就算竞争对手的产品的性价比比你高也无济于事。实用主义的购买者非常看重"安全购买"这一价值命题，只有市场领导者能保证这一价值命题是真的。最后，因为在企业的合作伙伴中也存在这种现象，将会有其他公司夺你所好，在这个过程中，你会发现你以前不会注意的客户，在这种情况下得到的客户资源比其他供应商的好。

总之，在龙卷风市场上获得成功的产品实际上是一个非常大的胜利。

服务于龙卷风市场的产品创新是规模化运营模式的强项，我们从下面这些家喻户晓的企业故事中就可以略见一二：

- 谷歌这个强大的搜索引擎；
- 帮宝适（Pampers）的一次性纸尿裤；
- 耐克（Nike）的运动鞋；
- 金霸王（Duracell）的碱性电池；
- Swingline 的 easy-to-refill 订书机；
- Cuisinart 的食品加工机；
- Titleist 的高尔夫球；
- 佳得乐（Gatorade）的运动饮料。

这些公司都通过对市场上的某种产品进行重大改进，以迅雷不及掩耳之势迅速占据了主要的市场份额。企业根本没必要对顾客进行重新培训，也没必要改变配送渠道，它们能做的所有事情就是提供新产品，证明产品能解决顾客问题，然后就站在一边收钱。

因此，在规模化运营模式中利用产品创新获取竞争优势的三个成功因素包括：

（1）研发——创造真正的产品突破。

（2）营销——在市场中宣布改变游戏规则。

（3）制造和物流——保证不间断的产品供应。

请注意，这三个因素都是十分关键的！

思考下面"局部"成功的例子：

- 苹果的 Newton：在营销时声明改变游戏规则，但它的产品研发无法完成这一声明；
- IBM 的 OS/2：它声明的游戏规则变更内容与研发内容并不相符；
- 微软的 BOB 人机界面：在研发和营销方面都失败了；
- Chiron 的流感疫苗：公司在 2004 年进行了轰轰烈烈的研发，并且在市场上进行了大力的宣传，但最终产品没有上市。

规模化运营市场并不给企业第二次产品创新的机会，这使得情况更加严峻。这些失败的产品就如过眼云烟，只留下一点点痕迹启人深思。

综上所述，规模化运营模式中的产品创新战略并没有多少难以理解的地方。你的任务就是在数月内努力获得几百万客户，并没有什么地方需要深思熟虑的。规模化运营的产品创新就是一个拿到一个有突破性的创意，然后疯狂实现这个创意的过程。

相反，如果由复杂系统企业服务于龙卷风市场，创新战略中就会有许多需要仔细推敲的地方。在这种情况下，你的工作就是在数年内找到数千乃至数万个用户，并为每个用户提供不同的产品。而且，为了完全兑现你的价值主张（value proposition），你必须在产品中集成合作伙伴的产品和服务，这使得产品结构更加复杂。产品营销也不仅仅是发表游戏规则变更声明那么简单。复杂产品购买决策牵涉的人太多，而且每个人的兴趣又各不相同。说到制造和物流，每一个安装步骤都极其复杂，总会出现这样那样的差错。总之，复杂系统企业要在龙卷风市场中进行产品创新，必须具备钢铁般坚韧的神经。

不管怎样，在龙卷风市场上获得一次成功就可以让企业名垂千古，就像下面的企业：

施乐（XEROX） 公司在1960年推出了影印机，在复杂系统领域和规模化运营领域都采用了特许经营的方式，为复杂系统企业开发了DocuTech复印中心系统，为规模化运营企业开发了台式复印机。尽管施乐在其他很多方面的产品创新，如以太网、SmallTalk、图形用户处理界面（GUI Computing）都失败了，但影印机的成功使企业成为资产150亿美元的国际性企业。

美敦力（Medronic） 公司在1960年推出了起搏器，至今仍是全球市场的领导者。美敦力90亿美元的收入中有一半来自于心律管理产品。

应用材料（Applied Materials） 公司推出了第一台多腔半导体制造设备，可以在同一环境下完成晶体制造的多个步骤。公司的产品推动了行业的变革，并在

Smithsonian 研究中心获得了一席之位，应用材料公司以 80 亿美元的年收入在行业市场占据了领导地位。

EMC 公司在 1995 年已经拥有数十亿资产，它推出了世界上第一个不依赖于平台的存储系统。这是存储领域的重大突破，企业不必再向它们的计算机系统提供商支付存储费用。如今，EMC 已经成为存储系统的市场领导者，收入高达 80 亿美元。

这些企业的成功都离不开大量的研发投入，这是一场豪赌。管理层如何确定企业是否值得冒风险进行产品创新，又如何确定复杂系统企业进行产品创新的恰当时机？在决定进行产品创新时，企业必须牢记以下三条行为准则：

第一，杀手应用程序肯定存在。杀手应用程序（killer app）是技术领域的专用术语，可以理解为现实中必然存在关键的迫切的市场需求。杀手应用程序在美敦力起搏器案例中是指心律不齐的病人；在应用材料的案例中指半导体行业中一直存在的增加芯片容量的需求；在施乐和 EMC 案例中指由计算机化、互联网和万维网带来的创建、传送和存储的文档数量爆炸。只有一直存在这样的动力驱动企业不断投入资源，产品创新才有可能为企业带来任何它需要的回报。

第二，专注。大量的研发预算肯定会吸引大量辅助项目，它们将与关键项目争夺资源，阻碍正常的研发进程。市场营销也存在类似的陷阱，大量次要的价值主张充斥市场，淹没了主要的信息。最终的结果就是开发出的产品特性模糊，与市场上其他产品没有太大差别。因为很难向客户解释清楚产品的主要特性，客户也不觉得它们值得购买，所以这种产品在龙卷风市场上并没有竞争力。相反，成功的产品总会在一两个关键方面非常突出，让市场在第一时间就接受这个产品，而且产品或服务的其他方面也相当简捷。

第三个也是最后一个因素——整体产品管理。施乐公司利用代销网络为复印机提供维修服务，美敦力努力让保险公司、医院管理层、医生、护士都接受公司的起搏器，应用材料公司与半导体价值链上其他组织合作，如资金、设备和化工企业，而 EMC 与使用公司存储器的每个计算机系统公司和应用软件公司建立共同的用户界面，无论企业采用哪种方式推广产品，都必须保证企业能向市场不间断地供应产品。在赛车过程中，一次很小的失误都可能迫使你中途停车换胎或加油（pit stop），给你带来不可估量的损失。产品供应也是如此，千万不能中途掉链。

适当的专注能成功地将杀手级的应用程序转化为一个完整的产品，这不是人们在提到产品创新时才会想起的口号。企业在什么时候可以听到市场传来的钟声、口哨声、尖叫声、叫"酷"声？除了时尚用语"酷"是指杀手级的应用程序之外，其他都属于市场开发的后期阶段。它们也像增强型创新那样为客户创造惊喜因子（delighter），且要在产品购买的第一波高潮过去后的成熟市场中才会表现出最大的影响力。第一代产品并不存在促使产品大幅度简化的机制，龙卷风市场的行业力量（industrial strength）要求企业不断获取新客户。

总之，在决定是否将产品创新作为一种候选创新进行投资时，需首先检查企业环境，看市场上是否存在足够大的产品需求让企业愿意冒风险进行投资。如果存在足够的产品需求，就评估规模化运营模式和复杂系统模式各自的成功因素。如果评估结果是乐观的，你就可以适当缩小搜索范围，因为搜索的结果不会超出这个范围。有一种创新产生的回报比产品创新高，但这种创新方式必须建立在一次成功的产品创新基础上，这就是我们接下来要讨论的平台创新。

❷ 是否应该集中精力进行平台创新

平台创新用抽象层掩盖了原有系统（legacy system）的复杂性，为停滞不前的市场重新注入活力。这样，未来的产品或服务就不会太过复杂。实际上，它只是与平台有交汇点，而平台与其他产品都有交汇点。当然，这种服务不是免费的，但一般来说，这种使用费对新供应商来说是很少的。然而，如果这种供应商数量够大，那么平台提供商的总收入也是相当可观的，下面的企业平台就是证据：

- 甲骨文的关系数据库；
- 微软的个人电脑；
- 英特尔的服务器；
- 索尼的电动游戏机。

看到这些公司的市场价值，你也肯定恨不得马上成为一个平台提供商。但不得不说，现实世界中的平台提供商是一个非常排外的团体。而其他的供应商如果不向平台提供商"上贡"就会失去很多的盈利机会，因此它们总是想方设法获得免费的平台服务。而对消费者来说，他们也不喜欢受制于平台提供商，因为这样他们就没有其他选择，而只能选择平台上的产品。因此，市场会自我调整，促进各种开放平台，如 Linux 的产生，以对抗能为平台提供商带来收益的专有平台（proprietary platform）。一旦出现这种专有平台，市场上就会怨声载道，以抵制这种平台的产生，正如目前对微软采取的措施一样，不管它的产品是在机顶盒里还是用于手机生产，市场都会进行抵制。

当然，平台的拥护者都非常清楚这些状况，也知道他们所引起的市场对抗机制，因此平台计划的制订是非常困难的。不要再提及特洛伊木马战略，虽然这个游戏最初也是最大的赢家，微软和英特尔就采用这种战略——埋藏在 IBM 的个人电脑里——成功进行了平台创新。但如果现在你在一座围城前留下一个很大的木马，市民的第一个反应就是先看看木马里面，确定安全才将它运入城去。然后，他们会要求将木马放在他们认为安全的地方，接下来才会放心接受礼物。所有的事情都是对他们有利而对你及你的投资者不利的，这就是 Sun 和 Java 之间发生的事情。这个故事的寓意就在于：只要能放弃经济收益就可以成为平台的一员，但显然你的投资者不会赞成这么做。

那么，你又该如何玩这个游戏呢？

进行平台创新有两种方法，我们称为直接方法和间接方法。规模化运营企业适合采用第一种方法，而复杂系统企业适合采用第二种。

在直接方法中，你应该在平台成立之初，第一个产品进入平台之前就宣布平台的宗旨。这时候最简单的方法就是网景在 20 世纪 90 年代曾采用过的免费平台策略。Adobe 曾在发布它的 Acrobat Reader 平台时采用过这个策略，将它定位为微软 Office 之外的另一种文档处理平台。这种方法的诀窍在于，当产品的普及率达到一定程度时，采用"收费制"。产品的普及在网络蓬勃发展的时代是一个不可逆转的趋势，但在网络泡沫破灭时，产品的普及就成了一个未知数。这是互联网发展的前提假设之一。由此，我们可以发现，是否采用这种方法的关键评判标准在于转移成本。对大多数网络企业来说转移成本不够高，这是我们从网景的倒闭中可以得出的最明显的结论。但 Adobe 不同，它的 Acrobat 的转移成本够高。有了这层保障，公司就在基本功能不变的基础上，为客户提供可选择的附加价值服务，如自动寻址工作流、文档安全传输和高级个人隐私等，只要用户愿意支付一定的费用，就可以使用这些高级功能。以后，Adobe 就可以将最终网络许可授权给那些经常需要传送文档的软件和服务提供商。

平台创新直接方法中另一种更有挑战性的做法是提出一个专有的解决方案，这样企业在一开始就能收取高额的平台使用费。Rambus 和高通采用的就是这种方法，前者主要生产高速存储器，后者主要生产手机中的高速芯片。它们打赌自己的专利地位能够杜绝一切窥视这些技术的人，结果它们赢了，当然也为此付出了沉重的代价。这两家公司都非常讨厌潜在被许可方，因为它们让两个公司都遭受了大量的法律诉讼以及所有权攻击，并为此付出了高昂的代价，不仅使公司的财务状况陷入困境，也拖延了技术进入龙卷风期的时间。因此，紧接着的技术开发（如 DDR 存储器和 Wi-Fi 无线技术）都被潜在的被许可方抢到了先机。但不管怎么说，两个公司的平台创新在一定的范围内是成功的。

接下来我们讨论采用复杂系统模式的企业，它们一般采用较为间接的方法进行平台创新，并将平台创新分成两个独立的行为。行为 1 的目标是完成产品的普及。注意，这里仅仅指产品本身的普及，而不是指平台。行为 1 的关键是产品必须包含专利技术，以及提高转移成本。这两个因素共同努力的结果是——旦产品被普遍使用，企业就可以长期享有这种权力。

在这种标准下，以下企业都完成了平台创新间接方法中的行为 1：

思科：无处不在的网络；
SAP：无处不在的业务流程应用软件；
EMC：无处不在的企业存储需求。

接下来是行为 2，它的目标是将这些条件优越的产品转化成平台。这种状态的改变意味着需要有第三方在产品变成平台的这一过程中提供产品或服务，以充分利用平台企业已经开发出来的以及它们可以获取的能力，同时利用它们已经具备的途径接近客户。为了实现这一目标，支撑平台的供应商必须向它的平台合作伙伴开放已有的产品供它们使用，展现"内含的平台层"。

这类行为被冠以多个名字——模块化、组件化（componentization）、向服务导向型架构转变等，无论是哪个名字，最终的结果都是一样的。曾经只有单一界面的单体结构转变为现在的多层结构，包含了针对一般客户的"公共"界面和针对平台合作伙伴的"个人"入口。"个人"入口的采用可以让合作伙伴利用平台的产品能力达到自己的目的。

目前，前面提到的所有的供应商都已经开始这类重构活动，独立于它们的平台目标，开始简化一直以来的维护和开发工作。实际上，它们的第二代开发工作本身就是将产品当做平台进行处理。因此从技术上说，行为 2 对它们来说并不是那么困难，而且它们已经在某些方面开始实施。

目前仍未解决的难题是应该如何向第三方展示我们的平台，才能让他们相信我们的平台是一个有活力的生态系统。技术领域的每一位领导者都在苦苦思索这个问题，他们都知道在未来 10 年内肯定会有个别企业能成功解决这个难题。如果它们有幸成为其中一员，它们就会成为最优秀的技术精英之一。如果那个目标对企业来说太过遥远，它们还是要面对合作伙伴的选择问题和平台的选择问题，这是一项非常艰巨的任务。

在结束平台创新的讨论之前，我首先必须承认这种类型的创新并不是一门精确的科学，因此本书给出了一些简单的规律供你参考。关键的一条是为潜在的合作伙伴提供两类高价值的资产：进入它们梦寐以求的目标市场的途径和获得它们缺乏的功能化能力（functional capability）的途径。如果你能在市场成长曲线的特定时间向它们提供这些资产，迫使合作伙伴尽快做出决策（否则就落后于竞争对手），你就能像其他人一样顺利赢得平台创新的游戏。

总结

本章一直讨论的是成长型市场中以产品领先理论为基础的创新类型。我们用一个产品或市场矩阵对产品创新的类型作简单的整理，如图 5-2 所示。

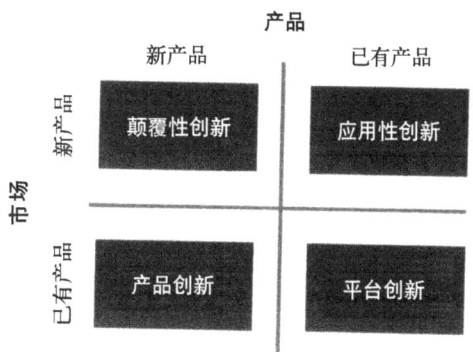

图 5-2 成长型市场中的创新类型

图 5-2 简单地展示了颠覆性创新、产品创新与应用性创新之间的关系。此外，平台创新则比较随意，而且最重要的是，平台创新可以帮助合作伙伴在已有市场中获得已有的产品能力。从整个矩阵中我们还可以得出一个关键结论，那就是成长型市场中的创新类型混合使用效果不佳。

每一种创新类型对应不同的创新战略，需要采用不同的创新技巧。以某种创新形式的成功闻名的管理团队，往往不能在另一种创新形式上取得成功。例如，在新兴企业中，实施颠覆性创新的企业家往往比较受梦想者的欢迎，但当市场跨过鸿沟,实用主义消费者成为目标客户时,他们就只能靠边儿起支持性作用。这些实用主义消费者比较喜欢整体产品管理以及应用性创新领域的专业知识,他们拒绝聆听创新者对未来的任何承诺,他们想要的是更多关于现在哪怕是普通一点的承诺。

但是,一旦市场进入龙卷风期,在产品推广的战斗中,产品就会成为真正的王牌,它比客户更重要。这时候,实用主义客户比任何人都想追随市场领导者。应用性创新者最终被定位成难成大器的创新者。新的"获胜公式"将有竞争力的销售工程类的管理人员放到了前线。他们将自己的专利技术作为实际的标准强加给行业,并推动这一标准在行业内普及。

最后,如果企业有机会进行平台创新,就会产生第四种市场领先形式。在这种情况下,企业的视角就可以超越系统阶层中当前层面的局部竞争,合理安排行业内所有的相关人员,促进上一层系统的出现。为了达到预期的结果,企业必须牢牢把握合作(collaboration)、关系网络(diplomacy)和愿景(vision)这三种核心竞争力。

通过本章的学习,我们得出的最后一个结论是:**如果要在成长型市场中进行创新,你必须聚焦于一种,而且只能是一种创新类型**。正如我们在前面讨论的,影响你选择的因素包括:你的品类所处的技术采纳生命周期的阶段;你的竞争对手所占据的地位以及企业最擅长的创新类型。从模型中我们无法得到答案,它只是提出了问题。投入资金得到最终结果不是我们的目标,我们的目标是让整个团队就选择的创新类型达成共识,这样企业的所有职能部门才能将它们的流程商品化,以得到预期的差异化结果,并与竞争对手拉开差距。

案例:思科在成长型市场中的创新

从第4章的思科案例中我们知道,思科的主要市场都已经从成长走向成熟,但很多先进技术目前仍处于技术采纳生命周期内。本章要讨论的是,思科在制定每一类业务的战略时如何应用成长型市场中的创新原理。

让我们在真正开始前先提醒大家注意：思科有意偏重于产品创新。这么说的原因有很多。首先，思科作为网络设备行业的大猩猩企业，设定了该行业的行业标准。正因为如此，客户更愿意使用思科的产品。思科用一个通用的产品层满足了企业和消费者的需求，而采用了不同架构的竞争厂商只能在夹缝中努力生存，因此应用性创新对它们来说更有吸引力。

其次，思科的功能型组织结构（functional organization）也适合进行产品创新。在以具体的市场业务为单位划分职能部门的企业中，研发、设计和产品营销都被分割到了不同部门中，而跨部门进行产品创新是非常困难的。相反，应用性创新就容易得多，因为每一个单元都为单一的部门提供服务，不需要为了满足其他部门的需求而修改本部门的产品需求。

最后，我们反复提及的龙卷风市场最适合进行四种创新类型中的产品创新。思科一直对先进技术情有独钟，因为它们具备推动企业飞速发展的潜力。思科的CEO钱伯斯说，他们一直在努力寻找每年能为企业带来10亿美元收入的市场机会，将它们组成一个数列，然后逐个将它们变为现实。实现这个目标最有效的途径就是龙卷风市场中的产品创新。

牢记思科的战略目标，让我们用一些案例来解释思科具体是怎么进行产品创新的。

安全 随着客户服务和商业交易在网络上的盛行，犯罪分子也开始盯上了这种媒介，出现了ID窃取和ID诈骗等网络犯罪行为。而且，黑客也不断通过各类系统来测试自己的智力水平。这两类攻击来源迫使私营和国有企业在企业的系统安全方面进行了大量的投资，安全产品的市场已经进入龙卷风期，并且可能会持续一段时间。

思科在这一市场中的主要竞争优势在于定位。企业在最开始接入网络的时候就应该配备安全设备。思科负责世界上很多网络的运行，因为安全是网络的头号难题，市场上出现了各种必需的安全设备，希望通过在网络上安装这些设备来尽可能快地推动网络的普及。其他公司可能偏向于逐个开发安全产品,逐个解决性能需求,但思科的定位是提供集成的系统产品,搭建完整的产品架构,全面解决安全问题,而不是零碎地解决。对类似于安全产品的其他品类来说,这种定位是非常有吸引力的。

在思科的安全产品创新过程中,最佳实践是思科人称为"从产品到系统演变"的整个过程。复杂系统模式中的产品创新实际上存在两种状态:商品化之前的状态促使你沿着系统的层次不断向上移动。随着时间的推移,系统变成了产品,然后该产品与转变成产品的其他系统重新整合,形成更高一级的系统。这就是复杂系统商业模式中产品创新的内容。那些喜欢打产品战,喜欢对性能逐个进行对比的工程师往往忽略了产品创新的这一含义,他们发现自己的产品总是在竞争中落败,他们发现自己的企业不够创新。对那些基础不是很扎实的企业,这也许是一种正确的态度,但对于成熟企业来说,从产品到系统的演化才是获得可持续竞争优势的关键。

无线产品　　随着无线网络技术 Wi-Fi 的兴起,特别是随着英特尔的 Centrino 技术在笔记本电脑上的应用,世界的网络接入方式从有线进化到了无线,无论你是在星巴克还是在机场,无论你是在宾馆房间还是在家里,你上网时都不需要再插入网线。

这种市场机会最适合采用规模化运营商业模式的企业,因为它们的收入都来自于个人网络路由器业务。作为一个复杂系统供应商,思科进入市场的方法太过复杂,而且它的架构也有些小题大做。同时,灵敏的颠覆者,如讯宝科技、Airespace 公司、Aruba 公司以及 Trapeze 公司正在蚕食市场份额。虽然思科依托规模优势和客户优势,仍是市场的领导者,但仅仅保持现状已经不能令人满意。因此,它收购了竞争对手 Airespace,向市场提供更简单的无线设备,立即将无线业务的销售收入增加到了 10 亿美元。

这个业务的最佳实践理念是思科人所谓的"不迷信技术"(no technology religion)。思科在互联网发展的鼎盛时期得到了这方面的教训。那时候,市场的重心已经开始从路由器转到交换机。思科是路由器市场的领导者,但在交换机市场却没有话语权。面对这种转变趋势，公司选择顺应，并立即收购了四家交换机生产商：Grand Junction、Kalpana、Crescendo 和 Granite。但是，思科的主要竞争对手 BayNetworks，虽然在网络集线器市场上的绝对领导地位使得它当时的市场地位高过思科，但由于它拒绝顺应这种变化，最后被 Nortel 收购。

互联网协议语音技术（VoIP） 这项技术处于生命周期的较早阶段，它在呼叫中心（资费低，方便客户与海外接线员之间的联系）领域的应用帮助它跨越了鸿沟。最近，VoIP 在中小企业开始盛行，并占据了一定的市场份额。电话和个人电脑的完美结合创造了一个统一的信息环境，这样那些繁忙（同时执行多项任务）的工作者就可以更方便地接听电话和接收电子邮件，保证信息的及时获取。同时，消费者开始将 VoIP 用于家庭的电话适配器，以免费获得国际长途电话服务。

不论是采用复杂系统模式的企业，还是采用规模化运营模式的企业，都可以应用 VoIP 技术，这完全取决于企业要取代的是专用分组交换机（PBX）还是台式电话。思科的 Linksys 子公司努力用 VoIP 技术取代台式电话，并且已经成为该类产品主要的市场领导者。思科的复杂系统部门将它用于取代 PBX，但没有前者成功。问题在于思科的那些最佳的复杂系统用户需要的是电信服务提供商的支持，而不是网络设备供应商的支持。需要思科的解决方案的那部分客户，要求解决方案易于安装和维护，也就是说思科的复杂系统太过复杂了。

这就是思科以中小企业市场为工作重点的商业委员会需要立即解决的问题。它要求商业委员会对产品进行彻底的检查，从安装流程及软件到定价，再到渠道合作伙伴的支持程序等，所有的一切都应该努力为公司的市场渗透服务，以得到最好的结果。最终的结果就是思科正在超越市场领导者 Avaya——它是从朗讯中分裂出来的新企业，专攻声音系统。

思科在这个业务中的最佳实践思想是他们所谓的"客户驱动"。这在大多数公司中已经是陈年老调，而且它在一般情况下都是销售人员获取最新交易专用术语和交易状况的方法。在思科，它还包含了其他的意思，它是指让市场带你到它想让你去的地方。如果你带着服务于市场的想法进入市场，就能找到你可以信任的顾客（他们会在考虑到自己兴趣的同时，也考虑到你的兴趣），一旦这些顾客给了你什么信息，接受并跟随它！思科曾多次举办客户咨询委员会会议来支持各个商业委员会的工作，指派高层管理者参加会议并与每个客户委员会成员进行沟通，在会议结束时，列出需要采取的行动列表，并在下一次会议时发布报告，展示企业针对上次会议的结果所采取的行动。通过这种方式让企业承担自己的责任，思科赋予了客户驱动更深层次的含义。

存储区域网络交换机（SAN Switch） 企业在数据中心方面进行了全面的努力，用它们的美元赚取尽可能多的利润，这就间接导致了 SAN 交换机市场的快速发展。通过在单一的子网中配置大量的存储设备，你就可以更好地利用所有资源。

思科并没有直接参与这个市场，而是向 EMC 供应交换机，然后由 EMC 将产品重新打包到它们的产品中进行销售。这之中流向思科的收入相对较小，而且这在公司所有 10 亿美元的市场业务中，流动速度是最慢的。尽管如此，思科还是积极地参与竞争，并从 Brocade 和 McData 两个供应商手中夺取了大量的市场份额，成为新的市场领导者。为什么思科会如此关注这项业务呢？主要是因为以下两个原因：

首先，虽然现在的 SAN 技术仍然依赖于以前的互联网协议——光纤通道协议（Fibre Channel），但未来 IP 协议肯定会取代它，这是毋庸置疑的。一旦这种情况出现，思科在 IP 方面的巨大投入，就会在未来的几代产品中为企业创造出意想不到的优势。

其次，存储子网是进入其他各类子网络的入口，它将其他的数据中心设备都串接在了一起。最终，数据中心就可以被简单地想象成一个固定在普通底板上的设备网络，充分利用整个设备组合中的所有资源，这种想象的结果我们就称为"数据中心的虚拟化"，它代表了一个市场机会，一个和思科目前主导的网络市场一样大的市场机会。因此，尽早地进入市场是一个非常不错的战略，而思科在 SAN 交换机业务中也正是这样做的。

这里值得我们注意的最佳实践属于思科战略的一部分，他们称为"构建—合作—收购"。虽然有时候长期的合作会转变成收购，但很大程度上这些方法都是互相排斥的。对思科来说，他们需要构建任何对企业竞争优势战略来说是核心的东西，与战略外围的组织开展合作，收购他们在构建战略中没有涉及的"甜点"市场中的企业（或业务）。在 SAN 的案例中，存储产品对思科来说处于外围，而不是核心，因此它需要在这个业务上寻找合作伙伴。真正核心的部分是包含 SAN 交换机的子网，也是企业需要构建的业务。实际上，真正生产交换机的组织是一个叫做"Andiamo"的从其他公司分拆出来的企业，它在发布第一个产品时就被思科收购了。由此，我们已经用这类产品说明了公司产品创新的"三叉"模型中的所有元素。

前文提到的四种市场都在平稳地经历着各自的技术采纳生命周期。除了这四种，思科的市场机会探测器上还有三种长期的机会，每一种都有可能带来一个新的大规模的行业市场，因此，它们非常值得管理层关注。但是，它们中没有一个已经跨越了鸿沟，因此以它们目前的状态很难进行产品创新。事实上，它们中的某几个市场可能永远不会成熟，或者至少与现在的预想存在一定的差距。因此，作为一个管理团队，我们想要的是一种"期权"，以期在未来的某个时间点进入市场。这也是成长型市场中的创新内容，因此我们也对思科在这方面采取的行动进行详细分析。

专为服务供应商提供的下一代网络（NGN） 这是最有可能跨越鸿沟的市场机会。从根本上说，它代表了传统电路交换网络的翻天覆地的转变：在 IP 网络中携带了 20 世纪的电话业务，而且到目前为止还需要进行互联网流量分析。这意味着电信服务提供商需要对主要设备进行大量投资，这种一生只出现一次的采购高峰就可以确定各个企业在很长一段时间内的市场份额排名。这对于每一个网络设备提供商来说，都是一次不能失败的战斗，思科也不例外。

我们已经讨论过，思科在这个市场上遇到的主要难题是服务提供商客户希望由精通该领域的专业服务团队专门为他们提供服务，而思科在这方面的人才储备并不富裕。而且企业本身与它的毛利润模型之间也并不协调。思科的创新要怎样才能走出这种困境？

现在就轮到服务供应商委员会来左右公司的运营了。从与客户的合作中我们清楚地发现，采用IP网络存在主要的困扰是，一旦客户接入互联网，企业就会对服务失去控制。这样，服务供应商就不可能对附加价值服务进行合理地计费，也不能阻止付费少的客户无止境地使用网络资源。思科特别为服务供应商在网络架构上增加了一个新层——服务交易，以解决这个问题，这就保证了服务供应商可以随时监控和控制产生的流量。这就允许服务供应商对用户进行验证，允许它们制定（网络使用）政策并加以实施，而且保证了网络的可靠性。

这里的最佳实践可以表述为：从产品到系统的创新扩展为从产品到系统再到解决方案的创新。链中的第三环是从产品创新向应用性创新转变的关口。思科不打算提供使用服务交易层必须的应用产品，但它会与提供这种产品的人合作，通过这种方式征用合作伙伴中的领域专家来为这个行业提供急需的服务。

数据中心虚拟化　这个机会更多的只是在理论上，而不是一个事实，尽管企业在这个方向已经战术性地迈出了一小步，如存储区域网络。当它完全实现时，整个数据中心就相当于一台巨型计算机，而中心数据的来回流动将由IP网络交换机管理。

实现这一蓝图的最大障碍来自于在位的系统和软件供应商——实现这一蓝图必须打破品类间的屏障，而他们对此持坚决抵制的态度。因为这些屏障为当时的提供商带来了可观的利润，采用一个更开放的系统就会威胁到这些供应商的商业利益，但这对整个产品和市场来说是非常低效的。那么，哪种创新能解决这个问题呢？

答案是平台创新的某种变形。在这种情况下，没有一个组织能得到进入市场的额外收益，因为所有的玩家都已经得到了这种收益。他们能提供的就只有技术，用较低的成本解决外围的问题，节约合作伙伴在非核心领域的投资，同时为客户节约资金。有些企业还能为合作伙伴节省更多开支，但这是一场非常容易中断的舞会。如果非核心的支持触动了合作伙伴的核心领域，如果以前的利润池在这个过程中枯竭，那么合作的意愿就会转变成敌意和不信任，企业为此所做的全部努力都将化为乌有。

思科在这一领域遵循的最佳实践是谨慎实施企业"构建—合作—收购"战略中的合作分支，步步为营。公司的每一段关系，包括与EMC的、与惠普的、与Sun的、与微软的、与甲骨文的、与IBM的，都可以依据不同的管理方式采用相应的方法维持下去。当然，思科在这方面有足够的耐心，因为最终所有的提供商都会想通过网络提供服务，那时网络就成了一个平台。换句话说，这是一个不可逆转的进化过程，而不是改革的产物。

网络化家庭 网络化家庭市场中，这是一个完全不同的概念。在这里，我们对未来的构想不仅仅包含复杂系统供应商。供应商主导的架构（vendor-sponsored architecture）很少能推动消费者市场的发展，微软、索尼和甲骨文都已经从它们的失败经验中得到了教训。市场的形成是一种自我组织的自发行为，就像有人施了魔法，然后市场就出现了。正如所有零售商所说的，我们几乎完全不能预见这结果。有效的做法是经常在商业街附近游荡，发现任何的商业潮流就跟进。思科的问题是这种做法不能在复杂系统商业模式内采用，因此才需要收购Linksys。

Linksys大约与思科同时成立，它通过规模化运营方法进行产品创新，一跃成为市场领导者。在这种模式里，产品开发以一种低成本、低资本密集的方式外包，这就允许企业以最快的速度利用第一代产品或服务试探市场的深浅。如果失败了，公司就可以马上放弃这个创意，然后另觅途径；如果成功了，公司接下来的任务就是与经销商进行艰苦的谈判，争取得到最好的产品营销方案和商场进驻计划。在Linksys的历史中，它一直采用这种非常机会主义的方式进行产品创新，但从根本上说，Linksys和思科都采用了比较实用的方法——聚焦于产品创新——进入市场,都不能容忍技术迷信,而且对竞争形势的变化都十分敏感。

这两个公司的不同之处在于,思科在研发上的大量投入要求它通过产品创新成为市场的领导者,而 Linksys 的研发投入非常少,只需要做一个快速跟随者。实际上,Linksys 跟戴尔一样,它进入市场时市场已经处于龙卷风期,很少的研发投入也只能让企业在这个时期才进入市场。从这一个差别就可以推导出销售、服务、营销、运营、物流和财务等方面的一系列推论,这些推论构成了复杂系统模式和规模化运营模式间最本质的差别,因此实施这两种模式时碰到的困难也是十分相似的。

这里我们得到的最佳实践是同时采用这两种模式,但在实施时彼此间必须保持一定的距离,这样就在企业内部构筑了一条"隔离带",防止市场开发时两种方法相互混淆。这两种方法一种叫智能设计,一个叫自然选择。前者意味着对每一个复杂系统都要进行详细设计,而后者则认为产品设计的出现是一个自然选择的过程。市场沿着两条路径发展,中间用隔离带隔离,这样即使你错过了复杂系统的设计周期,也还有机会抓住接下来的规模化运营机会。

本章思科案例的主题是成长型市场中的创新,公司关注的重心是如何利用产品创新获得竞争优势。这意味着一个组织必须在销售产品和提供服务方面做到尽善尽美,必须充分利用合作伙伴以满足客户对系统和解决方案更为复杂的要求,而这正是思科近年来一直来努力营造的企业形象。

另外,公司面临的另一个大问题是核心市场已经从成长阶段发展到了成熟阶段,公司应该如何应对。这是第 6 章要讨论的主题。

DEALING WITH DARWIN
How Great Companies Innovate at Every Phase of Their Evolution

第 6 章

成熟市场中的创新管理

当新品类在市场中的第一个接受高峰过去后，也就是公司通过努力成功地获得了大量的新顾客（每个顾客至少购买了该品类的一个产品），（产品销售的）增长速度就会大幅度下降。这时市场发展进入了新的阶段，我们称为不确定性弹性中期阶段。这时，各成熟供应商在市场中的地位更加稳固。与成长型市场相比，这一阶段市场的投资回报绝对值较小，但如果按风险对回报进行贴现，后者的结果往往更吸引人。欢迎进入主干道！

在主干道市场中，既不会出现品类被大量接受的盛行风来鼓满企业的风帆，也不会出现品类成长的高潮来托起企业的航船。但是，企业一直对产品进行大幅度的改进，以促进成熟市场的进化、定型，这样才能让企业的产品或服务、客户和流程更贴近市场。

技术部门很难了解这种环境的变化。由于习惯了在成长型市场中通过缩减半导体体积不断提高产品的性价比，技术人员在面对成熟市场时常常会进退失据。结果，在市场已经不能产生足够回报抵消研发风险时，行业仍会继续投资开发新产品。在个人电脑行业中，我们就可以找到三个这样的企业——康柏、IBM 和惠普，它们都被过量的研发开支所拖累。相反，戴尔充分了解了市场的动态变化过程，间接地利用竞争对手在世界供应链反弹时的研发投入获取自己的利益。讽刺的是，如果戴尔将三者都踢出了它的业务领域，它在将来就不会有任何现成的免费研发资源。

为了能在主干道市场中不断发展，管理团队必须转变思考方向，密切注意市场的动态变化。我们发现，最有利于转变思维模式的模型是市场分形（market fractalization），我们用图 6-1 中的一系列图片表示。

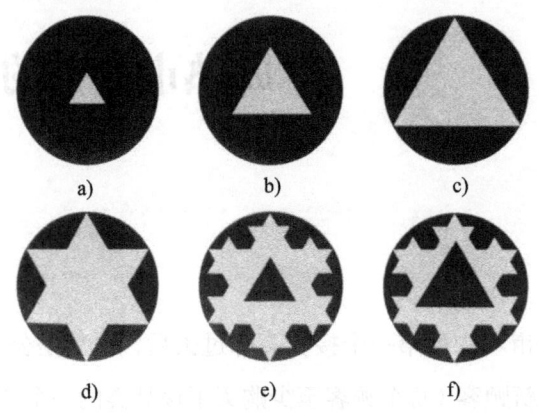

图 6-1　成熟市场分形

图 6-1a～图 6-1c 各自代表了成长型市场中的早期、中期和后期，这些我们在第 5 章已经讨论过了。圆圈代表可获得的全部市场规模，三角形则代表总体市场中已经得到满足的部分。在这点上，市场变化的驱动力是企业对新客户和市场份额的企图心。在我们达到图 6-1c 时，市场中基础商品已经饱和，企业不能通过单纯地增加新客户来获得成长，因为市场上已经没有多余的新客户了。试想一下，当每个家庭都安装了电话，每个车库都停放了汽车，每个小孩都有了个人语音系统时，企业接下来应该做些什么呢？

图 6-1d 和图 6-1e 显示了企业为了追求持续增长的收入和利润所引起的市场的变化，分形会向剩余的空间延伸。图 6-1d 中多出来的三角形代表了产品线延伸产品，图 6-1e 中多出来的三角形则代表了增强型产品。因此，在 T 型车的大众市场模型中，汽车制造商首先生产出产品线延伸车型，如轿车、旅游车、卡车、双门汽车和豪华轿车，然后为以上每类汽车配置各类附件，如

收音机、自动加速器、电动车窗、安全气囊、杯座以及座位上的科斯林皮革，继续制造增强型汽车。

图 6-1e 不是市场发展的最终状态，只要有足够的资金投入，只要整个品类没有过时，市场分形就会不断产生。以电信行业为例，如图 6-2 所示。

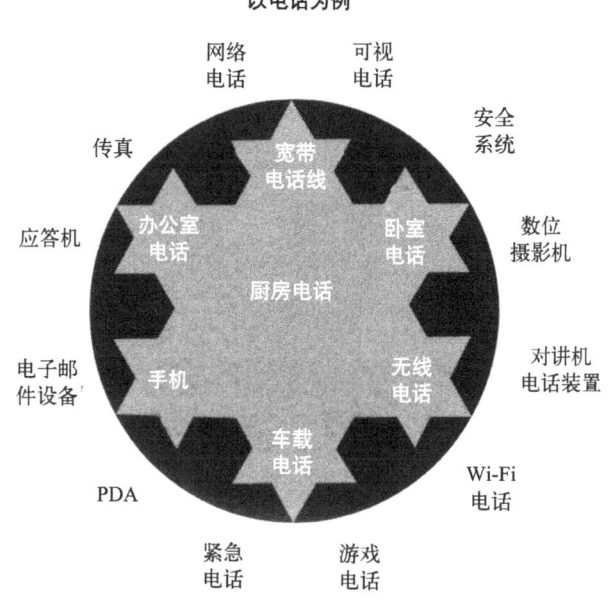

图 6-2　分形市场：最新设备

随着创新的不断进行，企业找到越来越好的利基机会，大的分形就能不断衍生出小分形。当然，有人会认为这个过程最终还是会停止，不会无止境地继续下去。人们这样认为，当你确定这个品类（如电话）中不可能再挖掘出新产品时，马上有人告诉你可以卖手机铃声，然后一个年销售数亿美元的市场就这样出现了。

最后，图 6-1e 和图 6-1f 还说明了，伴随着产品外形的不断完善而产生的伴随过程（companion process），即图形中心的三角形面积，会随时间推移不断变大。这个三角形代表了伴随着基础系统的商品化产生的系统成本的不断下降。在成熟市场中，客户愿意支付一定的差价来满足其对产品外观的需求，但这种差价是与商品价格下降同时存在的。为了保持一定的利润率，供应商就必须在增加表面价值的同时降低产品基础部件的生产成本，只有这样，供应商（特别是民用电子供应商）才有可能以与以前产品相同的甚至更低的价格，向客户提供一系列突出的新功能。这是因为，在你增加产品成本的同时，模型背后的供应链在以相同的速度乃至更快的速度降低成本。

纵观图 6-1 中的 6 个三角分形图形，在我们不断获得新的利基市场（不断产生新的分形）的过程中，什么东西发生了改变？保持不变的又是什么呢？一方面，在后面的图形中，分形的面积不会有太多的增加。事实上分形的面积不可能超过圆圈的面积，圆圈的面积就代表了市场中客户的总量，无论如何，企业能获得的客户数量总不可能超过市场客户的总数。

另一方面，图形中不断发生剧烈变化的是分形的周长。事实上，从图 6-1c 转变到图 6-1d 的过程中，周长增加了 33%；从图 6-1d 到图 6-1e，周长在图 6-1d 的基础上又增加了 33%。如果我们继续在图 6-1e 的每一边增加一个三角形变成图 6-1f，我们又会发现周长还是增加了 33%，这是一个非常有意思的数字。

周长的增加就类似于市场中产品销售总数的增加，只要有较多的人认为需要购买同一品类的多个产品，销售总数就会大大超过客户总数，这一点我们可以从现实经验中得到证明。试想一下，你共有多少部电话，有多少本书，有多少台 DVD 呢？你共接收了多少个电视频道？你有多少双鞋子，多少支笔，多少条领带，多少只锅，多少瓶酒？

分形模型清楚地表明，在客户完成了最初的产品购买活动后，产品消费还能大幅度增长，但要保持产品销售的增长，必须进行创新。

◎ 成熟市场的创新类型

我们在前文已经提到过，成熟市场的创新类型可以归入两大区域，详见表 4-1。

如果我们将这两大创新区域及其包含的创新类型与分形模型联系起来，

就可以发现它们是如何相互作用,并在成熟市场中创造价值的(见图 6-3)。

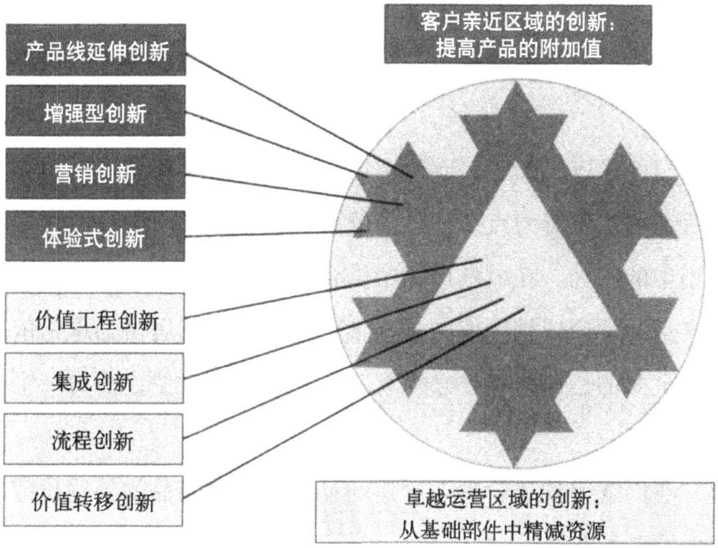

图 6-3　分形市场的创新类型

以客户亲近理论为依据的创新类型导致了产品外形的变化。创新过程中,产品的基础属性并没有改变,但它的某些次要属性被修改了。也就是,在基本同质的产品核心基础上,出现了差异化的次要属性。产品线延伸、产品增强、营销方案、客户体验的改善等,都能为单纯从功能角度来说比较稳定的无差别的普通产品增加价值,就像在一首乐曲平稳的低音部中即兴加入几个重复出现的华丽乐章。

只要供应商能够不断为客户创造新价值,这些创新类型就能不断产生新的收入和利润增长。但是,正如我们在前文已经提到的,随着市场的成熟,后期回报的增加额会递减,也就是说,随着品类的分形越来越多,每个分形所能产生的收入也越来越少。因此,为了在主干道获得繁荣,除了追求更新颖的产品外形之外,企业还必须想办法提高产品核心的经济性。

这就是成熟市场中第二类创新需要完成的目标——利用卓越运营减少产品基础部件(substrate)的资源用量。最简单的方法就是通过价值工程降低生产成本,即用标准化的产品部件替代个性化的产品部件。此外,我们还可以通过集成创新、流程重组和价值转移等方法提高产品基础部件的效率。将其中的一两种方法和客户亲近区域中的一两种方法混合使用，企业就可以上下夹击，同时提高产品表面价值并减少产品基础部件成本，大大提高产品的利润。

从中我们可以得出结论，成熟市场中的创新与成长型市场的创新有本质的区别，后者的主要着力点在于品类的高端，企业必须选择而且只能选择四种创新类型中的一种。在成熟市场中，企业同时关注品类的高端和低端，如果以客户亲近为理论依据则偏向于高端，如果以卓越运营为理论依据则偏向于低端，最重要的是，两者中必须有一个处于主导地位，而另一个处于次要地位。

于是，我们就得到了管理主干道的秘诀：**提高商品的外观价值，精简商品核心部件的资源投入。**

为了实现这一战略，企业应该从两个创新区域中各选择一种创新类型，在进行这两种创新时要以其中一种为主，另一种为辅。也就是说，成熟市场中的创新必定是一个自我支撑的过程（self-funding）。实际上，企业要想在未来提高整体生产率，从商品的基础部件中精简的资源必须超过附加价值所带来的预算增加额。

很多企业在面对这个问题时都将所有的精力用于降低成本，这种做法是非常不明智的，甚至可以说有点愚蠢。因为如果企业的投入不能持续产生足够的差异化，这种投入就不能保证为企业带来足够的回报。还有一些企业在创新方面无节制地投入，而不考虑投入的经济性问题，当市场不能产生足够的回报来支撑这种行为时，企业就会受到重创。因此，企业必须充分理解主干道的运行机制，事先掌握其发展规律，然后再拿起铁锹，去挖掘（利润的）源泉！

在这么做之前，请先搞清楚你的企业采用的是复杂系统模式还是规模运营模式。在成熟市场中，因为产品或服务的转移成本很高，复杂系统企业比较喜欢在保持基础部件不变的基础上尽可能地亲近客户。然而，它们及其客户都在尽可能地寻找更有效的产品维护方法,以降低客户的总体持有成本。因此,这些组织更适合采用卓越运营区域的创新类型来创造竞争差距。

相反,规模化运营组织一般都擅长利用卓越运营解决生产率问题,但在不断商品化的市场中如何保持客户忠诚方面一直存在困难。因此,它们更适合通过以客户亲近区域的创新类型为主、卓越运营区域的创新类型为辅的方式创造竞争差距。

以一种创新为主,另一种创新为辅,提高生产率以支撑企业的创新活动,理解了这些基本原则,我们就可以进一步研究优化成熟市场的创新类型。

◎ 客户亲近区域的创新

有四种创新可以让企业更亲近客户,它们分别是产品线延伸创新、增强型创新、营销创新和体验式创新(见图6-4),从左到右依次从与物理产品关系最紧密转变为与客户想法关系最紧密。这种转变反映了市场成熟的一个重要表现:随着基础产品或服务的功能和特性越来越商品化,客户所感知的价值逐渐从感知目标的实物世界转向个人价值观和社会互动的符号世界。

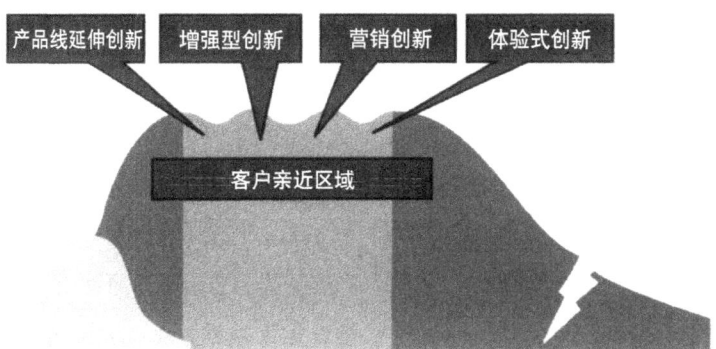

图6-4 成熟市场的创新类型——客户亲近区域

因此,从客户亲近区域中选择一种创新是一个生命周期敏感的决策。和这个模型的其他方面一样,每一种创新类型都对应于品类进化的一个拐点,虽然在这一点之外进行这种创新可能也会取得好的结果，但我们首先应该找到最符合市场变化规律的创新类型。

❷ 是否应该集中精力进行产品线延伸创新

产品线延伸是分形空间中填满的第一块区域，它通过修改成功商品的一两个维度，来更好地服务于一两个相对较大的细分市场。它的目标依旧是获取更大的市场份额，采用的方法是在某个具体的环境内采用经过验证的解决方案，这种方式相对于品类的高速拓展阶段所采用的方法要和缓得多。

产品线延伸创新特别适用于规模运营模式，因为在规模运营模式中，进入新的细分市场的大部分成本是在以前的工作中产生的。这样，企业就可以在竞争对手赶上之前渗透进入市场。以下提到的企业都通过这种方式获得了成功。

泰诺（Tylenol） 作为一种比阿司匹林和布洛芬更为安全的止痛药，泰诺迅速占领了止痛药市场。紧接着，泰诺向治疗过敏和鼻窦、伤寒和流感的药物拓展，并且将它的产品线进行延伸，为儿童、痛经的妇女和关节炎患者生产药物。像其他消费类包装商品（如汰渍和可口可乐）一样，泰诺充分说明了一个强势品牌向邻近品类拓展的能力。

美国运通（American Express） 该公司最初的业务是为旅行者提供旅行支票，后来转向信用卡业务。它的信用卡持有人可以享受一系列金融服务，而它的竞争对手无权提供此类服务，这是运通信用卡与Visa和万事达信用卡最不同的地方。现在，你可以用运通卡办理房屋贷款或者抵押设定信用额度、开支票账户、储蓄账户，或者定存账户、设立个人退休金账户（IRA）并存入共同基金、购买汽车保险和人身保险等。同样，美国运通的规模化运营品牌也包含了这一服务组合，顾客可以与同一个供应商进行一系列交易，既方便又舒适。

《人物》杂志　起初它是《时代》杂志中一个很受欢迎的专栏，后来《时代》某些工作人员选择了一些他们感兴趣的不寻常的方向进行扩充延伸，于是创办了《人物》杂志，并从中获利。类似的产品线延伸创新也曾在影视领域发生，例如，将电视连续剧中某几个角色进行延伸，形成一部新的连续剧，或者拍摄电影续集，如《蜘蛛侠》和《洛奇》。无论是哪种情况，企业都构建了新市场并且远离竞争，顾客则获得了更多符合他们偏好的商品。

雷克萨斯（Lexus）　如果企业的品牌还没有覆盖企业想进入的邻近空间时，企业应该做些什么？雷克萨斯给了我们一个很好的答案。丰田公司通过一条新的销售渠道推出了一个全新的品牌，然后就可以利用它引以为傲的丰田生产系统直接与梅赛德斯和宝马进行正面交锋了。但这是个高风险的决策，本田的讴歌和日产的英菲尼迪都已经尝试了败绩。

产品线延伸在复杂系统领域中的界定没有那么明确，因为复杂系统产品一般是为每位客户量身定做的，企业提供的专业服务决定了某类系统的市场地位高低。因此，要提高复杂系统企业的市场地位，只需要提供更好的专业服务，而不需要对基础产品进行重新包装。但是，企业依旧可以运用产品线延伸创新，这从下面的案例中可以得到证明。

波音737　波音公司的每一类飞机都是一次真正意义上的产品创新。波音公司承担了该类创新带来的所有成本和风险，但在每一类飞机的延伸产品上都实现了回报最大化，737系列尤为如此。自1967年投入市场以来，公司总共销售了5 200架737系列的飞机，比竞争对手空中客车自成立以来销售的飞机总数还要多。波音737系列经过了无数次的产品线延伸（创新），可以为客户提供多种规格、多种航程的飞机，还可以实现客运飞机和货运飞机之间的转换，所有这些服务都可以由同一个服务组织提供，而且使用的是同一个原料清单。面对以实用为购买标准的保守购买者，对经过验证的系统进行渐进式改进，并且集中精力持续降低成本才是成功之道。

EMC 因为 EMC 的存储设备可以在不同供应商的电脑上同时使用，所以它很快成为企业存储设备高端市场的领导者。接着，它收购了 DataGeneral 的中档存储设备生产线，将公司的技术向低端市场推广，大大提高了公司的市场份额，而且保护了公司在高端市场的地位，使它免于遭受侧翼攻击（flanking attack）。然后，它购买了管理数据备份、修复以及其他数据处理相关流程的软件，进一步巩固了它的地位。这些都是自然的产品延伸过程，用相对比较保险的方式拓宽了企业的经营范围。(这个过程与脱离存储领域向其他软件种类扩展是完全不同的，后者意味着数据管理方式的变革，更应视为一次颠覆性创新而不是产品线延伸创新。)

瑞士再保险公司（Swiss Re） 该公司已经有 140 年的历史，因为当时的保险公司没能力解决重大火灾事故的保险问题，于是瑞士再保险公司应运而生。如今，它的业务领域已经涵盖了人寿与健康保险、财产保险以及与风险管理相关的金融服务。它的财产保险类业务经过数十年的自我拓展，已经包含了为各种意外、农业事故、工程事故、海难、交通事故、自然灾害以及其他更特殊的事故提供的保险服务。公司曾一度进入 DI 领域，但马上退了出来，这也说明了品牌拓展不能走得太远，否则就违反了品牌规则，会将企业推向客户的对立面。

产品线延伸创新本质上是一个能力的转移过程，它利用某一类产品中已有的品类冲劲和企业冲劲进一步拓展品类空间，而不需要新的风险投资。市场需要更多的延伸产品，而企业也乐意提供。同样，企业也不会推出市场不喜欢的品类和品牌，否则市场宁可企业不推出任何产品。当你必须重新引起市场的兴趣时，最好采用价值工程创新并辅以增强型创新，前者可以获得更高的价格，而后者可以重新吸引消费者。

为了实施产品线延伸战略，公司的每一个部门都必须从产品创新的实践和思考模式中脱离出来，具体包括：

- 研发部门必须清楚他们利用的是已经存在的平台，就算平台可能存在缺陷，也不允许对它进行重新设计。而且，他们必须与营销部门合作，关注商品的某个具体属性，必须从产品外观寻找研发切入点，而不是产品核心。

- 产品营销必须突出重点，针对目标细分市场对营销清单进行取舍。企业应该选择一个理想客户，并分立两个研究小组，分别对该客户在使用产品前和使用后的情况进行对比分析。
- 在运营方面，产品线延伸能为企业带来大规模定制的收益，但也在一定程度上损失了采用大众标准所带来的高效率。这就需要企业重新安排价值链的各个环节，在保证其可靠的前提下将定制活动尽可能地往价值链的后期安排。
- 客户服务部门也必须进行重新安排，以应对日益复杂的客户服务工作。在大多数情况下，客户服务部门不可能仅仅需要面对一次产品线延伸创新，因此客服工作的策划过程，实际上就是对工作流程进行重新设计以提高可扩展性，让它在面对不同产品的延伸创新时能重复使用。如果不这么做，客户服务部门的运营成本就会超过产品线延伸所带来的收益。
- 最后，对前端市场营销和销售部门，团队必须寻找新的沟通渠道，重新发布营销信息吸引目标细分市场的注意，并且选择正确的营销渠道。同样，在该部门中也需要搭建一个能在不同细分市场中使用的信息架构，让产品线延伸战略能在多个细分市场使用。

从总体看，产品线延伸创新本身在执行过程中并不存在高风险因素，但有一点必须牢记：产品线延伸创新的逻辑体系会时不时地诱惑你超出业务架构的界线，这不是个好现象。企业不能通过增加业务量来提高复杂性，这样企业盈利只会更坏而不会更好。因此，当客户希望美国运通提供更复杂的服务时，企业为了将业务领域限定在规模化运营模式内，于2005年放弃了佣金和财产管理两条服务线。

如果你的市场喜欢产品线延伸产品，你的市场地位适合进行产品线延伸创新，那么它就是一种最具有吸引力的创新类型。它的风险较低，回报却相对较高。因此，如果你的情况符合，这就是你应该采用的创新类型。

是否应该集中精力进行增强型创新

产品线延伸创新是通过获得新客户来扩大市场规模，而增强型创新则关注如何从已有客户那里赚取更多的利润。企业可以通过提高客户的忠诚度来实现这一点，也可以通过为客户提供更优质的产品或服务来做到这一点。我们最熟悉的是增强型创新在消费者市场规模化运营模式中的运用，但在成熟市场中，也会有很多复杂系统产品的管理人员要求进行增强型创新。

下面是一些通过增强型创新获取竞争优势的规模化运营企业的案例：

Swatch手表 该公司首先利用足够低的价格引起消费者的购买欲，然后通过增强型创新进一步诱发他们的购买冲动，Swatch就是通过这种方式在手表行业中实现了"木秀于林"的目标。该公司利用这种方式吸引了大量的消费群体，2005年春夏季的收藏表已经超过了225只，涵盖从时尚有趣的潜水表到流行表和摄影师表等17个品种。它巧妙地利用零售亭来实现这一战略，它在每个亭中创造性地展示它炫目的设计，吸引路人，诱发他们的购买冲动。而它的竞争对手都将产品放在商场的玻璃柜台中展示，那里人流量少，价格更高，而且推销员也很乏味。

帮宝适和好奇 一次性纸尿裤市场主要被宝洁（帮宝适和乐芙适）以及金伯利－克拉克（好奇）两家公司占领。自从前者在20世纪60年代推出该类产品，并且将产品线进行延伸，生产出大龄儿童和大小便失控的成年人也适用的一次性纸尿裤开始，市场竞争就主要由增强型创新驱动。宝洁在20世纪70年代设计了纸尿裤替代别针来固定尿布，并且设计了Z形槽增加纸尿裤的吸收量；好奇在纸尿裤的每一角安装了弹性的固定护网防止泄漏，并且成功地占领了该领域。两家公司都通过提高顾客感觉的舒适度或使用的方便性的增强型创新，总共占据了纸尿裤市场 75% 的市场份额。

万宝龙（Montblanc） 这个奢侈笔生产公司共有两个系列的收藏笔，一个系列以著名作家为题材，另一个以著名艺术家为题材。两个系列中每一支笔的设计和包装都匠心独特，而且都是限量发售的。它们仅仅是一支笔，但一支圆珠笔的售价却高达 400 美元，一支钢笔的售价也高达 700 美元。尽管所有的收藏品生产公司都会与其他收藏品生产公司争夺弹性预算（discretionary budget），但市场上并不存在直接的竞争。为了加强品牌的排他性，配送渠道必须进行严格的限制，每一系列都在产品问世的一两年内销售完，并且没有任何折扣。

芭比（Barbie） 芭比的产品线向其他玩具延伸的过程已经不属于原来的经济发动机（economic engine）范畴，而应该来自于增强型创新，包括以当红明星为原型设计芭比，设计新的芭比式样，使芭比娃娃适应新的时尚潮流，能进入新的热门场所，诸如此类。在创新过程中，企业为芭比设计了不同场合的搭配服饰，包括驾车服饰、家居服饰、泡吧服饰等。结果，特许经营店中芭比娃娃的形象不断给人以耳目一新的感觉，高利润的搭配服饰也给企业带来了可观的收入。

只要企业的复杂系统产品足够有特色，也可以通过增强型创新不断更新产品。创新的目标是用短周期的增强型创新，辅助长周期的产品创新和周期居中的产品线延伸创新，如下面的案例所示：

波音（Boeing） 波音公司长周期产品创新的产物是 7X7 系列飞机，其中 777 是最新的创新产品。公司的产品线延伸创新——737 产品线——前文已经讨论过，而这条产品线本身也在不断更新，经常添加一些新的特性。例如：燃料节约型翼梢小翼提高了机翼的效力；静音上升系统符合了噪音管制标准；垂直态势显示器（VSD）系统让飞行员在驾驶飞机时能更加方便；GPS 降落系统提高了低能见度情况下飞机的安全性。这些增强型创新进一步巩固了由产品创新和产品线延伸创新带来的竞争差距。

奥的斯电梯公司（OTIS） 奥的斯电梯公司长周期产品创新的代表作是它的 Gen2 系统，它对各个子系统进行了全新的设计，使其更易于调度，更方便维修。它的产品线延伸产品可以用于双层公寓，也可以用于多楼层的高楼大厦。它的增强型创新包括 Elvonic 软件和电梯关门安全系统，前者可以最大限度地缩短等待时间，后者可以防止关门时夹到人。同样，短周期创新激发了客户和渠道合作伙伴对创新模型的兴趣，巩固了由长周期创新模式创造的竞争差距。

卡特彼勒（Caterpillar） 卡特彼勒建筑器材公司在 1985 年首先推出了挖掘机，而且到目前为止已经进行了三次产品创新，创造出三个系列的产品。系列 C 是一个连接架构，方便施工人员快速进行工具间的转换。系列 D 主要是一种高速旋转的联动装置，能用于钻更深的洞，但它的营销活动则强调了以客户为导向的产品改进，包括操纵杆控制、更舒适的座位以及能见度更高的玻璃等。

　　增强型创新巩固了企业已有的市场地位，并根据企业在品类内的总体地位，为它们赢得最有利的价格。如果企业是市场的领导者，所有客户都愿意支付一定的差价购买你的产品，因为他们认为差价是安全购买的重要标志。如果企业是市场的挑战者，则增强型创新必须足够边缘化，因为只有这样，那些大公司为了不疏远它们的主流客户才不会复制你的产品或服务。如果企业是低成本的机会主义者，最低的价格则是分销的先决条件，因而每一次增强型创新都意味着一次全新的市场营销活动。无论是哪种情况，这些投入都能为企业带来新的竞争差距。

　　另一方面，如果公司的增强型创新被大量地用于追赶其他公司以前的增强型产品，这无疑是一种浪费。这么做不会为公司带来任何好处，因为市场已经将那部分利润分配给有竞争力的商品，公司的这种做法只能中和竞争对手的竞争优势，即压低赢家的商品价格，而不是抬高自己的商品价格。因此，为了获取经济收益，进行原创式增强型创新是至关重要的。

　　麦格拉思（McGrath）和麦克米伦（MacMillan）的消费链是一个非常有用的模型，可以用来系统评价做出原创贡献的无限可能性，它将购买交易生命周期分成 15 个不同的阶段。作为一个增强型创新者，你应该找出最需要改进的阶段，就如何改进这一阶段对客户和合作伙伴进行深度访谈，然后（根据访谈结果）设计出一个可行的实施方案，让公司的绩效能从残酷的竞争中脱颖而出。对行业中日积月累的难题，已经出现了很多创造性解决方案，为企业带来了大量差异化商品。比较经典的案例有：迪士尼乐园的队列管理解决了热门的飞船娱乐项目的提前预约问题；Taylor 和 Refresher 的呼叫器解决了客户在汉堡出炉前枯燥地等待问题；电子快速通行系统可以让车辆并行通过高速公路的收费站。

企业总是可以通过增强型创新实现差异化，只要品类仍处于不确定性弹性中期阶段，这就应该成为企业的备选创新类型之一。增强型创新是否能成为公司的首选，则取决于它与其他创新类型相比是否存在明显的优势。

❷ 是否应该集中精力进行营销创新

产品线延伸创新和增强型创新都对产品进行了修改，使产品能在面对要求更高的客户群时更有竞争力，但企业可以通过修改营销过程的其他因素使同一个商品更有竞争力。在规模运营类企业中，已经通过营销创新获得可持续竞争优势的企业包括：

耐克 耐克最开始的形象代言人是迈克尔·乔丹，后来转请泰格·伍兹。无论是谁，他们都是非常有感召力的明星，帮助公司树立了独一无二的品牌形象，公司也给予了他们丰厚的回报。耐克也是同类产品中第一个设立专卖店的公司，它的"耐克运动城"策略一出现，便马上被索尼和苹果复制。它的弯钩形标志出现在世界的每个角落，而且它形象的口号"Just Do It！"启发了越来越急躁冒进的整代人的想象力，成了他们价值观的组成部分。以上一切都说明耐克的品牌意识十分强，品牌联想非常积极，这是消费者营销中的两个非常关键的因素，它们

⊖ *The Entrepreneurial Mindset: Strategies for Continuously Creating Opportunity in an Age of Uncertainty*, Rita Gunther McGrath and Ian MacMillan, Harvard Business School Press（Boston, 2000）, chapter 4.

推动公司获得经济成功，这已经与鞋本身没有太大关系了。

雅芳　它提出了一种独特的化妆品营销理念——到消费者家里进行个人预约，并且搭建了一条销售渠道。销售代表的态度端正，技巧娴熟，完全能与其他企业的前端零售店进行竞争。在20世纪50年代倡导的"我是雅芳"活动，雅芳将雅芳女士（当时全世界共有500万人）的形象深深地植入客户的脑海中。销售管理和粉红凯迪拉克的销售激励，让公司成为产品驱动型品类市场中的常青树。现在，雅芳在经济发达地区将直销模式转移到网络上，利用它广泛的品牌认知度在网上销售产品，而在经济落后的地区则仍沿用销售代表的营销模式。

美国女孩（American Girl）　"美国女孩"不仅仅是一个玩偶，公司的每一条产品线都是一本关于某个特定历史时期一个女孩的书。所有的故事都非常引人入胜，并且包含了丰富的知识，令人印象深刻，是很多美妙戏剧的素材来源，玩偶使这类戏剧成为大众关注的焦点。这才仅仅是个开端。每个玩偶都有自己的玩偶屋，有自己的家具和服饰等，所有的产品都以故事的方式营销，并在其后的一系列故事中进行巩固营销。父母和祖父母可以为同一个玩偶一次又一次地花费数百美元，直到买全目录中的所有产品。

苹果　麦金塔电脑是苹果公司颠覆性创新的丰碑，而 iPod 则是营销创新的丰硕成果。一开始，苹果公司必须与音乐行业协商建立合作伙伴关系，使公司能使用 iTunes 上的所有在线音乐资源。然后设计出一个外形优雅且使用便利的设备。接下来，公司必须以生动的形象吸引目标市场的注意，告诉他们 iPod 一律放弃采用各类黑色的外壳，而采用白色的可卷线耳机收纳盒。然后，公司将产品线同时向上和向下延伸，抓住了那些优秀的客户，并且保卫了低端市场。然后，它对扩充基座（docking station）和 iPod 的外形进行增强型创新，让总裁史蒂夫·乔布斯（Steve Jobs）和乐队主唱波诺（Bono）"同台演出"。最后的结果是将整个公司从计算机行业重新定位到了民用电子产业，而不仅仅是推出了一个形象的产品。

总的来说，规模运营模式中营销创新的策略是众所周知的，并且经常被仿效。但是，它们在创造竞争优势方面的能力是非同凡响的。企业要一直生存下去，这种能力至关重要。大多数公司都不愿意将能力建设放在最重要的位置上，他们投资广告，倡导品牌运动，但最终他们都没有摆脱竞争的束缚，没有成为客户心中独一无二的供应商。他们处于人群中，与供应商和购买者保持若即若离的关系，（客户）非常满意，但不存在差异。只要管理团队集体不认为差异化营销是企业的目标，只要企业的目标只是满足市场可接受的最低标准，这种情况都是完美的。如果这就是你们的结论，那么你们就可以降低营销投入，只需要将服务保持在足够好的水平，而不需要加大投入，努力做到业内最好。

在复杂系统商业架构中，营销根本不能算是一种职能。这时营销的目标是创造声誉差距，而不是品牌差异，因此要求企业关注社会因素而不是消费者心理。创新的根本目标是与某个排外的群体建立亲密的关系，成为该群体内部唯一的商品供应商。因此，要在该模式中获得主导的关键点之一就是要秘密进行，要在幕后对结果施加影响，如下列企业所做的：

麦肯锡咨询公司 麦肯锡提供的服务与其他咨询公司并没有太大差别，但在接近私营及国有企业高层主管的途径上与其他公司非常不同。它最惹人瞩目的营销方案是发行《麦肯锡季刊》和建立麦肯锡全球研究所，这两者都是知识讨论的热土，拥有最领先的思想。但是，它的大部分营销实力来自于它的"校友网"（Alumni Network），他们小心翼翼地与以前员工保持联系，从而与员工目前所处的公司建立关系。当这些人在他们新的企业岗位或政府岗位上升迁时，他们往往会接受以前同事提供的服务，而几乎不考虑其他的公司。就算选择了其他的公司，他们对"母校"仍情有独钟。麦肯锡在保持其神秘性方面一直非常小心，从不在公开发表的材料中提到任何一个客户，从不允许任何企业公开将自己定位成麦肯锡的合作伙伴，它一直处于幕后，而这对复杂产品的营销是非常重要的。

GE 医疗集团（GE healthcare） GE 医疗向市场推出了一种多供应商的维护服务，由此客户可以仅利用一组包含批发价的预算数据进行管理。这种服务的推出打破了医疗设备成熟市场的稳定。利用这一服务，GE 医疗立刻挤垮了该领域的所有竞争对手，成为与客户联系的唯一供应商。现在，GE 医疗无论在提供系统支持及维修、技术培训、继续教育、检测或诊断、管理软件方面，还是在绩效改善咨询方面，都占据了客户的所有注意力，掌握了下一代客户的需求，并且成为下一轮采购的主要供应商。

伯克希尔-哈撒韦投资公司（Berkshire Hathaway） 公司主要是因为它傲人的投资绩效而受人尊重，但沃伦·巴菲特（Warren Buffett）专制地将公司定位成"奥马哈的圣贤"。它的主要营销手段是年会以及他每年给利益相关者的信，两者为意向不明的投资世界设定了一系列的价值观，并给出了相应的解释，以理清混乱不明的情况，解决企业面临的难题。巴菲特以热情洋溢的语调利用常识进行投资分析，让其他人都接受他的投资理念。他用这种方法组建了一个排外的社群，而其他的投资资金竞争对手只能眼红。

复杂系统的营销就是要努力确立由中立的第三方一致认同的独一无二的特权地位，即与一批有影响力的支持者——他们一般非常注重隐私——建立并保持排外的关系。这种关系大部分是关起门来私下建立的，或者通过一对一的谈话建立。这与规模化运营企业中公开的营销方式形成鲜明的对比。因此，如果复杂系统企业想要寻找新的营销方向，聘用一位拥有合适背景的领导者是非常重要的。

采用复杂系统模式的企业是否应该优先采用营销创新，部分取决于它能承受的时延长度（time horizon）。关系营销需要经过一段时间才能看到结果，早期的回报并不多，因为信任随时间呈指数级增长，在越过曲线的拐点前都不会有明显的变化。但是，如果你有足够的耐心，而且你的企业能够遵守诺言，在长期内你肯定能获得非常有利且持续的市场地位。

❷ 是否应该集中精力进行体验式创新

体验式创新关心的是客户与商品、供应商或销售和服务提供商间直接接触的时间长短，以及他们与产品和流程互动的质量，接触时间长短与质量高低就决定了企业产品或服务的差异化程度。换句话说，产品的功能在体验式创新中处于外围，客户的体验才是核心。

在规模化运营的竞技台上，成功地运用体验式创新创造差异化的企业包括：

迪士尼乐园　迪士尼是主题公园的先驱。目前，它在公园中推出了一个新的娱乐项目，可以让一个家庭亲身体验电影中的人物和故事情节，这是迪士尼乐园与其他公园最主要的差别。体验式创新首先要营造出清洁、安全和便利的公园环境，由此建立起区别于一般公园的特色，因为一般公园主要针对青少年并以提供刺激性娱乐项目为主。然后在这个舒适的环境中，层层堆砌出各种场所和体验设施，重现电影中的场景，让各个家庭能参与其中，娱乐身心。这个项目能让游客重历电影中的情节，并为呆板的风景赋予了活力。因为迪士尼乐园中大多数娱乐设施的主题都是相互连通的，整个公园的安排都非常结构化，无论从实景还是感觉方面都是非常完整的，因此，我们可以肯定这种模式在未来能产生的回报是其他公园无法比拟的。

太阳马戏团（Cirque Du Soleil）　这个公司的娱乐项目在很多方面与迪士尼是完全相反的，它寻求项目的边缘化和出人意料，注重"引起人们的好奇心"而不是"安抚人心"，用后现代的哲学理念装点视觉的盛宴，从而勾勒出自己独特的营业范围。理性的竞争对手要么不会追随太阳马戏团走得那么深远，要么根本没能力追随它。同样，它从各个维度完全重新定义了马戏团，将赌城拉斯韦加斯变成了它真正意义上的专用舞台，并且倚仗特立独行的演出，马戏团能收取高额的演出门票。

美国在线（AOL）　美国在线为对技术采用较晚但对新的沟通方式采纳较早的客户开发了更简单的邮件收发方式，并且很快主导了市场。美国在线是第一个利用一系列连续的图标向用户保证注销过程是完全依照协议进行的公司，而这是技术晚期采纳者迟迟不接受该技术的最主要原因。公司的系统提示音"你有一封新邮件!"语调悦耳,不仅促使消费群体本身继续使用该系统,而且还介绍朋友使用。随着互联网技术及宽带通信技术的出现,美国在线意识到,技术晚期采纳客户群也想体验相应媒体技术,于是公司对系统做了相应的修改。随着时间的推移,品牌必定会不断进化,因为客户对技术的接受问题总是暂时性的。目前,公司的规模化运营系统与一般系统非常不同,因此公司可以收取一定的差额费用。

前进保险(Progressive Insurance) 该公司不同于一般公司,它关注客户体验,并且从中获得了比一般公司好得多的经济效益。客户体验开始于购买过程中的报价,包括与竞争对手的比价;如果需要的话,接着转到全天候理赔中心,它们会即时给予回复,并派遣理赔代表前往外伤医疗点;最后到客服台,为客户提供车辆维修服务。整个过程都是由公司自动完成的,包括完成后为客户打上标签。公司从客户的角度出发而不是从日常运营的角度出发设计整个流程,持续创造了它与主要竞争对手之间的竞争差距。

在采用规模运营模式的企业提供服务的消费者市场中,体验式创新的关注焦点在于终端用户,而且这么做的效果非常明显,因为在这种市场中使用者和购买者就算不是同一个人,两者之间也肯定存在紧密的关系。在由复杂系统提供商提供服务的企业市场中,情况就不是这样了,因为企业中负责预算的经济购买者实际上很少接触产品或服务。虽然如此,体验式创新还是会对这类主管产生强烈影响,只要创新针对的是他们平时遇到的难题——包括与同行之间的网络联系、激励他们的组织、咨询知识专家以及凭敏锐的洞察力从海量信息中提取(知识)等。

在复杂系统模式中,成功利用体验式创新创造竞争差异化的企业案例有:

世界经济论坛(The World Economic Forum) 论坛在瑞士达沃斯的年会以每年都能邀请到企业和政府最顶尖的领导者而闻名。邀请这类听众参与论坛的最大困扰是他们的隐私和安全问题,而论坛通过严格限制参加者、监控入口以及精心设计安全系统并精心实施来解决这些问题。有了这些保障,参加者就能真正享受得之不易的参与社会交流和接触的机会，通过讨论碰撞出新的思想火花并取得再次参与论坛的机会。每年的主题涵盖的范围也非常广泛，从最初的经济问题扩展到了社会与艺术，因此可以利用论坛参与者独特的地位真正影响全球的发展。论坛的主题是邀请参加者在不妨碍他们其他的公共和私人的社会责任的同时参与全球事务，而且要求不能带功利性目的。这种方法不可能一夜之间发挥作用，因为信任是随时间慢慢积累的，但一旦方法发挥作用，它带来的成果也是非同凡响的。

IBM 在20世纪七八十年代，当计算机在企业中的主流地位越来越牢固，计算机已经从所谓的数据处理器转变为管理信息系统后，IBM一马当先为企业主管提供教育培训，告诉他们什么是计算机，以及计算机与企业业务之间的关系。同时，它还对自己的销售人员和销售渠道合作伙伴开展关于企业客户的教育，将他们的注意力集中在如何挖掘每个行业的特殊需求，以及如何将这些需求与计算机性能相挂钩上。它还在业务系统规划方面领先于其他公司，IBM的主管帮助客户企业中的管理信息系统主管将其下一代信息系统概念化，并帮助他们设计和实施该系统。整个过程让参与的客户企业主管觉得非常可靠，并帮助这些客户企业创造了最终差异化，"没有人因为购买了IBM而被解雇"。

加德纳集团（The Gartner Group） 如果存在某样事物它的信息总是过载，那肯定是IT行业以及它所包含的数量巨大的可供选择的供应商和产品，这组成了一个庞大得令人费解的品类序列。加德纳提出了魔力象限，从根本上改进了经济型购买者的体验。在象限中，加德纳将给定品类中的所有企业按照执行能力和愿景的完整性分别归入一个2×2的矩阵中。这种构建方法聪明地将IT事务计划从本质上缩减为两个经常出现的变量，让IT主管能够同时做出无数个高风险的购买决策。这成了推动企业形成竞争差异化的市场动力，最终企业收购了竞争对手迪讯（Dataquest）和迈达克（Meta），共同组成了一个领导市场的大集团。

在体验式创新的每个案例中，所有企业都从头到尾仔细研究了客户的体验过程，发起了一项企业与客户共同参与的活动，主动干预体验过程，为市场提供更与众不同的产品或服务。客户非常欣赏企业所做的这类努力，并回报以持续的忠诚；竞争对手则会复制这些计划中的一两个元素，而这也确实给他们的差异化能力带来了一定的影响。由此产生了下列问题：企业应该在什么时候投资这类创新？什么时候不能投资这类创新？

在规模化运营领域中，体验式创新要想成功的第一个关键性的先决条件，是基础产品或服务必须完全商品化。如果没有做到这一点，特性和功能方面的问题对购买决策的影响就会超出体验因素。第二个先决条件是产品或服务的体验必须可以重复足够的次数，它应该成为供应商品牌标识的一部分。偶尔为之的不寻常的客户体验，不能创造出与体验式创新的投入等值的忠诚效应。第三个先决条件是它必须是规模可变的，即它可以被嵌入供应商的系统和实践中。

在复杂系统方面，第一个先决条件是与经济型购买者直接接触，体验式差异化不能假借他人之手进行传递。第二个先决条件是体验内容个性鲜明，要确立真正的思想领导地位，必须能让参与者感觉到他们正在学习以前不曾接触过的事物。最后，寻找一个有感召力的指挥者，精心安排体验过程，并且在这个过程中保持网络的活力。这虽然不是一个先决条件，但对体验式创新也是非常有帮助的。

如果你的情况满足以上条件，那么你就可以从体验式创新中获得大量的收益，特别是在基本保持商品成本、资金开支或经营开支不变的情况下增加收入和利润。实际上，客户亲近区域的创新类型按照它们出现的顺序，依次将价值创造场所从实物世界转移到了客户思想的虚拟世界，并不断提高资本使用效率。成熟市场普遍遵循这一规律，因为商品的功能部分已经被彻底地挖掘，所以企业需要将注意力转移到其他地方。

换句话说，产品或服务存在可以修改的地方是客户亲近战略的一个必备驱动力。它是伴随着卓越运营区域的创新类型发生的，因此成熟市场中的一小部分企业必须同时选择卓越运营区域的创新作为次要的创新类型。问题是，需要将卓越运营区域的创新作为主要的创新类型实施吗？为了回答这个问题，让我们进入下一部分。

关注卓越运营区域的创新

我们曾经提到过，为了在分形市场中进行创新，企业必须在增加客户能接触到的产品或服务的表面价值的同时，精简它的基础部件的资源投入，即卓越运营区域所关注的焦点。我们应该从一开始就明白，成熟市场中的竞争有相当大的一部分归功于卓越的运营，企业要在竞争中立于不败之地，就必须做到这一点。在这里，我们讨论的不是回报的高低。为了证明接下来的讨论中提到的观点是正确的，企业必须擅长该区域中的某种创新类型，只有这样才能获得重大的差异化，从而创造可持续的竞争优势。

在这样的环境下，我们将要仔细分析图 6-5 中提到的四种创新类型，同样我们还应该注意到，这四种创新类型从左到右依次从最接近产品（价值工程创新）逐渐变得抽象，最后转变为最远离产品的创新——价值转移创新。这一转变过程隐藏的含义是，随着产品基本功能的不断商品化，企业必须不断创造产品的差异化，寻找新的价值创造点。

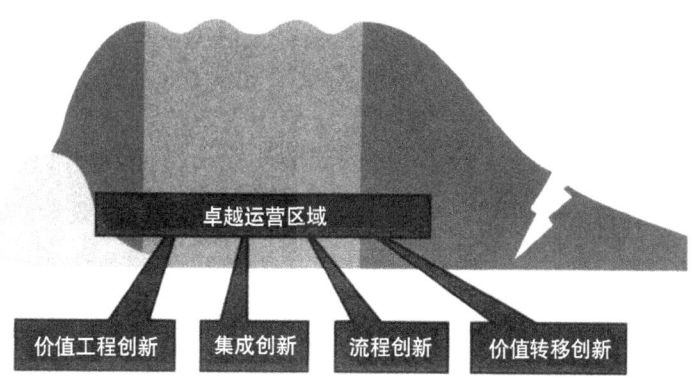

图 6-5　成熟市场中的创新类型——卓越运营区域

⊘ 是否应该集中精力进行价值工程创新

当规模化运营的企业能够完全抓住商品的本质并且显著降低其他方面的成本时，它就能通过价值工程创新创造差异化。下面是这方面的一些例子：

比克（BIC） 比克是世界上领先的制笔企业，最早版本的比克笔目前仍在生产，而且已经成了价值工程的代号。比克笔的主要特征包括：它是一支圆珠笔，是公司的一项重大的工程成就，一直使用了50年不曾改进；它是一次性的，因此只需要很少一部分的供应链库存，因此供应链不存在这方面的担忧；它由透明的塑料制成，因此你可以随时看到墨水的余量；它是六边形的，因此不会从桌面上滚下来；它有一个笔帽，因此不存在多余的可动部件；因为它工序简单而且生产历史悠久，可以在世界任何地方的比克工厂生产，所以最适合进行大规模生产。在主攻卓越运营的同时辅以品牌建设，这是比克公司推动产品可持续差异化的公式，后来比克将其运用于打火机和剃须刀两项业务中。

Motel 6 公司将自己定位为一个低价的领先者，这也是它原来的名字所代表的含义，即在旅馆住宿一夜收取的最初价格。这个价格决定了旅馆的位置只能在低成本的郊外，并且采用标准的汽车旅馆设计，便于清洁和维护，并且不提供餐饮服务。公司在实施价格领先的价值工程的同时，还开展了一场引人注目的品牌建设活动，聘请气质亲和的形象代言人，并且用一句非常温馨的话语"我们为您留了一盏灯"作为广告的结尾。这种家居式的语调帮助企业从大量的汽车旅馆品牌中脱颖而出，向受众传递了公司的基础价值信息。结果，Motel 6成了这一市场的领导者。

西南航空（Southwest Airlines） 该公司是无成本重新设计一项服务的典型案例。西南航空组建了一支由同一种标准机型的飞机构成的机组，简化了维修过程并减少备用飞机数；抵制收取额外降落费用的机场；简化机票定价与座位选择过程以缓解旅客登机时的瓶颈，将主要精力放在点对点的双程航线上，以充分利用中心辐射模型。另外，西南航空还围绕灵活的工作制度组建工作团队，以员工持股计划提高奖励的有效性。这样运营的结果是，西南航空公司的市场资本总和超过了所有竞争对手的市场资本总和。

Buy.com 最初是一个电脑的网上零售网站，在该网站电脑购买者可以比较多个商家的产品说明书和价格，然后决定购买哪一台。后来该网站利用其先动者优势将网站扩展成出售各类消费品的网上超级商场。它的价值主张依旧是同一个经典的零售方案——价格、可获得性和选择——常年关注大宗交易，特别是促销和清仓销售。这是一个纯粹的增值方案（value play），它使 Buy.com 成为电子商务领域的一个重量级参与者。

采用规模运营的企业，在实施价值工程战略需要注意多个关键点。第一个关键点就是必须要有一些持久的核心价值，如产品设计、品牌、商业模式、规模或其他属性，这样才能在成本削减完成后继续维持竞争差异化。没有这些内核，你就不可能在与其他低成本竞争对手的竞争过程中获得可接受的经济回报。第二个关键点是坚持将成本削减策略贯彻到底，这样才能阻止未来竞争对手侵入企业的业务领域。第三个关键点是以达到规模效应为目标，设计每一个流程，最理想的情况是将它嵌入自动化系统中，如果不能达到规模化，那么就围绕流程开展设计或者将整个设计工作外包。所有这些策略的最终目标是尽可能细致地定义每一项业务，降低每一项成本创造因素的投入成本。

在复杂系统商业模式中，价值工程的对象与规模化运营商业模式不同。这里的焦点是整个系统，而不是某个孤立的部分，目标是显著降低整个系统使用过程中的持有成本，包括从最初采购直到最终丢弃的整个过程。价值工程首先被用于将系统分解成一系列相互关联的模块，即价值链工程，然后降低链中每一个模块的成本。外包和专业化是价值链中最关键的两个杠杆，链中的每一个组织都将财务资本和人力资本用于关键的价值增加环节，将价值链的其他任务留给其他企业完成。

利用价值工程创新获取最终竞争差距的复杂系统企业包括：

台积电（TSMC） 台积电（全称为中国台湾积体电路制造股份有限公司）成立于1987年，是第一个专门生产半导体芯片的外包商，是该产业第三方制造商中的佼佼者。近年来，芯片制造设备成本越来越高，要求大部分公司将芯片制造业务外包，这就推动了这一市场的出现。台积电的成功来自对价值链供应商的合理安排，这条价值链从软件设计师一路延伸，经设计服务提供商、掩膜制造商、知识产权许可方，一直到集成和测试企业。通过与这些行业组织相互协调，企业就可以将它的资源集中用于它的专长——开发和优化先进的制造流程。

信息系统技术有限公司（Infosys） 信息系统技术有限公司1981年成立于印度，在2004年的收入突破10亿美元，并且在与规模更大、成立时间更久的咨询和外包企业竞争时取得了明显的胜利。信息系统技术有限公司一开始的业务主要集中于IT项目的后期环节，如测试和文档化等，现在已经将公司业务向前延伸到编程、设计，最终涵盖整个IT系统的制造过程。它紧接着采取了下一个步骤将业务领域拓展到业务流程外包领域，包括为一般企业提供的财务和人力资源服务，还包括某些特定的纵向的流程服务，如抵押服务。对信息系统技术有限公司来说，这个模型成功的关键在于充分利用了印度低成本的英语系人力资源。为了做到这一点，公司与客户合作，将讨论中的整个活动模块化，企业作为一个低成本模块提供商向客户提供处于客户战略外围的模块，建立与客户之间的信任关系，让越来越多的业务可以通过这种关系流向企业。

开放源代码运动（Open Source Movement） 这项运动由从属关系松散的几个组织共同承担，它们支持Linux之类的软件，将它们放到公共领域，可以随意修改和使用。这样如何能产生经济优势呢？看看IBM和惠普就知道了，它们都是开放源代码运动的主要发起人之一。开放源代码是一种降低成本的资源共享机制，用于管理对公司来说是必需的，但在创造差异化方面是非核心的技术。开放源代码的所有成本由负责技术维护的多个组织分摊，它们支付一定的费用对技术进行修改，以满足公司特定的需求。这项运动曾长期被误解为只有技术狂热分子才会参与，但现在《财富》500强中大多数企业已经成为这种运动的主导企业，它们的 IT 中心都有使用这类开放系统软件的素材。

在复杂系统模式中利用价值工程创造差异化的关键是形成及利用价值链的模块观，这样企业才能专攻其中的某一个模块，利用规模经济、技术和专家意见获得明显优于竞争对手的价格，同时避开价值链中其他公司不擅长的模块。这意味着公司需要建立一个平稳的工作流连接价值链中的其他成员，并且与能对流程产生直接影响的客户建立相互信任的关系。这样企业就有机会将自己塑造成价值链中具备差异化的低成本提供商。但是，如果建立关系的成本太高，或者这么做花费的时间太长，这个战略将会失败。

总之，对私营企业来说，最有利的地位就是成为低成本的提供商。如果你的行业满足条件，价值创造焦点以及文化符合价值工程创新的条件，且你的商品处于成熟市场，价值工程创新就应该成为你的候选创新类型。

是否应该集中精力进行集成创新

集成创新将许多完全不同并且独立的部件放到一起，组合成一个完整的系统。对规模化运营客户来说，集成创新最根本的好处就是减少争论，提高使用的方便性。这种价值主张意味着单体产品（point-product）的特性并不能吸引市场的注意，人们更喜欢将几个最佳的单个产品（best-of-breed）进行集成。例如，高保真音响爱好者喜欢一个部件一个部件地组合出一个音响系统（sound system），而其他人则购买功能相同的家用立体声音响。

市场希望品类的领导者进行集成创新，因为这些公司拥有最大的异质组件库，而且它们还设定了组件之间的连接标准。相应地，它们也希望品类挑战者进行单体产品创新。

利用集成创新创造可持续竞争优势的规模化运营企业包括：

微软 微软公司最初是一个桌面应用的挑战者，它首先用 Word 挑战 Word Perfect 系统，然后用 Excel 挑战 Lotus1-2-3 系统。在 Windows 时代来临后，

Word 和 Excel 这两个微软产品都成为相应品类的市场领导者。因此，公司推出了 Office 套件，以这两个领导产品为主，同时包含两个相对较弱势的产品 Access 数据库和 PowerPoint 演示软件。（当时，Ashton-Tate 是数据库市场的领导者，而 Aldus 则是演示软件市场的领导者。）市场已经成为集成产品的天下，单体产品占据的领地很小，现在 Office 实际上已经成为全世界的桌面标准，每年都整合进新的功能。微软还利用同样的方法对抗网景的 Navigator 网络浏览器——在 Windows 操作系统中整合 Explorer 浏览器，这种强大的组合已经控制了大西洋两岸的市场，让它的竞争对手感受到了强大的压力。

雅虎 雅虎最初是互联网上的一个基本搜索引擎，这使它成为其他网站的第一个真实入口。它充分利用这一优势建立了自己的目标站点，将信息、购物、娱乐以及通信等服务集成为个性化的网络服务。你可以通过雅虎支付各种费用、检查股票、查找信息甚至找个人约会等，所有这些活动都可以在雅虎网站上完成。其他网站也可能提供某类更专业的服务，但如果客户的需求涉及稍微复杂一点的信息，这些网站就不能满足。雅虎提供的这种差异化服务，让更多的人愿意在这个网站上消磨时间，并让它成为网络上广告点击率最高的站点之一。

瑞士军刀 公司真正的名称是维氏（Victorinox），但它的军刀是真正家喻户晓的产品。公司经典的产品版本主要包含以下几部分：小刀片、剪刀、兼作螺丝起子的指甲锉、牙签、镊子和钥匙圈。后来公司逐步在钥匙圈中加入了开塞钻、开瓶器、剥皮钳、锯子、放大镜或测高仪。尽管从单个产品来说，这些锯子、测高仪和放大镜都不是最好的，但它们的集成度是最高的。这种价值主张让公司的产品成为同类中的佼佼者，已风靡了一个多世纪。

乐高（Legos） 乐高公司仅仅生产内锁式塑料积木，但该公司的产品价格比其他积木生产商高得多，因为它将一个豪华玩具的所有积木组合在一起进行销售。你可以认为你买的是一堆积木，但实际上你真正购买的是一架死星（星球大战中的一种超级武器）、一个警察局、一台汽车起重机，或者一个作业机器人。这种创意很简单，但也非常吸引人，现在很多大陆上都出现了乐高主题公园。这就是集成带来的好处。

面向规模运营的集成创新意味着，在产品或服务初级层面（atomic level）必须具备一定程度的普及性，并且在一定程度上已经被商品化。没有这一基础，其他因素就会抵消集成所带来的价值，或者在集成过程中会有其他多余的工作占据企业的工作时间。它还意味着企业必须具备创造更高层次体验的能力，而且在某种程度上要高于各部分体验的加和。瑞士军刀就是一个很好的例子，它的价值就在于，这种组合能提供的效用远高于各部分单体实际的功能效用总和。

在复杂系统中，集成创新的价值主张是不同的。这时，企业关心的是由系统的复杂性带来的维护成本，而不是差异化。客户希望企业能够简化产品架构及各子系统的关系，希望企业能用一张毯子将产品的所有复杂性都掩盖起来。他们还希望市场领导者能提供这种服务，其中部分是因为这些公司首先安装了大部分的复杂产品并且建立了它们之间的复杂关系，部分是因为它们有这个声誉与实力让市场接受这些相互依赖的关系。

成功利用集成创新创造差异化的复杂系统企业包括：

SAP 在20世纪90年代后期，计算机行业由主机时代向客户机-服务器时代转变时，SAP主要向市场提供功能全面、集成度高的企业软件，即后来人们所说的企业资源计划系统（ERP），帮助企业处理财务、人力资源、订单以及库存管理方面的事务，并且很快成为企业软件行业国际市场的主导者。成了ERP市场的领导者后，SAP就开始向现有的产品中集成以前力所不及的软件品类。它首先选择的就是供应链管理软件。企业满足了客户对集成的要求，它的那些独立的竞争对手就不可能继续保持单个产品的差异化（优势）。最近，客户关系管理软件也正面临相同的局面。现在公司正努力投资搭建架构，让未来的软件更容易与现有产品进行集成，并且为在未来进行业务流程平台创新创造良好的机会，提高其可能性。

IBM IBM进行的是另一种形式的集成,它的产品及服务囊括了整个IT部门或部门内任何一部分的所有事务。这本质上是一种服务型商品,IBM起到了总承包商的作用,将商品各个部分承包给自己的产品和服务部门,或者在它监管下的第三方。这是简化的最终结果,也是前CEO郭士纳推行的变革战略的本质,它受到了那些饱受现代技术的复杂性和高成本压迫的保守型消费者的热烈欢迎。IBM的国际规模及国际触角、长盛不衰的良好声誉,以及作为主机市场领导者无所不在的产品普及度,使它成为能提供这类服务型商品的唯一企业。

安富利(Avnet) 安富利的传统业务是销售规模化运营企业的电子元件。现在它主要为那些希望通过外包非核心业务来加快进入市场速度的供应商提供更高级的服务——将这些电子元件集成到不同的子系统中,目前公司有一半的收入来自这种服务。公司与合同制造商的差别就在于,它本来就是客户供应链的一部分,通过集成创造价值的下一个模块,就可以提高整个价值链的效率,这也是它不同于其他销售商的地方。结果,公司成了电子行业双头垄断的其中一头。

英特尔 英特尔的传统业务同样属于规模化运营领域,不同的是它的业务是建立在专利产品技术的基础上,这为企业带来了非常高的利润。但是,公司需要寻找新的增长点。后来企业将目光锁定在集成创新,通过创新从一个元件提供商转型成一个平台提供商。最后,英特尔集成了硅、芯片、软件和相关的设计业务,将企业的锚位(anchor position)从个人电脑平台扩展到了其他领域。最先获得成功的是无线领域,在该领域中迅驰技术已经成为笔记本电脑的标准技术,Xscale技术推动了手提设备的发展,前者与个人电脑集成,后者与微软软件集成,共同服务于同一个目标市场。

复杂系统领域的集成创新与规模运营领域的差别在于,前者的集成对象没有商品化。这是因为这样做的转移成本太高。但是,它们现在已经不是顾客价值创造活动中的积极因素,而被看成是一种成本负担。在这种情况下,客户不会寻找新的供应商来替代它们,但是会削减在它们身上花费的资金。

集成创新通过降低成本负担，创造新的平台，在未来的价值创造活动中发挥积极的作用，能让企业重放异彩。

复杂系统集成创新有几个关键成功因素：第一，集成后必须创造一个新的交互界面，让客户远离界面下隐藏的复杂性，部分集成尽管也能带来一定的价值，但不会产生任何回报；第二，集成成本必须相对较低，投入的增加必须有一定的限度，我们可以从总持有成本的增减来判断投入是否合适；第三，必须考虑到在随后的价值创造活动中与系统交互的可能性。这实际上是将原来的产品转化成平台，重新建立起供应商与客户之间的关系，保证企业的商品与其他同类商品存在决定性的差异，以提高客户的转移成本。

总之，对于那些具备庞大的复杂系统模型库的企业，或者在已经商品化的规模化运营品类中占据较大的市场份额的企业来说，集成创新是一个非常有吸引力的选择。

❷ 是否应该集中精力进行流程创新

在成熟市场中，随着商品本身越来越标准化，作为差异化机会来源的商品制造、配送和支持流程也变得越来越有趣。因此，企业应该非常理智地将差异化创新与提高生产率或赶超低成本或敏感的竞争对手等一般的职责区别开来，后者只需要企业遵循游戏规则。我们现在讨论的对象做到这一点远远不够，我们讨论的是流程创新，因此需要达到竞争对手无法达到或不愿意争取的境界。

在规模运营的商业架构中，流程创新往往能达到传统智慧无法达到的高度。很明显，如果创新成功了，能为企业带来很大的差异化。正如我们从下面的案例中可以看到的。

戴尔 公司通过系统地质疑、解构和修补零售模型中的锚点流程（anchor process），永久地改变了个人电脑的零售方式。它用电话销售及后来的网络销售代替店面销售，因此不需要再支付一级、两级分销费用，还能陆续从中得到一点收益。它用按订单装配代替按库存生产，因此最大程度地削减了库存占用成本。它用5%研发外包模型代替15%内部研发模型，有效地利用了竞争对手的研发投入。而且，它充分利用了它的供应链，因此能以相同的价格销售更多的产品，每一季度都在财务方面超越它的竞争对手。因此，在成熟市场中，没有颠覆性技术的帮忙，戴尔也已经有组织地掌控了整个行业，正如其创始人迈克尔·戴尔戏称的，一个客户一个客户地将竞争对手打垮。

Salesforce.Com 该公司利用互联网发布企业应用软件，这是一项服务而不是一种产品。通过这种方式，公司有效地对该产业进行了重新定位，从复杂系统模型转移到了规模化运营模型。为了做到这一点，公司必须配备所有流程都需要的基础设施来保护客户的数据，建立与原有系统的交互界面，充分考虑客户需求，同时舍弃不可能达到的定制化要求，以及制定市场可以接受的商品价格，为企业赢得收入。作为一个相对较小的公司，它的规模化运营方法颠覆了整个软件行业，挤垮了很多规模比它大得多的复杂系统竞争对手，如希柏系统软件有限公司（Siebel Systems），然后又将甲骨文和SAP当成了新的打击目标。

麦当劳 麦当劳通过严格规定从原料采购、原料准备、食物烹制、上台到接订单这一流程中的每一个细节，以及制定严格的员工招聘、培训、晋升、解聘规程，设定详细的店址选择依据、店面设计标准和设备管理规则等，将快餐业务当成可规模化的特许经营对象进行投资。它要求所有的被特许方进入汉堡包大学进行培训，这种内部管理培训计划向所有成员灌输了同样的流程观念，保证了麦当劳的一致性和质量。结果，这种特许经营方式以迅雷不及掩耳之势征服了美国市场，进而席卷全世界。

丰田 汽车制造可能是唯一最复杂的规模化运营业务，也就是说，在这个业务中进行流程创新可以带来巨大的回报。丰田非常关注爱德华·戴明（Edward

Deming)的质量控制理论，它们将这一理论和其他理论综合在一起，提出了自己的丰田生产系统，帮助日本在产品质量方面获得了质的飞跃。它在制造流程创新方面的奠基石——看板管理方法、JIT库存管理和精益生产方式下的质量控制方法，已经成为全球企业学习和复制的对象。但是，公司依旧保持了自己的优势，这很大程度上是因为公司的文化非常适合进行流程创新，因此它总能不断先于竞争对手提出新颖的改进。现在，它已经是世界领先的汽车企业。

在面向规模运营的企业中进行流程创新的关键，是将初始洞察力与执行规律相结合，而且以后者为重点。它需要企业综合考虑汤姆·彼得斯和罗伯特·沃特曼在《追求卓越》(*In Search of Excellence*)一书中提出的"宽严并济原理"，在"宽"的环境下，创新性建议才能从底层向高层传递，质量圈理论就是在这种环境下产生的，只有在"严"的环境下才能严格保证流程设计过程的一致性。在规模化运营环境中中途改变流程、将工作当成一种试验、在运作过程中不断发现新问题，都是有害的做法。

在针对复杂系统的企业中情况又有所不同。虽然初始洞察力和执行规律同样是关键成功因素，但复杂系统企业更注重前者，而不是后者。那是因为每个客户的情况都是独特的，而且不断在变化，因此，与其制定严格的执行规则，还不如严格按照关键的执行理论办事。

下面的面向复杂系统的企业都已经通过流程创新获取了竞争差异化：

塞雷拉（Celera） 该公司在加速人类基因计划方面做出了卓越的贡献，成为该领域的杰出企业。在该计划刚被提出来时，人们的计划是像读取自动收报机纸条那样逐个片断、逐个染色体地按顺序解码基因，但克雷格·文特尔（Craig Venter）提出了更好的想法。他建议将基因进行随机切割，然后对所有的切割片同时进行测序，最后利用计算机计算出将这些片断重新拼接回去的方法。这种方法被称为"鸟枪测序法"，随着工具的改进和经验教训的不断积累，该方法也在不断完善。总而言之，人类基因计划已经执行了好几年时间，公司也已经成为基因研究领域的领先者。

英国石油（BP） 作为世界上三大能源巨头之一，英国石油公司出名的原因在于它对技术的创造性利用，大大提高了石油开采和加工的成功率。它最早开始使用图形软件将地震数据转化成 3D 的可视化油田分布图。最开始只有工作站中的地理物理学家使用这种图形软件，后来 BP 花大力气建造了数间巨大的水族馆式透视屋，在透视屋的墙上映射图像，可以进行实时操作，于是这个软件就开始在全公司推广。最近，英国石油公司在钻井工地利用新的传感技术和互联网获取钻井数据，将它发送到分析人员所在地（往往在另外半球），更新地质模型并将修正过的钻井坐标发回给钻井团队，所有这些活动都是实时的。通过不懈努力地追求仿真、通信和可视化方面的最新技术，英国石油公司已经在石油开采和加工方面实现了很大的差异化。它第一个在墨西哥海湾的盐丘下面发现了石油，这就是最好的证明。

奔达可（Bandag） 该公司通过遍布全球的数千个经销商向货车运输行业销售翻新的轮胎。以翻新设备中的专利技术为基础，公司建立了遍布全球的特许经营网络，并且通过寻找并完善流程方法来保证公司的数百个经销商能获得可靠的高产出。随后，公司将它的流程定位转向了提供轮胎管理解决方案，保证满足货车运输客户对轮胎使用时间的要求，并确保客户所有的轮胎需求都能以固定的单位成本得到。通过这种创新，企业才在残酷的竞争环境中保持第一名的位置。

纽柯（Nucor） 纽柯是美国最大的钢铁企业，克莱顿·克里斯滕森（Clayton Christensen）和迈克尔·雷纳（Mechael Raynor）在《创新者的窘境》(*The Innovator's Dilemma*) 和《创新者的解答》(*The Innovator's Solution*) 两书中对公司围绕小型钢厂的流程重新进行了详细的整理。公司流程创新的本质是，利用回收的钢材作为主要的原材料，从低端的钢筋市场进入钢铁行业，然后像其他的小型钢厂竞争对手那样，利用传统制造商的价格保护伞逐渐向市场高端过渡。在每一次市场跃迁的过程中，当最后一个传统供应商被驱逐出市场后，低成本的小型钢厂就成了彼此间致命的竞争对手，为了抓住最近的高利润机会，企业被迫进行流程创新。纽柯就是因为领先竞争对手一步向钢板生产流程转变，才获得了现在的市场地位。

这一类流程创新能够帮助创新企业从竞争环境中脱身。它们不同于成熟市场中为保持市场标准效力所进行的日复一日的流程创新，因此在管理层在决定进行流程创新之前，必须先问自己一个关键的问题：它能带来差异化吗？如果你的企业满足以下条件中的至少一种，你就可以认为流程创新能带来差异化。

- 其他企业存在内置的采纳壁垒，阻碍它们采用你的方法；
- 你的企业进入该市场比其他企业早很多，获得了其他企业无法超越的市场份额领先地位，或者在其他企业醒悟并赶上之前，企业已经狠赚一笔；
- 你的企业的执行能力比其他企业强得多，因此在相似的系统内你总能比其他差不多时间进入市场的企业表现优秀。

如果你的企业满足这些条件，那么企业以流程创新为主要创新形式的可能性就很高。如果企业不满足这些条件，那么你最好投资卓越运营区域的其他创新类型或者以这种创新为辅。

是否应该集中精力进行价值转移创新

我们应该感谢阿德里安·斯莱沃斯基，因为他总结了品类成熟生命周期中的价值转移现象，吸引了我们的注意力。价值转移的概念非常简单，随着时间的流逝，市场中的稀缺元素会从价值链的一个环节转向另一个环节。因此，在品类成长初期，技术提供者和系统集成商是市场的稀缺元素，但随着时间推移，随着越来越多的专业技术用于标准产品和服务，稀缺的元素变成了营销专业技术和定制能力，再后来能降低企业成本的因素——维修服务提供商和外包商成了稀缺元素，而且稀缺元素从品类的基础系统转移到了附件和易耗品。

价值转移创新的基本原理包括：第一，找到价值链所有环节中价值被侵蚀的环节；第二，预计价值转移的目的地；第三，先于你的竞争对手到达目的地。在规模化运营的舞台上，成功进行价值转移创新的企业包括：

吉列（Gillette） 公司的价值转移战略取得了如此大的成功，以至于剃刀、剃刀刀片就成了价值转移概念本身的缩略表达。柯达从照相机业务向胶片业务的转移以及惠普从打印机业务向墨盒业务的转移是对这种现象的另一种标准注释。在以上这三个案例中，易耗品的地位无一例外地从助动器变成了主要的收入发生器，而设备则向相反的方向转变。当你发现为了扩大价值链上其他元素的销售，而对一种元素采用折扣价时，这种元素的地位就开始向助动器转变。

沃尔玛（Wal-Mart） 公司在零售价值链中进行了根本性转移，将主要的盈利产品从市场领先者（如宝洁和雀巢）的品牌消费品包装商品转移到了一般零售商的大量折扣商品。这是一个关于购买力和配送范围的公式，哪怕是最受欢迎的品牌也大约有40%的利润来自沃尔玛。因此，它有能力进行一系列彻底的成本节约型流程改造，从行业标准条形码到供应商库存管理，再到RFID动态库存追踪系统，所有这一切都巩固了它在主要的大数量、低成本市场配送渠道中的王者地位。

惊奇漫画（Marvel Comics） 公司作为下一代的漫画书特许经营商而一举成名，这给公司带来了足够的利润和吸引力，使得漫画搜集成为了一个新兴的小型产业。最近公司多次从《蜘蛛侠》和《X战警》等电影的反复成功中意识到，公司的价值已经从打印媒体转移到了可以许可的知识产权，漫画书中的人物档案是电影授权收入的主要来源。电影媒体是一个崭新的行业，公司在最初的许可协议中可能会表现得比较幼稚，但如果漫画中其余稳定的人物仍能吸引大众的注意力，它仍旧拥有价值链中的稀缺元素，拥有谈判的筹码。

Sabre Sabre系统最初只用于国内的机票预订，后来从美国航空公司分离出来成为一个独立的实体，然后当价值从航运本身转移到信息提供商，代理乘客处理某些事务时，Sabre的市场资本总额就很快超过了它的母公司。这是较大的价值转移趋势——信息时代的特例，在这个时代中，资产被赋予的价值比资产本身的价值高得多，而且邮件列表和数据挖掘才是成功的市场细分战略。

上述的每一个价值转移创新都需要改变商业模式，这种商业模式的改变可以由主导价值链的企业进行，也可以由没有遗留问题的颠覆者进行。商学院的毕业生都知道这一点，而且在互联网时代，市场中出现了各种商业模式创新，为下一轮的颠覆性价值转移作准备。这些创新大部分都没有达到预期的效果。回想起来，当时我们不理解为什么大多数成功的价值转移都是在被保护的环境下经历很长一段时间才完成的，现在我们明白了，这是因为在这种环境下，价值可以慢慢积累而没有竞争威胁。换句话说，价值转移必须悄悄进行。相反，如果企业大声宣布价值转移的目标，市场就会本能地抵制任何企业以市场为代价获取权力，它会自行组织，在你到达目的地之前挡住你。

因此，规模化运营价值转移的关键是发现那些目前不被看好的资源的潜能，在它们不被看好时保护好这些资源，然后在价值转移变得更加明显以及更普遍时，在下游将这些资源资本化。价值转移在复杂系统市场中也以相同的模式开展，但是这种市场中的价值转移，很大一部分是通过将部分市场从复杂系统模型向规模化运营模型转变来实现的。在这种情况下，复杂系统供应商是不可能将其资本化的，相反，它将价值创造能力用于商品化程度较低的新品类上。虽然如此，但仍有一些复杂系统企业成功地将品类间转移的价值资本化，既保持了复杂性，同时解决方案还能为企业带来很高的转移成本。详见下面的案例：

CA 计算机公司（Computer Associates） CA 在 20 世纪 80 年代占据了市场的主导地位，先是通过收购拥有对公司至关重要的特许经营权的系统软件公司努力达到这一点，后来收购已停业的公司。为什么收购后者呢？管理层发现，虽然这些企业在为公司带来新客户方面并没有什么潜力，但它的模型库具备很高的转移成本。因此，如果企业的运营能够向维修方向优化而不是被用做现金牛去投资一些越来越没有前景的未来计划，为被收购企业的客户提供维修服务还是能为公司带来很高的利润的。换句话说，价值已经从创造新产品转移到了支持已有产品。CA 已经成为收购与处理这类企业的专家，它为自己建造了一座现金牛的"农场"，用于支撑企业业务从主机向客户机——服务器系统软件转变。

IBM IBM 中的"M"代表了机器（machine）。但是，经年以后，企业软件中稀缺的价值创造元素已经从硬件转变为软件和服务，而且 IBM 也相应进行了调整。现在，企业最有价值的资产是它的咨询团队以及它的软件特许经营权。特别地，企业的注意力都集中在计算机运行所必需的技术和流程上。在软件方面，这意味着要彻底改建一个叫"中间件"的系统软件基础结构，IBM 称为 WebSphere。在服务方面，这意味着要重新回答下列问题：企业应该如果管理它们的信息技术？如何搭建信息系统？如何保持外包模型中关键信息处理过程的透明度和可控性？这就是"另一个 IBM"——IBM 全球服务发挥作用的地方。总之，软件和服务让一个 15 年前面临倒闭的企业重振雄风。

通用汽车金融服务公司（GMAC） 这里有一个处于崩溃边缘的企业——通用汽车。只要通用汽车能与价值转移订立契约，它就能继续生存。它需要从产品转移到服务，特别是从制造汽车转移到为汽车提供金融和保险服务。通用汽车金融服务公司作为通用汽车独立的财务臂膀，为整个公司带来了非常可观的收入。

昂飞公司（Affymetrix） 在生物技术的第一次浪潮中，关键的价值创造设备是应用生物系统的基因测序设备，但现在的价值创造中心转向了基因芯片，在这一领域昂飞公司才是市场领导者。每一个芯片都是一组特殊的基因序列，当它暴露在检测材料中，待检测物质与其中的基因发生反应，研究人员、医生或法医鉴定人员就可以知道待检测物质的构成。尽管制造样本与读取样本的设备仍旧处于成长型市场中，但主要的价值创造者已经成为基因芯片，每一片的价格高达数千美元。

综上所述，价值转移是品类成熟生命周期中不可避免的结果。问题是，它应该在什么时候成为公司的差异化战略？首要的决定性条件是你的模型库。

在你的总体资产价值中有多少与现有的模型库有关？反过来说，有多少与全新的模型库相对应的下一代技术无关？百分比越高，企业进行价值转移的要求就越迫切。

第二个条件是市场规模。消费品和维修模型就像企业的年金流，它们为企业赢得了很高的收益而且不容易流失。如果企业的收入绝对值很大，这是个很好的现象；如果收入绝对值不大，模型就不会发生作用，你就需要将注意力放在其他创新类型上，用盈利并退出的方法管理当前的模型库。

第三个需要考虑的问题是企业所处的品类成熟生命周期阶段。如果支撑价值链的成熟产品基础结构即将被颠覆，如果它已经快要走出不确定的弹性中期，进入衰退阶段，那你就必须重新评价这一机会。服务优化、内容优化以及消费品优化需要企业大量投入固定成本，而这种投入需要很长一段时间才能回收。在成熟市场中如果没有被颠覆的威胁，这种投入决策的风险就很低，但回报是非常吸引人的。随着被颠覆的可能性越来越高，风险贴现也相应越高，风险/回报比就会以很高的频率来回振荡。

最后，你还得问问自己是否有这个胆量进行价值转移。每一次转移都意味着权力在企业各个部门之间的重新分配。企业需要克服影响比较大的惰性，公司的 CEO 和高层领导将是这个方程式中的关键因素，顺利完成价值转移需要他们的全力支持。

总结

本章的篇幅相当长，因此让我们花一点时间回顾一下我们讨论的内容。我们共介绍了八种类型的创新，四种在客户亲近区域，分别是产品线延伸创新、增强型创新、营销创新和体验式创新；另外四种在卓越运营区域，分别是价值工程创新、集成创新、流程创新和价值转移创新。我们还提出这八种创新都适用于在成熟市场中创造差异化。特别地，我们在介绍每种创新类型时都引用了两类企业——规模化运营和复杂系统的案例，它们都已经成功地创造了可持续的竞争优势，并且获得了巨大的市场成功。换句话说，我们已经确定每一种创新都能发挥作用，至少在特定情况下对某些企业来说都是有用的。

本章的所有内容都是为本书的整个主题服务的，也就是说，本章的目标自始至终都是为了帮助你找到能为企业带来非凡回报的创新类型，这样才能使企业创造足够的差异化，并与直接竞争对手分离开来，由此在销售圈中获得特殊的待遇，在合同谈判时获得较高的溢价（premium pricing）。简言之，我们相信主干道中的分形市场应该是创新的温床。

以成长型市场创新为主的企业不可能成为成熟市场中创新战略的佼佼者。成长型市场对应的是初级效应：新的市场、新的产品、新的流程、新的客户；分形市场对应的是次级效应：已有的市场、已有的产品、已有的流程、已有的客户。在分形市场中负责创新的肯定是最接近日常活动的人：营销人员、供应链上的人、财务人员以及客户服务人员。我们一般不会认为这些职能部门是创新的温床，但经过这一章的详尽分析，我们发现成熟企业要在主干道中繁荣、稳定地发展，就必须在这些部门中进行创新。

案例：思科在成熟市场中的创新

思科是否达到了传统意义上的成熟市场很值得怀疑，但毋庸置疑，它的两个主要市场——广域网路由器市场和局域网交换机市场——正以明显不同于前几年的速度发展，特别是企业系统部门。企业有一半收入来自于该部门，而且部门的增长率已经突破了两位数，这在真正成熟的行业里也是非常少见的，但是与前几年投资者已经习惯的增长率仍相差甚远。因此，对思科来说现在着手实施成熟市场创新战略已经不算太早，而公司实际上已经开始实施了。

企业在作管理决策时不需要用到创新类型模型，但该模型体现了决策过程中的逻辑思路。下面就来看看逻辑思路是如何帮助我们从各种创新类型中选出需要创新的。

（1）思科是一个面向复杂系统的企业，按照该模式，意味着公司及其竞争对手可能在客户亲近方面具备相似的优势，因此公司要在客户亲近区域获取差异化会难上加难。因此，公司应该以卓越运营区域的创新类型为主。

（2）接下来我们从最后一种创新类型开始，逐个讨论卓越运营区域中的四种创新类型。如果排除价值转移创新，接下来的讨论就会容易得多。思科的市场还不够成熟，因此价值创造的最初来源还没有耗尽。同理，解决方案也没有达到足够的商品化程度，因此流程创新也不是合适的创新类型。

（3）然后是价值工程创新，思科在复杂系统和规模化运营两个舞台上都已经跨出了一大步。在它采用复杂系统模式的业务中，它是第一个利用外包作为差异化来源的企业，而这也帮助思科以少于竞争对手很多的资金投入获得更高的发展速度。思科收购了Linksys，并赋予它规模化运营的能力，让擅长价值工程创新的管理团队从一开始就介入公司管理。它的一个主要竞争对手华为有非常强大的价值工程能力，而且华为也在这方面投入了大量的资源来创造差异化，因此思科不可能在同一方向再创造决定性的差距。

（4）综上所述，我们必须将集成创新看成思科路由器业务和交换机业务的基础差异化来源。思科在这方面有很多机会，因为它在20世纪90年代收购了很多家公司，并且它们都得到了充分的发展，这就要求思科将各个独立发展的架构整合在一起，而不是沿着各自的轨道发展。而且，因为市场对互联网的依赖性越来越强，它也在寻找更有效的方式与互联网交互。最后，思科的市场领导者地位也有利于它进行集成创新，这在很大程度上是因为思科需要集成的东西太多。因此，集成创新是思科应该关注的创新类型。

对所有已经达到大猩猩级别的复杂系统企业来说，集成创新是天生的差异化媒介。这是因为，这时候市场已经以市场领先者的产品或服务为标准进行了标准化，但是因为它们的维修过程太复杂，市场的负担也越来越重。它想要将高价值的资源用于能为企业带来更多收益的地方，但无法做到这一点，除非大猩猩级别公司降低维修难度。

集成创新就解决了这个难题。特别是，它为客户和合作伙伴提供了统一的环境：

- 现有的系统维护人员非常熟悉；
- 被证明非常可靠，在很长一段时间内都很稳定；
- 在与和环境有接触的系统进行交互时也是可预测的。

在复杂系统已经成为未来发展规划的基础结构时，这些价值主张都是非常吸引人的。

在思科的案例里，其集成创新的焦点是网络操作系统，或简称为IOS，它在局域网交换机和广域网路由器中都可以运行。总共包含2 400万条代码，在思科产品线的所有产品中都可以找到它的踪迹。思科的产品功能都是由这个软件监控与管理的。但是，因为思科对这个软件基本上采用放任自流的态度，而且在软件的发展过程中整合了几个来自于公司战略并购对象的关键创新，因此这是最需要修改的产品，而这也成了创新团队必须克服的一个重大障碍。

任何集成战略都存在一个限制因素：连接整个系统的核心技术存在弹性。随着核心技术规模越来越大和复杂性越来越高，在不破坏产品其他特性的前提下集成创新成果就变得越来越困难。无论企业在系统文档化方面下了多大的工夫，总是会存在疏漏，忘记将一些维护人员必须知道的系统特性文档化。这导致其中包含的专业技术扩充得并不好。更重要的是，随着关键员工的退休或离开，他们所掌握的专业技术也随之流失。回归测试成为一种不断增加的负担，而介绍新的团队进入系统开发也成为一项越来越难办的任务。因为只依赖于自己的设备，最终这些系统将在自我压力下崩溃。

为了抵消这些事物的动态变化所带来的压力，企业经常让它的团队重新编写整个系统，每次都要求他们"把事情做对"。这真的是一种非常可怕的做法，因为它违反了市场不可侵犯的价值主张，以及企业新推出的系统版本必须向后兼容以前的系统版本。如果放弃了这一主张，随之而来的利益损失就不是企业能够承受的，无论多么精致的产品也不能弥补产品被颠覆所带来的损失。因此，就算生产出了再好的产品，放弃向后兼容也是一个不可原谅的过错，因为这样在位企业就会完全失去它的市场地位，个人电脑软件企业 MicroPro 和莲花在修改各自的旗舰产品 WordStar 和 Lotus1-2-3 时，已经得到了教训。

思科在 20 世纪 90 年代时也在这些产品线上进行了这方面的努力，但它及时回头了，改道提供特殊用途的电信类"超稳定"的 IOS，称为 IOS/XR。此外，思科打算对主流 IOS 版本进行重新设计。这尤其意味着原有系统的逆行模块化，方便公司将它重新设计成子系统集成块，各个模块之间拥有明确的界面以及严格的互调通信法则。这种重新设计的架构从根本上提高了可管理性。如果出现漏洞，这种架构会包容它们并且系统地追踪它们。如果企业需要修改某个特定的功能，可以将相应模块拆卸下来进行重建，完全独立于系统的其他部分。这些就是集成创新的好处。

思科当前阶段的重构工作被称为 IOS on Neutrino，简称 ION。Neutrino 是一种非常灵活的下一代服务导向型架构。当 IOS 被分解成模块化的子系统后，各类子系统首先在新的环境内被模仿，然后被修改，以便在新的环境内运行。软件专家称这个过程为重构（refactoring），这个过程可以以一个既定的速度开展，且不影响原有系统的运行。换句话说，IOS 的弹性还可以更高，因此为思科的集成创新带来了新的希望。

这就是为什么集成创新必须在系统架构的基础层面进行，只是为了保证软件的向后兼容性。一旦模块界面确定了，系统的较高层面也可以进行集成。也就是说，新的功能可以整个附着到原系统上，因为这些功能也完全可以被看成是另一个模块。集成为下一轮创新创造了基础。

在思科的案例中，IOS 驱动的路由器和交换机成了很多网络相关功能的集合体。它们不再是一个密闭的盒子，现在包含了很多插槽，可以外接很多包含最先进技术的卡，起到了底盘的作用。因此，2005 年思科成长最快的产品是它的集成多业务路由器，其中包含了很多插槽，可以在底板上直接插入安全软件、网络电话和视频。类似地，思科的局域网交换机也包含插槽，实际上包含了路由功能，进一步集成全部的网络结构，简化它的维护和管理。

所有的这些集成过程都极大地拉开了思科的产品或服务与直接竞争对手之间的差距。尽管这些竞争对手能够在单个产品的性能上超过思科，但它们无法做到思科的价值主张——提供集成的网络结构。无论竞争对手在何时超越了思科一小步，思科的工程师马上会迎头赶上，一旦思科的单个产品与竞争对手势均力敌了，公司的集成价值主张就会使任何依旧存在的单个产品之间的性能差别变得毫无意义。

在这些产出中有多少是市场之间串通产生的，理解这一点非常重要。客户并不是唯一推动市场领先者的集成架构固化以及标准化的人，服务合作伙伴和产品合作伙伴在这个过程中也起了推波助澜的作用，因为这让他们更容易生存。因此，完全反对这种价值主张实际上是不可能的。我们应该避开它，专门研究各方面基础结构不相容的利基应用创新，通过启动一个全新的品类颠覆它，或者有条件地屈服，成为一个合作伙伴填满剩余空间。

因为以上所有的原因，思科将主要的精力放在了卓越运营区域的集成创新上，并且取得了一定了胜利。但是，分形市场成功方程的另一边怎么样了呢？思科是否在客户亲近区域中选择了一个辅助创新类型？事实上是有的，就是产品线延伸创新。

同样，让我们看看为什么思科不选择其他的创新类型：

（1）实施增强型创新太早。网络功能还没有达到一定的商品化水平，增强型产品还不能在下一代功能改进中胜出。

（2）营销创新看起来杀伤力过大。作为品类中的大猩猩，思科已经拥有了接近每一位客户的特权。营销创新还能为公司带来更好的结果吗？

（3）体验式创新与企业并不相关，因为企业有太多紧迫的问题必须马上处理。

产品线延伸创新可以用于在达到第一个采纳顶峰后继续创造第二次增长。它关注的是已经购买了该品类但是仍有需求未满足的细分市场。在思科，最让人感兴趣的目标市场是中小型企业市场，在该市场中有一大群永远被忽视的客户，他们需要复杂系统产品，但是他们的预算只能购买大规模生产的产品。

在本书的第 1 章，我们已经讨论过供应商想要为这类客户提供服务，共有两种选择，要么从复杂产品设计中心降低产品的成本（当然产品功能相对较少），要么适当抬高规模化运营模式中产品的售价。在思科的案例中，考虑到它的复杂系统传统以及它收购的规模化运营企业 Linksys，它可以同时采用两种方案。但是，两种都需要付出一定的代价，公司仍在摸索着前进。

在成本降低方面，思科已经推出了低端可堆叠交换机，解决了小企业市场的预算不足问题。这种产品包含与高端产品一样的核心功能，但是没有模块化功能，因此不能升级。如果要增加容量，只需要在堆栈中增加几台交换机就可以了。相对地，思科在同一条产品线中推出了另一种交换机——模块化交换机，它可以进行升级以包含更先进的技术。从可堆叠交换机转换成模块化交换机的过程有点像从小孩到成人的转变：提高信息技术的复杂性是一个非常严肃的决策，一旦跨出了这一步，思科就再一次回到了它的适宜温区。低于这一温度对公司来说是个非常严峻的挑战。

如果让 Linksys 公司来解决中小企业的需求问题，还是一个挑战，但这一次是因为中小企业的预算太高了，而不是太低。Linksys 已经优化了它的研发流程和进入市场的方法，它自有的产品都是通过百思买和欧迪办公等零售商进行销售的。小型企业喜欢去这类商场通过讨价还价购买商品，而 Linksys 在这类商场中已经建立了良好的声誉。但是，当 Linksys 在面对产品销售和复杂的服务时，公司的低盈利业务模式并不能用于处理这种情况，乃至比较简单的可堆叠交换机。而且，Linksys 的单薄的研发模型与保持向后兼容以及数代产品架构的一致性方面所必需的工程投入并不相容。在 Linksys 的模型中，如果发现有东西过时，你一般会丢弃它（而不是循环利用）。因此，对 Linksys 来说，中小企业区域也是一个难题。

现在我们就可以设计一个特别适合中小企业市场的商业模型，这也是思科的竞争对手惠普和 3Com 曾经做过的事情。用规模化运营的方式制造和销售复杂系统的研发成果，利用当地的附加价值转销商，以介于复杂系统和规模化运营解决方案之间的利润率销售产品并提供服务。这个模型的问题是它容易受到双面夹击，复杂系统公司会降低成本来和企业抢夺最有利可图的客户，而规模化运营企业会抬高价格来和企业抢夺对价格敏感的客户。腹背受敌，不能向上转移也不能向下转移，当地市场一直处于饱和状态，导致增值分销商不断进出市场，使模型看起来非常不稳定。

因为这个模型并不受欢迎，同时考虑到企业在市场两端都已经有了消费者印象深刻的产品和服务，思科最佳的战略是将产品线向中小企业市场的"甜蜜区"延伸，但永远不要试图占领整个市场。事实证明，企业管理团队在阅读有关中小企业资金投入量的报告时，或在试图将已在企业和消费者市场获得的成功复制到中小企业市场时，结果都是非常不如意的。但是，抓住机会的企业能得到的回报，总比仅仅羡慕其他公司的企业多。

DEALING WITH DARWIN
How Great Companies Innovate at Every Phase of Their Evolution

● 第 7 章

衰退市场中的创新管理

这是我们对创新类型及其与品类成熟生命周期的关系所作研究的第 3 章，也是最后一章。正如我们前面已经提出的，当品类处于成长期时，管理层的工作是利用品类增长的动态性来发展公司；当品类处于相对平稳期时，管理层的工作是让公司拥有比竞争对手更强的创新能力来提升整个品类绩效。然而在本章中，描述的品类处于衰退期，此时管理层的工作是让公司业务脱离这一品类，重新寻找一片更郁郁葱葱的处女地。

在衰退的品类中，管理层必须认识到问题不是出在公司的绩效上，尽管此时绩效可能正在不断恶化。对于那些以执行力为导向的管理团队来说，这一概念的确很难把握，因为他们往往习惯于通过在绩效上超越对手而在竞争中获胜。你必须记住，你现在正处于一个类似于小旅鼠的竞赛中，目标不能再是遥遥领先，而是让你的公司及时悬崖勒马。

在衰退的市场中，最基本的选择是革新或采用盈利并退出的策略。革新代表了一个品类的转移，意味着新的目标顾客、新的市场需求、新的产品、新的价值链；更深层地还意味着新的销售渠道、新的价格、新的竞争对手（见图 7-1）。因此，此时你不能按照公司惯例来行事。相反，你必须让整个公司去经历一场生死存亡之旅，不成功则成仁。反复重申革新的意愿是没有用的，你必须立即行动。

图 7-1　衰退性市场中的创新类型——利用品类革新

考虑到这次公司所下的巨额赌注，创新的回报也必须足够大。因此，大多数成功的革新活动，是将公司从衰退的品类直接转移到增长的品类，而不是成熟的品类。这意味着企业重新回归产品领先区域，重新采用该区域中的各种创新类型。然而，这一次你的选择余地要小得多。你没有足够充裕的时间进行颠覆性创新，因为这需要很长的时间来孕育，所承担的风险也是巨大的。此外，你也没有机会发起平台创新，因为你只是品类中的新进入者，没有创新所需的资产。这样一来，你只剩下两种选择了：应用性创新与产品创新。

大型公司，无论是复杂系统导向还是规模运营导向，都倾向于选择产品创新，这是因为它们在整个创新过程中需要较大规模的市场来获得足够的收入，保证公司的正常运行。在短期内，它们为了在市场中占据更广阔的立足点，往往会牺牲应用性创新带来的边际竞争力（margin power）。但是，当它们确信自己已经解决了品类竞争力问题时，就要开始为公司整体竞争力担心了。

相反，小公司更加适合采用应用性创新，这可以看成回到保龄球道阶段。这些公司需要利基市场的保护，需要高度忠诚的顾客让它们重振雄风。它们没有相应的资产负债表来帮助企业承担放弃定价权所带来的损失。简言之，它们必须同时顾及品类竞争力和公司竞争力。这也就意味着它们必须按照利基市场的需要调整自己，这是它们复苏的最佳选择。

一旦创新的目标确定，企业有两条途径去达到目标。有机创新是为新的目标品类生产产品的内部化手段，并购创新则从外部解决这类问题，两者之间如何选择取决于时间和公司的核心竞争力目前的状态。有机创新意味着需要一定的时间来孕育新的品类，组织也保持着所需的产品领先技能。事实上，如果实施并购创新，包括出售公司或兼并其他公司，我们认为这是在衰退市场上的最灵活的选择。最后，如果以上两种创新策略都被否定掉了，企业依然还有最后一种选择：盈利并退出战略。我们并没有把这作为一种创新类型，但我们始终认为任何事都应该采取创新的方法去尝试。

有机创新

如果你的公司仍然保留着关键的产品领先能力，那么有机创新的挑战并不是来自新品类创新本身的要求，而是如何控制企业抵制这些创新的先天倾向。我们将在第三部分详细描述这一挑战，深入探讨惯性的力量，以及如何利用它来为下一代创新服务。现在，我们只是提醒企业创新需要额外的决策管理，并用接下去的几个例子来说明。

让我们从规模化运营企业开始。案例中的每个公司都能利用内部开发的技术，从在亏损的品类中处于领先地位转移到在增长的品类中处于领先地位。

英特尔 公司发明了动态随机存取记忆体（DRAM），带来了硅芯片取代磁芯存储器的风暴，从而获得了强大的竞争力。到了1985年，同品类中日本竞争对手越来越强大，商品化趋势越来越明显。此时，英特尔决定退出这一品类，转向关注微处理机业务。这使英特尔从单独资源提供者成功转型为生产个人电脑的企业。

Adobe 通过与苹果公司和Aldus公司的合作，Adobe开创了桌面出版印刷行业，开发了PostScript打印机语言，使我们能够应用精美的点阵字体。然而，随着全球的网络化，印刷——传播方式被传播——印刷方式取代的趋势越来越明显，这意味着打印语言不应再内含于打印机中，而是应该内嵌在文档中。为了适应这一范式的转变，Adobe公司重新关注Acrobat技术，这一技术后来确立了互联网时代真正的标准。Adobe在转变的过程中需要面对拥有新价值主张的新目标顾客，构建新的价值链支撑新的产品。这正是Adobe公司决策管理层所要宣称的：Acrobat是少数能对抗微软公司普遍推广的桌面软件的专利技术之一。

苹果公司利用麦金塔技术成为市场的主导，该技术重新定义了个人电脑的用户界面，但IBM个人电脑的广泛应用最终导致了麦金塔机被取代。此时，微软的Windows系统就成为了用户界面的新范式。当史蒂夫·乔布斯重新成为苹果公司CEO时，公司在个人电脑市场的份额只有3%，前景惨淡。乔布斯终止了一系列有关个人电脑的增强型创新和营销创新，最著名的是阻止对苹果电脑添加半透明色彩。随后，乔布斯把握了数字音乐和图像的潮流，从而扭转了局面。乔布斯首先是提出了著名的"扒歌、混制、烧盘"（Rip.Mix.Burn.）口号，接下去是iPod和苹果iTunes的创新。通过以上举措，乔布斯使苹果公司从一个面临绝境的个人电脑制造商摇身转变为领先的民用电子产品提供者，抢夺了索尼公司更多的市场份额，而不是继续与戴尔或惠普公司竞争。

西联汇款（WESTERN UNION） 这家公司凭借有效的通信技术成为市场的主要参与者，最初是通过电报，后来转而采用电传打字机。然而随后，长途电话、传真及电子邮件逐渐取代了其专有网络，西联汇款品类开始衰退。为了走出困境，西联汇款将自身重新定位于金融服务的提供者，关注原有业务中的汇款业务。今天，这家公司在全世界范围内已经拥有了成千上万的汇款代理点，成为了跨国际边界汇款支付的主要驱动者。

规模化运营公司在有机创新中的挑战迫使它必须与时间赛跑，要生产一定数量的产品来平衡品类开发的固定成本是需要时间的。在前述的几个例子中，这四家公司都有能力在转变过程中，从公司其他品类中获取足够的资源来维持自身的发展，这也是此创新类型需具备的最关键的成功因素。复杂系统企业也是如此，我们用以下几个例子来说明：

IBM 这家公司的竞争力来源于专有的大型机业务与垂直整合的商业模式，产品遍及芯片、网络、软件与服务等许多领域。为了利用自身广阔的基础结构，公司随后进入了微型机和个人电脑业务。20世纪90年代早期，IBM经历了艰难的时期：成本结构不断增长，而大型机业务却迅速衰退。当时，许多分析家认为IBM弄巧成拙，马上要破产了。然而，IBM将自身重新定位于全球企业的电子商务驱动者，将核心差异化能力从硬件转向软件和服务。IBM已经成为了当今IT行业领先的服务供应商。

诺基亚 20世纪早期，诺基亚是一家以制造纸浆、消费用纸品、橡胶、电缆等产品而闻名的多元化公司。公司的电缆业务不断发展，先是为家庭计算机网络提供同轴电缆，而后进军电子行业。到了20世纪90年代，公司打入了手机市场，而其他业务都成了历史。诺基亚为了提升手机制造能力，将从纸浆、消费用纸品、橡胶这些现金牛业务中获取的资源大量投资于此。当转型结束后，诺基亚完全投身于手机行业并成为行业的领先者。这是多业务模式转型为单业务模式的有机创新中非常突出的例子。

康宁（CORNING） 这家公司是如何从多业务到单业务的转型失败中恢复的经典案例。康宁最初是通过基于玻璃制造技术的多元化材料生产占据市场主导地位，产品遍及消费者厨房用具在内的多个行业。在电信行业大爆炸的时代背景影响下，康宁巨额投资于光纤电缆业务，同时相对减少了消费类产品。然而，在电信泡沫破灭时，光纤技术的开发已经大大供过于求，公司面临着严重的财务危机，接近破产的边缘。此时，康宁又一次通过回归多元化战略来拯救自己，投资于那些在经济行业中有发展前景的品类。当前，康宁公司已经成为了娱乐和移动电子部门液晶显示屏（LCD）的领先供应者、汽车部门环境技术子系统的提供者以及生命科学行业样本处理材料的提供商。康宁再一次通过这一决定性的管理模式变革，化解了革新带来的危机。

金佰利（KIMBERLY CLARK） 从铜版纸材行业中一家表现不佳的公司，非常成功地转型为基于纸业部门的消费类产品的行业领先者，这足以成为金佰利公司能被吉姆·柯林斯在其著作《从优秀到卓越》（*Good to Great*）中称赞的理由。转型的关键行动是公司出售了所有的纸业制造厂，将资金用于建立消费者品牌，如好奇（Huggies）、舒洁（KLEENEX）。这一有机创新伴随着一个重大的转变，要求公司从附属于产业供应者的复杂系统构架模式，转变成为新加坡 CPG 集团制造商所需的规模化运营构架模式。

如果我们回头看看这些案例，便可以发现这些公司的成功遵循了共同的关键原则。首先，管理变革的领导更多的来自内部而不是外部（郭士纳是典型的例外）。安迪·格鲁夫（Andy Grove）、约翰·沃诺克（John Warnock）、史蒂夫·乔布斯、约玛·奥利拉（Jorma Ollila）、魏文德（Wendell Weeks）、达尔文·史密斯（Darwin Smith）等内部领导者都精通变革，并能在转型过程中营造信任的组织文化。相反，当董事会成员来自外部时，往往会采用并购创新战略，因为对于一个新 CEO 来说，需要较长的时间来确立有机创新所需的那种信任。

其次，当转型并不采用像在英特尔、诺基亚、金佰利这些公司所应用的戏剧性退出战略时，更需要管理者对刚刚起步的业务加大投资并承担较大的风险，此刻公司成熟的业务就是公司的现金牛。这也就解释了为何当 iPod 获得的收益还不到苹果公司总收益 10% 时，其广告支出已经占据了很大的份额。当新业务不断接近组织核心时，需要所有参与的管理者进行深入沟通，做出变革的承诺。正如科林·鲍威尔（Colin Powell）将军所说，将整个军队移至新的位置是远远不够的，必须同时调换所有的将军。IBM 负责开发软件与生命科学业务的副总裁约翰·汤普森（John Thompson）将此称为"新业务的分群"。这包括给予新业务独立的审计，这样开支或收入就不会被较大规模且已经成熟的业务所遮掩。如果缺少这些关键性的实践，现金牛业务很容易重新占据优先地位，阻碍变革的进行。

最后，尤其在没有进入壁垒的创新区域中，需要较为成熟的组织发起变革，来对抗那些年轻的且往往非常灵敏的新创立的企业。产品创新需要较大的研发投入，这一般是所有成熟公司的传统。然而，随着企业进入主干道，客户亲近与卓越运营区域的创新占据主导，公司可能会失去这些竞争力优势，此时采用并购创新的方法是最为恰当的了。

并购创新

尽管人们都能理解品类的衰退无法避免，但衰退的发生总是出乎企业管理层的意料，他们总是事后聪明。不是衰退来得太早，就是衰退的速度比预期中的快。在这两种情况下，创新必须跟上衰退的速度，而这就使有机创新的机会渐渐变少了。当公司处于这种困境时，应该利用并购创新。

并购创新，并不需要等到危机发生时才使用。它和其他创新类型一样的，一种创新形式，只要需要，随时都能使用。总的来说，多元化的公司特别善于运用这种方法。这可由通用电气卓越的绩效表现来证明。随着时间的推进，通用电器从代表 20 世纪中后期经济进步的重工业公司，逐步转型为代表信息时代经济特点的金融服务与媒体导向型公司。从本质上看，通用电气通过兼并与剥离策略改变自己，这也是它主要的商业实践模式。

采用通用电气的模式需要非常精深的管理技能，这并不是每个公司都具备的。因此，对于大部分公司来说，都会保守地采用结构创新，只有当先前的创新战略没有多大成效时才考虑并购。我们来分析以下复杂系统企业的案例：

东亚银行有限公司（BEA） 公司成立于 1995 年，目标是为 UNIX 社区开发某种稳定的系统软件，IBM 在它的大型机上也使用这种软件。公司初始能力的构建就是从收购现成的软件开始的，战略重点是关注数字中心和客户机—服务器。随着互联网的不断发展，经过几年的努力，东亚银行认识到对 IT 的投资应该逐渐转向万维网。为了把握这一变革,东亚银行开发了 WebLogic,并且利用它成了万维网主要的应用服务供应商。此外,管理层将 WebLogic 文化融合为公司中的主流文化,一群快速反应的网络化执行官代替了深思熟虑型的先辈们。通过这种变革,东亚银行在成立后短短的 10 年间创造了将近 10 亿美元的收入。

Documentum/EMC 该公司采用不同的手法进行结构创新——公司是被兼并者而不是兼并者。情况是这样的:在 2003 年,付出相当大的努力后,Documentum 公司在企业文档管理品类的竞争中赢得了领导地位。那时,公司感知到未来的竞争来自于比自身规模大 10 倍或 10 倍以上的竞争对手,包括微软、甲骨文、IBM 等公司。Documentum 公司并没有处于衰退的市场中,但面临着无法想象的竞争劣势。此时,Documentum 公司毅然决定将自身出售给 EMC 公司。现在,Documentum 公司迈上了一条更加广阔的道路,获得了更多的资源来帮助自身在未来的竞争中自由翱翔。

同时,EMC 公司将自身视为企业存储领域的市场领先者,但由于产品的低端化趋势越来越明显,公司可以预见到品类产品在不断地商品化。再者,这种商品化也是价值从硬件转移到软件的结果。因此,在信息生命周期管理的主题下,EMC 公司开始实施软件兼并战略。Documentum 公司现在负责生产 EMC 公司信息生命周期管理(ILM)产品和服务系列的部分产品,也是使 EMC 公司从硬件系统转型为软件提供者的关键元素。

孟山都公司(Monsanto) 该公司是在基因研究对农业与制药业的影响不断增强的过程中成长起来的。孟山都公司首先主导了农业化学行业,其最著名的产品是除草剂 Roundup。在 20 世纪 80 年代和 90 年代,孟山都公司分别向分子生物和植物的基因变异领域扩展,用于开发抗 Roundup 农作物,不幸的是,这引起了欧洲一股强烈的保护主义之风,新产品被标记为"基因改造食品"。同时,其制药部门也在强强联合的产业中艰难地挣扎着。为了应对这些情况,孟山都公司采取了三个结构性行动:首先,公司将其工业化学和纤维技术部门独立出来;其次,西尔（Searle）公司最终与辉瑞制药公司合并成为制药行业领先的公司；最后，它又重新设立了农业部门成为新孟山都公司。当前，全世界开始普遍接受基因改造食品为对抗饥饿与提高农作物产出的合法工具。因此，两个处于劣势的业务部门摇身一变成为强势业务部门，并开始高速发展。

Applera 公司最初叫珀金埃尔默公司，就像惠普一样衍生出安捷伦科技公司生产多样化的测量器具与工业设备。在电脑行业突飞猛进时，珀金埃尔默公司依旧在原有的行业发展。此时，Applera将自身重新定位于生命科学领域，为基因排序开发了颠覆性技术。我们在讨论颠覆性创新时介绍的美国应用生物系统公司也是如此。它与基因应用公司Celera同时从母公司中分离出来，而最初珀金埃尔默公司被出售给EG&G公司——一个专业服务于动力产生效用行业的行业协会。随后，应用生物系统公司与其姊妹部门Celera再次合并，成立了当前的Applera公司。Applera成为了生命科学领域的领先者，为生命科学的发展做出了巨大的贡献，并在后面的一系列结构化决策中进一步加深了这种贡献。

在复杂系统公司中，并购创新有助于对产业结构的改变做出快速反应。管理层利用这一品类的变化使公司业务转向更有发展前景的领域。在规模化运营企业中，问题更多出在品牌绩效方面。以下的一些例子就说明了这些规模化运营企业是如何运用并购创新解决品牌绩效问题的。

Gateway Gateway公司作为一个低成本的个人电脑提供商，占领了市场的主导地位，在IBM、惠普、康柏公司的保护下打败了犹如佰德（Packard Bell）这样的竞争对手。成功的部分原因来自于其创新性品牌建设的"牛鞭效应"，这让Gateway的包装别具一格，拥有非凡的广告魅力。当戴尔风驰电掣般地进入这一行业时，Gateway公司认识到自己虽然没有处于一个衰退的品类中，但自身的竞争优势地位无法继续保持。品牌建设的创新无法弥补卓越运营能力的缺失，公司的绩效日益下降。为了解决这个问题，Gateway公司兼并了eMachines公司，这家公司是低成本个人电脑零售业的领袖，接着公司允许eMachines管理团队掌管原公司的业务，从而大大提高了公司的运行绩效。现在 Gateway 已经成为美国第三大个人电脑制造商，专注于零售业务，它的两大品牌完全能与戴尔的直销模式进行有效对抗。

莲花公司/IBM 我们已经讨论过莲花公司为何无法利用 Lotus Notes 这一颠覆性创新获得竞争优势的原因，这是有机创新取代稳定的现金牛（Lotus1-2-3 电子数据表格）的失败案例。Notes 建立了很强的品牌，但它并没能够认识到 Lotus1-2-3 电子数据表格是规模化运营的业务，而 Notes 需要的是复杂系统的架构。莲花公司只有通过并购创新的方法来解决这一问题——将自身出售给 IBM。IBM 保留了 Lotus 的基本管理结构。首先，Notes 团队获得了复杂系统的资源支持，保证自身的发展；接着，又获得了许多许可证，成为继微软公司之后的第二大合作软件安装点。这又是双向兼并的一个例子，成为兼并者或被兼并者都不重要，重要的是兼并是否能比独立带来更强大的力量。

奥驰亚（Altria） 当美国的公共舆论导向和公共政策开始抵触烟草行业时，菲利普·莫里斯公司发现自己的品类已经处于衰退市场中了。这时，公司进行了结构性变革，向生命保障消费类产品集团转移。奥驰亚首先重组自己的品牌，并将其重新命名为奥驰亚集团，并以这个名字先兼并了通用食品（General Foods）公司，又兼并了卡夫食品（Kraft Foods）公司与纳贝斯克饼干（Nabisco）公司。2004 年，奥驰亚 50% 以上的国内收入和 60% 以上的国内利润都来自于食品产品。

所有的这些例子都说明了品牌能够孕育出新的业务，或新的业务可以带来一个新的品牌。这些都可以延续企业的生命周期。并购创新给予管理者新的机会，放下那些阻碍绩效提高的包袱，专注于利用那些依然存活的资产。

无论是在复杂系统还是规模运营的环境中，并购创新重要的成功因素之一是企业的管理层具有冷静的头脑且行事当机立断。当组织处于高压力下时，只有快速与公平的行动才能让员工更快地适应新标准。这不是犹豫不决的时刻，优柔寡断只会丧失成功的机会，坚定不移地执行革新才是最迫切的任务。

并购创新的第二个关键点是合并后的整合。若合并的两者实力相当,那执行整合的难度就相当大,因此最佳选择是非实力对等方的整合。一方的团队处于明显的控制地位,而另一方的团队则要适应新的规程。最佳实践需要管理层清晰地区分核心与外围资产,确保通过兼并获得的核心能力具备可集成性,由此来获得差异化优势,这也是鼓励兼并最本质的原因。同时,也应该合理裁减、剥离或吸收所获得的外围资产,即所兼并的公司资产的其他剩余部分。公司行动越快,获得的效果也就越好。

第三个成功的因素是执行者不应该将大部分注意力集中于集成过程本身,而应关注集成所能带来的新市场的产出。从高层 CEO 一直到一线工作人员,每个月都应该召开会议不断关注新品类的发展情况。管理层应该完全沉浸于这些发展情况,再没有时间为政治暗斗而担忧。越快地关注新的竞争对手,获胜的概率就越大。

最后,就如我们在本章最开始时所提到的,无论是有机创新还是并购创新,都是高风险的行为,这意味着失败的可能性很大。如果真的失败了,管理层应该采取盈利并退出战略,特别是采用杠杆式收购的公司。现实常常不会像描绘中的那样惨淡,员工可以寻找其他的公司就业,技术会被别的公司收购,顾客会找到新的供应商,股东也会从中获利,杠杆收购交易伙伴得到的更多。世界上不存在永动机,我们当然也没有理由伪称公司会永远地飞黄腾达。

总结

这一结论不仅仅是针对衰退品类中创新类型的讨论,同时也包括了对其他所有的创新类型的探讨。在前面三章中,我们通过对 100 多家公司的案例进行讨论,解说了 14 种不同类型的创新,这些公司在它们所选择的品类和目标市场中获得了竞争差距,这也正是我们所想表达的创新创造的差异化优势带来的经济成功。我们所有的案例公司都显示出非凡的远见、勇气与毅力去执行这些创新。

因此，在达尔文式进化存在的每一天，当你挣扎着想要获得能够创造无限回报的竞争差距时，只需要记住一件事：只要别人能做到的，我们就一定能做到！

案例：思科在衰退性市场中的创新

从思科开始关注互联网的历史时刻开始，其主要市场就开始不断地衰退。思科同时运用两种衰退市场的创新类型来保证自身的正常发展。这两种创新方法并不能相提并论，因为它需要不同种类决策的支持。通过对它们的分析，我们可以发现其中存在着很多机会来学习思科的最佳实践。

思科与有机创新

衰退市场中的有机创新是指通过内部研发来把握下一次革命的浪潮。因此，这也就意味着收回那些已经处于衰退品类或部门的特许经营权，将这些特许经营权用于别处。尽管思科已经面临着市场衰退的困境，但事实上思科预测到网络在未来将会被逐渐边缘化，公司相应地采取了一系列行动来应对这个趋势。然而，让我们觉得困惑的是，现在所有的市场趋势都朝着不断提高网络化的方向发展而不是相反的方向，那在不久的将来，网络究竟会如何变得边缘化呢？而这又如何对当前的决策制定产生影响呢？答案就在企业计算（enterprise computing）模式沧海桑田的变化中。

在过去的10年里，企业计算组建的构架被称为客户机—服务器构架。在这种构架模式中，微软和英特尔的竞争力来源于客户端，即我们使用的台式机，有时也是我们使用的移动设备端。同时，思科、SAP、甲骨文、IBM、EMC等公司的核心能力在于服务器端或后端数字中心。这一构架将两级的所有功能通过层级联结起来了，顶端是终端用户，底端是电器设备端。每个公司在一个或多个层面中占据重要位置，思科主宰着网络层，SAP主宰着应用层，甲骨文主宰着数据层等。只要客户机—服务器构架依然是流行的范式，每个层级中的位置都是非常稳定的。

然而，因为两个主要的原因，客户机—服务器构架将走向衰亡。首先，客户机—服务器构架是为企业计算的内部运行而设计和最优化的，但目前我们已经进入了企业不断外包的时代；其次，当这种构架中依然保持着与原有系统的向后兼容时，吸收与适应下一代技术的能力就显得较为单薄。现在，许多专家相信下一代的构架范式将是服务导向型构架，或称为网络服务器构架，一些公司已对这个企业计算领域开始了长线式的投资。

在新的构架中，每个设备所具备的每一项功能都可以看成是一项独立的服务。当我们需要时可以及时使用，不需要时可以弃之。计算、存储、视频、声音、游戏、传输，这些名称就代表了各种服务。这些服务也带来了一系列问题：所有这些服务由谁来提供？谁来主持他们？谁来决定控制和掌管这些服务的协议和标准？谁向使用这些服务的用户收费？谁又需要支付使用费呢？

这些就是思科和所有其他计算机行业中的领先公司在日夜思考的问题。当前任何一家领先公司都有理由认为，自己在客户机—服务器堆栈中所处的层面是下一代网络服务器模式的自然核心，但事实上，要想承担这一角色，它们必须将当前相对专有的、封闭的产品转变为保留专有性但更具开放性的产品与服务。总之，它们必须将自身的产品转变为平台。

平台创新，读者可能回忆起这是成长型市场中的创新类型。那它在衰退市场中有什么作用呢？平台创新在这里可能成为有用的革新方法的候选类型。

在平台创新中要想成为领先者，只需要做一件事：跟随。此外，在这个生态系统中其他主要的参与者必须自愿地采用你的平台。明明知道这会为平台公司带来许多利益，为什么这些公司还要这样做呢？答案包含三个方面：

（1）他们利用你的服务大大提高了本公司的生产率。

（2）他们可以获得更广阔的市场空间。

（3）对于他们来说，你获得的收益并没有牺牲他们的利益。

思科的计划便是瞄准所有这三个方面。

从思科的观点来看，网络是理所当然的服务载体，因为所有从A传向B

的服务都必须通过网络。这为企业带来了类似于零售业中三个最重要的成功因素——位置、位置、位置——这一格言所带来的优势。思科致力于利用自身的定位优势提供服务，这些服务是其主要合作伙伴的非核心业务。安全和数据支持是威胁到赛门铁克（Symantec）公司在客户机—服务器层中位置的两个因素，特别是在它兼并了 Veritas 公司之后。也许思科会向赛门铁克公司颁发这一技术的许可证，这样做又有可能对赛门铁克公司的竞争对手乐高公司产生威胁，最近乐高被 EMC 公司兼并了。EMC 是思科公司主要的合作者之一，因为公司不想被市场抛弃，所以经历了漫长而又微妙的范式变革之舞。行动得过快，人们出于自我保护会向你攻击；行动得过慢，别人早就将你远远地甩在身后了。

因此，就出现了这样一个问题：思科的执行团队应该在多大程度上关注这个机会呢？我们必须意识到这需要最佳的工程师智囊团来解决技术问题；需要最娴熟的市场营销人才来协调和安排价值链上的各个利益相关者。这一人才库更多地被公司用于开拓更多的即时机会，以及更加及时地解决突如其来的威胁。你又如何保证你投入的各种人才能时刻关注自己的使命呢？你又如何使团队不那么孤立，总是处于象牙塔之中呢？

现在，思科首先承认他们目前无法回答这些问题，因此思科不再按照惯例简单地采取行动，而是进行了更多的讨论：组建营销委员会解决外部遇到的问题，组建工程委员会解决内部遇到的问题。从局外人的角度来看，思科正逐步走向联盟，整个组织正在逐步达成共识。这与有机创新的关键活动是背道而驰的，但只要公司的生存还没有受到威胁，它就可以奢侈地采用这个方法。当然，从说到做的整个过程中肯定存在风险，从思科管理层的言谈举止透露出，他们一直都在担心。但是，相反的做法也会带来风险，如果不依靠联盟盲目地独自苦干，一定会遭到巨大的内部阻力，最终破坏整个革新之旅。思科必须在风险的两端寻找一个平衡点。

思科与并购创新

在 20 世纪 90 年代，思科积极的兼并与收购战略给人们留下了深刻的印象。表 7-1 展现了从 1993 ～ 2004 年思科每年的兼并数目。

表 7-1 1993 ～ 2004 年思科每年的兼并数目

年份	1993	1994	1995	1996	1997	1998	1999	2000	2001	2002	2003	2004
兼并数目	1	3	4	7	6	9	18	23	2	5	4	12

不同年份兼并数目细微的变化差异，表明思科使用了不同的兼并与收购战略。

- 1993 ～ 1997 年：资产组合构建。思科进入了局域网交换机品类市场，并以目前仍在使用的原有技术支持该品类的推出，这些技术包括异步传输模式（ATM）、帧中继（Frame Relay）与系统网路架构（SNA）。
- 1998 ～ 2000 年：自由选择。公司利用高价值的股票来购买处于不同市场和技术行业的公司。没有一种战略能涵盖所有的并购案例。相反，思科购买了一系列的期权来应对未来各种可能的发展。
- 2001 ～ 2002 年：收购研发成果。这是思科的衰退阶段，公司股票价格大幅下跌，管理层将兼并战略局限于只购买技术和元件。
- 2003 年至今：资产组合构建。思科又一次回到最初的并购战略，隆重推出广域网交换机、消费者网络与无线网等品类。

资产组合构建是重建公司能力时常用的战略，可以帮助公司在品类衰退过程中逃过劫难。许多公司都栽在此处，因为它们过于自信，总认为自己能够开发出其他有竞争力的产品，而不愿意与其他公司分享股权，认为那些公司的产品比自己的劣质，这就是典型的"非此处发明综合征"，它不能在整个时间段内合理分配价值。从负面的角度来讲，这段时间包括产品进入市场的时间加上公司确立市场价值地位的时间；从正面的角度来讲，这段时间包括成熟公司已经在市场中经营的时间加上公司确立市场地位所需的时间。

思科对资产组合构建持两种态度。对于那些直接与以太网和互联网发展轨迹相关的重要技术，思科不计一切代价让这些技术达到世界领先水平。如果持有这些技术的公司在文化上和地域上与思科都是相同的，通过高价购买这类最佳的公司，被收购公司的管理团队可以直接整合入思科原有的结构网络。这是旗舰式的收购，发生的概率很小。在大部分情况下，兼并被称为差距填补者，它们的产品用来填补那些互联网还没有渗透的领域。拥有端到端的网络能力是非常重要的，但互联网最终会成为全能型的网络，从这一观点出发，此外一切技术的生存周期都是非常短暂的。思科提供的实用型产品满足了用户短期至中期的需要。文化和地域的兼容性并不重要，管理团队常常安逸于其他地方的"变现能力"（liquidity event）所带来的结果。

在这一战略中自始至终保持不变的东西是一种全盘的愿景：互联网协议网络注定会成为所有网络唯一的主导标准，无论是芯片上比特的来回传输，还是宇宙间或任何事物之间的数据流传输，都将采用这一标准。这种观念正确吗？谁知道！事实上，这无关紧要，因为这种理论所创造的一致性本身以及赋予其他事物的一致性已经产生了价值——不仅仅是形成兼并与收购战略，更重要的是形成了整个公司的优先权。

因此，在互联网繁荣与萧条的年代，我们该做些什么呢？思科为适应环境而采用的兼并与收购战略看似古怪，但确实符合了时代的潮流。随着网络泡沫继续膨胀，思科史无前例地疯狂收购技术部门。绝不是任何公司都有能力去整合所有的兼并企业，那么公司将会如何思考这个问题呢？一句话，它们在储备各种期权。

过去的10年里，我们从实物期权中学到了很多：公司如何利用它们在可管理的阶段进行高风险投资，或如何保护自己不陷入可能性低但后果严重的困境中。在思科的冒泡战略案例中，可能性低、后果严重的困境是，某个愚蠢可笑的有价值的衍生企业突然出现在市场中，思科没有注意到，而它事实上可能在将来成为其重要的竞争对手。通常，每家公司在网络泡沫的竞技场只有拥有自己的机会，如果你的股票同样疯狂上涨，在未来，你就有机会无偿地购买各种期权。这也就是说，只要市场对你异乎寻常的价值不断地添加更高的价值，你就能够搭上免费的便车。

虽然我们能清醒地认识到这不是长久之计，但在这种战略所带来的不稳定性症状出现之前，回避这种方法比采用它的损失更大。采用这种战略后，依据获得的财务收入和收入绩效，所有的股票货币被重新估值，这正是其魅力所在。在泡沫时期保持清醒的公司会发现它们由于没有采取兼并战略，自己的股票下跌了。而后，它们自然就想通过兼并那些股票价值增值的公司来扭转这个局面。因此，美国在线公司兼并了时代华纳，贵士（QUEST）兼并了美国西部电信公司（U.S.West）。因此，不管是网络企业兼并了多少实体企业，都是在自身股票价格崩盘后，将被兼并的企业与其拴在了同一条绳子上。

让我们远离这些超现实主义的时代吧，它们已经真正进入了低迷时期。别忘记人们是如何评论这个时代的。你还曾记得人们相互询问经济复苏会是"U"形还是"V"形吗？从没有人预料到会是大大的"L"形。但思科还是不顾一切地悬崖勒马了，这可以从思科在2001～2002年兼并的公司数目看出来。如果你将这些兼并支出的费用加起来，就可以看出思科收兵的速度。

现在，思科购买的不是期权，而是实体，支付更多的是现金，而不是股票。这是并购创新中最少见的类型，也是产生影响最小的一种。它本身没有什么错，但这种类型的创新无法创造可持续发展的竞争力优势差异。对于思科来说，这更像是长时期无节制兼并行为后的自我疗伤。

回顾思科的并购创新历史，值得注意的最佳实践是公司如何消化和吸收这些兼并的成果。我们这里应用核心—外围的模型来分析，能起到比较好的效果。核心代表的是被兼并公司的差异化能力，是真正吸引思科购买它的原因。事实上，所有的核心都由产品创新所需的工程人才和产品营销人才组成。思科将被兼并组织的这部分能力保持原样，继续关注竞争力优势的差异化。被兼并公司的其他部分——直线销售职能、国外营销、服务、财务等相似的职能，都是外围。这些职能拥有巨大的价值，但不是构成差异化的元素。思科将这些职能部门归并入现有的职能构架网中，关注生产率的持续发展。

在冒泡的高峰期，当兼并快速而疯狂地进行时，公司为了执行这种类型的创新必须将所需的流程制度化，这样才能确保在合并集成中所需的决定性因素融入了执行过程中的每一步。对于大多数问题我们没有太多的时间去协商，在处理之前我们已经决定该如何去做了，这才是值得效仿的最佳实践。这一概念的核心原则是：合并实力相当的公司不是一件好事。即使两者合并了，如果磨合期延伸得太长，带来的回报又非常的少，暴露出的风险也就越多，这样是非常危险的。能将实力不对等的公司合并才是最佳的选择，由兼并方设立基本的规则，决定什么是该做的，什么是不该做的。

根据这一规则，思科唯一的例外是对Linksys的整合，这是公司唯一一次涉足规模化运营设计的业务。现在思科对这一业务悉心对待，因为还搞不清楚什么是核心，什么是外围。作为临时的安排，思科为了保护其集成性将这一部门独立出来，专门分配了一位高层执行官来管理，允许其继续按照原有的模式运行。但是，这只是一个较长的试验期、一段观察期，最终公司将寻求更加紧密的集成，因为未来的网络需要处于边缘的消费者产品和处于中心的复杂系统间的相互协调。归根究底，这并不是合并实力相当的两方，而是两个相反的构架之间的融合，思科依旧致力于通过协议来维持这种关系。

DEALING WITH DARWIN
How Great Companies Innovate at Every Phase of Their Evolution

第 8 章

企业的创新管理

总而言之，有那么多的创新类型是一件非常值得高兴的事。这可以使管理团队对他们成功获得竞争差异化的机会持理性乐观的态度，可以使那些拥有不同禀赋的公司在同样的经济环境中占有一席之地。品类成熟生命周期中共有 14 种创新类型，若我们关注所有的种类，这样的思维框架就显得有些复杂。那么如何从所有的选择中围绕某个特定的创新向量选出我们需要的创新组合呢？又如何将这个组合转换成进入市场的项目来实际地改变竞争局面，从而从这些资本的付出中获取回报呢？

这正是本章的主题。本章的目标在于帮助管理团队选择一个创新向量，构建一个涵盖广泛且深远的项目组合，以此来击败最顽固的竞争者，我们将这个过程分成 7 个步骤，分析如下。

1. 概念的社会化

管理团队用于制定战略的时间非常有限，因此采纳一个新颖方法的机会成本非常高。他们应该对是否采用下一个新的事物进行深思熟虑。在你审视当前的环境时，创新类型模型可能是或可能不是最有用的途径。在这种情况下，我们鼓励你在采取任何重要承诺之前召开首脑会议，介绍最基本的概念与基础模型。如果这一有关基本概念的解说由外来者承担，那再好不过了，这样听众就不会带有偏见。在演说结束后，管理团队应该召开秘密预备会议，来决定这种方法是否值得在公司当前的历史时刻采用。

2. 组合分析

假设公司领导已对这个项目表示支持，下一步便是对公司的产品组合进行有关品类成熟生命周期的分析。在这个过程中，你需要回答的问题是：

- 你主要的产品线位于品类成熟生命周期的什么位置？
- 在竞争中产品的绩效如何？
- 竞争者为了与我们拉开差距采用了什么样的创新类型？
- 到目前为止我们使用的差异化创新类型是什么？
- 这些创新类型成功吗？
- 变换我们的核心有原因吗？

经过这一阶段的讨论，团队一般都会选择一个或更多的品类作为创新项目的目标。

3. 分析目标品类

这里的目标是对目标品类当前状态以及公司改变竞争局面机会的本质有清晰的认识。所要回答的问题包括：

- 这一品类的整体绩效如何？
- 复杂系统和规模化运营产品的区分边界是什么？
- 哪种商务构架能获得更大的成功？
- 哪种商务构架对我公司更合适？
- 我们能够控制相反的构架吗？
- 在与我们相同的构架下，竞争对手是如何操作的？

- 我们认为竞争对手的创新战略如何？
- 竞争对手执行这一战略的成功度如何？
- 到目前为止，我们认为我们的创新战略如何？
- 我们执行这一战略的成功度如何？
- 我们在抵制竞争方面的成功度如何？
- 我们改变的时间到了吗？

这时，你与团队中其他成员并不能确定改变创新战略是否是个好主意，如果你能确定这一点，也就是说你相信可能有另一种比当前战略更好的创新战略，那么就坚定地继续下去。但是，不要将你当前的战略排除在考虑范围之外，除非你拥有绝对的理由这么做。当前的战略可能是你拥有的正确的战略，企业只需要沿着创新向量继续下去就能创造竞争差距。换句话说，只要当前的战略可行，你就必须保留它。

4. 减少需要思考的创新类型的数量

从所有的 14 种类型开始考虑。简单评价每种类型，引用书本中的案例或讨论当事人的经验，邀请团队成员提出要被删除的候选创新类型。从长远的考虑来看，是否删除创新类型可以依据的主要理由包括：

- 与品类当前的成熟度不一致。
- 已被竞争对手抢先采用，故在这一向量上获得竞争差距过于困难。
- 与组织的核心竞争力非常不匹配。

这一阶段的目标是将候选的创新类型减少至可以掌控的数量。为了达到这一目标，可将优先选择的过程作为删除过程的辅助，创新类型被选择的理由恰与被删除的理由相反：

- 与品类当前的成熟度相一致。
- 还未被直接的竞争对手深入研究。

- 与组织核心竞争力非常匹配。

经过不断地删除和优先选择，直到你拥有至少一个或至多三个创新类型作为创造市场差异化优势的强有力的后备军。

在这个过程中，你若改变了创新模型本身，你也不用惊讶。举例来说，你可以增加类型或者你可以将一个类型一分为二，或将两个类型合二为一。14个类型并没有什么神圣之处，重要的是每个类型都被看做是一个向量，团队要认同这一向量，并在这个方向上进行充分挖掘，这样才能在竞争中获胜。结果是产生所需的市场偏好来保护利润优势，这才是达尔文战略的关键。

5. 发展有吸引力的选择

这是整个实践过程的支点。为了推动这一过程，组建一个经理支持者联盟，每个经理都负责一个候选的创新类型。这些经理将支持跨部门团队，我们称为达尔文团队，成员来自领导层以及高潜质的操作者，他们对于讨论中的创新类型拥有特殊的好感。每个团队都需要完成以下步骤。

首先复习目标创新类型的材料。根据材料，并结合团队成员自身经历的额外案例，讨论成功公司如何利用这些创新来获得竞争差距。若时间与环境允许，邀请一个或更多在这个问题上有成功经历的外部专家参与讨论。突破材料的局限，结合参与者的经历，制定一个定义创新类型特性的清单。总之，使你对某种创新类型的构成理论有更加丰富与深刻的了解。

接下去使用头脑风暴法，构想出你公司可以利用这种创新类型来创造有特色的竞争差异化的各种可能途径。你得出的清单需要达到下列目标——当你彻底执行之后，顾客将大为惊叹，竞争对手将无所适从。为了更好地完成这一过程，要求团队的成员思考以下问题：

- 在这一维度上我们所做的使企业的产品更富创新性的第一件事是什么？在团队共享前，首先让人们单独回答这个问题，在纸上记录他们的点子，然后在团队内共享。这样可以保证没有失去思考的真实性。

- 假设我们已经完成了所有该做的，那么为了让我们的产品真正远离竞争，我们接下来需要做的一件事情是什么？

一旦你完成了在你的能力范围内能达到的既有深度又有广度的愿望清单，将这些点子按以下标准分类与排序：

- 它将吸引我们可能拥有的目标顾客类型吗？
- 它给顾客一个有吸引力的理由去购买吗？
- 考虑到公司当前的核心能力以及公司的市场进入合作伙伴的核心竞争力，它可行吗？
- 它与我们最成功的竞争对手目前的所为有显著的差异吗？他们要模仿我们的行为很容易吗？
- 它与我们考虑的其他战术一致且能起到相互加强的作用吗？

要求每个团队成员按每个标准对每个项目排序，按 1 ~ 5 分制打分，5 分是最佳，再将结果相加，按总分高低进行排序。最后，一张按分数等级排序的战术清单将展现在你的面前，一般总是获得高分的战术群处于清单顶端。在最后几条之前划分一条分割线，团队需要将注意力集中于分割线之前的战术。

现在，用团队头脑风暴来实现这些战术。首先，列出你公司组织中所有可能与产品有关的职能部门：研发、销售、服务、物流、采购、财务以及任何能想到的职能部门。此时，结合前面列出的战术清单，对其中的每个项目都用头脑风暴法来构思每个职能部门需要如何变革来使这些创新成为现实。一般来说，你可创建一张巨大的表格，纵栏代表职能，横栏代表战术，其中的单元便是用来执行战术的每个职能的变革。

在你完成这些后，回顾你所构建的表格，将这些创意综合成一套项目提议。每个提议都按其所追寻创造的差异化市场结果来定义。有的项目可以关注改良产品，有的项目可以关注营销的变革或是服务的客户化定制等。想象一下，你在一个大型销售会议上向你的销售人员接二连三地宣布这些提议。千万别停止增加项目！直到他们所有的人都为之欢呼雀跃。

最后一步，对你的项目进行财务分析。估算实现这些项目所需要投入的时间、人力、工作资本。怎样的市场成功才能证明这些投资值得呢？在提交你认为能带来市场成功的项目时，你心中有多自信呢？这一成功能给整个公司带来多大的价值呢？在这些远大的市场绩效目标和现实的投资要求之间找到平衡，并相应地修改你最终的建议。

6. 选择一个主要的创新向量

每个达尔文团队都向联盟递交他们提议的一系列项目。联盟可以接受报告，或当他们认为报告中忽视了关键的机会或包括了不恰当的解释时，退还报告。当所有的最终建议都敲定落实后，组织执行者选择其中的一个创新项目作为公司最优先考虑的品类。

此时，至关重要的是将其他所有创新类型都暂且放在一边。切记，你的目标是通过充分利用某个单一的创新向量来创造可持续的竞争差异化。如果你从多个向量中选择一系列有吸引力的项目，这事实上方便了竞争对手吞噬你的差异化优势。若你能将任何额外的创新能源投入到主要的创新向量中去，便可使你的产品让对手望尘莫及。

7. 动员整个组织

当项目头脑风暴中构建的表格纵栏内容逐渐清晰，创新向量被确定时，组织中的所有职能部门，无论是 CEO 还是其他相关部门，都应根据这一选择重新思考自身扮演的角色以及相应的流程。为什么？因为刚刚确定了你的核心。

整个过程的目标是从外围中获取相应的资源来为这一核心服务。这便使创新有足够的资源支持。你完成这一目标的方式是，将你现在的资源用于加强那些项目将要带入市场的创新向量。一些职能部门将直接参与创新中最醒目的部分，其行为路径非常清晰，不过每个职能部门都有机会来加强新的价值主张。

为了让整个组织都参与其中，营销可以开始于对新创新形式的品牌承诺的重申；开发部门可以描述新的产品；服务部门可以描述新的服务。在这样的环境下，其余的职能部门应召开秘密会议来回答如下问题：

- 在这样一个新的承诺下，我们的工作重点将是什么？
- 什么将变得不那么重要？
- 我们该如何差异化每日的工作来强化我们向顾客提供的价值主张？
- 什么是我们需要停止或部分停止的工作，以使这些资源聚焦于我们正强化的工作议程？
- 我们如何向市场展示我们公司真正拥有的市场差异化方法？

最后，是最高执行官鼓励组织中每个成员加入这快乐之旅的时候了。这就是我们所谓的"联合"，它创造了公司的亮点。正是这一亮点使得你公司的行为在竞争中脱颖而出，也使得顾客回报如此诱人，使你的公司成为世界上最值得工作的地方。

DEALING WITH DARWIN
How Great Companies Innovate at Every Phase of Their Evolution

第三部分

惯 性 管 理

你刚刚精心打造了一套绝妙的创新战略，这套战略保证能够在你与直接竞争对手之间创造你所需的差距，争取到达到你的目标利润率所需的顾客偏好。现在要实现这一愿景，你还要越过一个障碍——必须克服自己组织的惯性，这种惯性是滋生抗拒变革的阻力的温床。

面临这一挑战的管理者总是将惯性看做魔鬼。他们认为惯性是对动态领导力进程（dynamic leadership agenda）的消极进取型反应，但实际上并不是这样的。惯性是运动中的物体保持其运动状态的特性，在这里它是当前战略的集合，能帮助该战略维持下去。它是前一次创新的遗产。如果你的创新是成功的，那么在未来，惯性会帮助它坚守阵地。没有惯性，我们的努力会受到震荡甚至失败，而创新将被浪费。

简言之，惯性并不是创新之敌，但它的确会在面临变革的情况下阻碍创新。因此，在这种情况下，管理层必须学会解构惯性，以便在别的地方对其进行重新构建，这就是惯性管理的意义所在。这需要从外围中提取资源以重新分配给核心。

❷ 核心与外围

核心，用我们的话来说，是让你的公司脱颖而出，创造可持续竞争优势的源泉。它植根于你赖以确立战略的创新类型。核心与外围形成鲜明对比，后者是你所做的其他所有事情。外围，包括你为了实现对股东（包括投资者、员工、顾客和合作伙伴）的主要承诺、遵从国家法律和行业标准而做的大多数事情，它还包含你为了与竞争对手保持一致从而满足市场既定性能标准而做出的努力。简言之，你的生活中充满了外围，而对外围的管理占据了你大量的时间。

这就是说，如果你不创建核心，如果你不更新核心，如果你的竞争差异化遭到侵蚀，那么你的产品就不能赚取足够的利润来维持企业的运转。这就是为什么尽管外围在数量上大大超过核心，但核心的战略重要性却远远大于外围。从利润的角度来考虑，你会想要比现在花更多时间在核心上，而把更少的时间花在外围上。

如今没有哪种商业活动是与生俱来的核心或外围。只有当你确定了差异化战略之后，这二者之间的区别才会显现出来，核心由此建立。只有在区分出了核心之后，外围才会出现。核心的关键特性是它能创建竞争优势，而外围的关键特性是它并不创造竞争优势。这对于管理外围有着决定性的重要意义。

如果你将外围任务完成得很差，市场会因为你没有满足其标准而对你进行惩罚；如果你完成得很出色，市场也不会给你额外的奖励。例如，假如一家航空公司弄丢了你的行李，你会感到很愤怒并且考虑下次换一家航空公司，但如果它没有搞丢你的行李，你也不会觉得它值得嘉奖。同样的例子还有：准时到达的快递包裹、不让你等待的客服热线、没有变质的牛奶以及不需要被退货的汽车。

事情还不止如此。外围是任何你没有专门声明是"核心"的事物。例如，当达美乐的比萨在30分钟内送达时，就会得到消费者的好评，因为消费者认为准时配送是该公司核心业务的一个部分；当Round Table公司在30分钟内完成配送时，却不能得到这样的好评，因为这并不是它所声明的核心业务之一。所以，尽管它会因为迟到的配送而遭受惩罚，但它却不会因为早到而得到嘉奖。

基于上述原因，你应该能了解到为什么管理层应该关注将企业的外围尽可能地缩小，但是为什么最初会建立外围呢？它来自何方？在大多数情况下，如今的外围就是过去的核心留下的遗产。也就是说，我们现在视为理所当然的几乎所有进程，我们视为外围的那些业务，曾几何时都是新生的事物，而公司也曾经能够利用它来创造竞争优势。它在那时是核心，创造了带来竞争优势的差异化。这就刺激了竞争对手去寻找途径赶超它或是同化它，从而恢复竞争均衡。随着越来越多的竞争对手掌握新技术，它不再能带来差异化，核心变成了外围。这是所有达尔文式系统的特性，包括自由市场经济的情况。当前的核心最终会成为外围，而这又迫使竞争参与者去发明新的核心。每一个循环都会带来水涨船高，这便是进化的来源。

从竞争参与者的角度来看，这就好像是站在一部下行的自动扶梯上（见图1）。

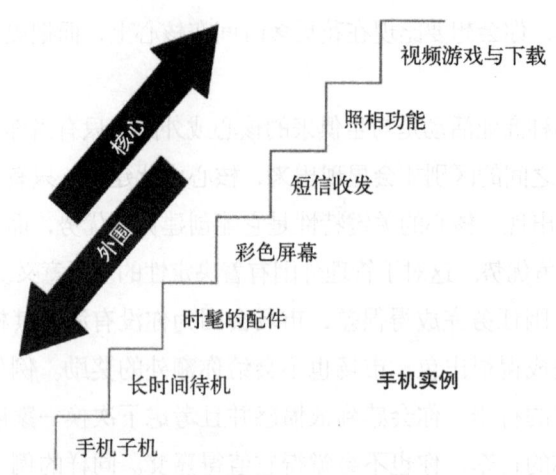

图 1　核心逐渐变为外围——核心的最终结果是商品化

考虑如图 1 所示的手机行业的实例。手机竞争者将差异化的商品带到了自动扶梯的顶端,但是随着其他企业的复制,这些差异化商品被无情地推向了底部。其后又有新的创新被引入市场,而随着它们向下滑落,还有更新一代的创新接踵而至,而这对消费者来说当然是个福音,这就是我们所谓的进化带来的水涨船高。但是这对于相关厂商的经济模型来说就是一个越来越大的挑战,因为它们不仅需要继续在自动扶梯的顶端进行竞争,还必须维持所有已经滑落到底端的项目。

外围增强与核心的关系所带来的结果,是一个管理上进退两难的局面,如图 2 所示。

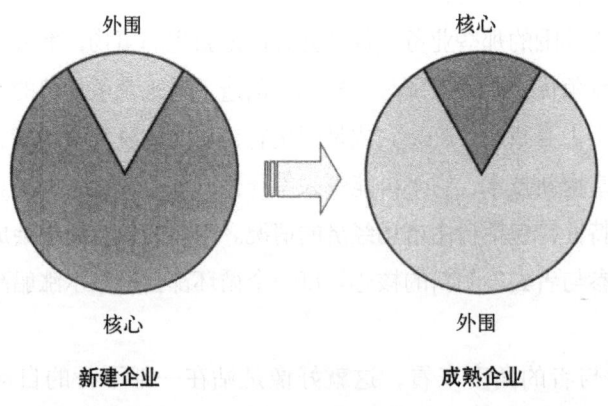

图 2　外围增强

图中的两个圆饼图代表了负责核心的组织资源的百分比。在一家企业成立之初，其核心与外围之比大大偏重于核心。由此，它在同类公司中产生了强大的差异化，并且在与同一领域中更大的企业竞争时也显示出了惊人的效率。然而，随着这家公司的增长和发展，它吸引了竞争者的效仿，造成其原创的核心转变为外围，但是它可以通过引入新的核心元素仍然保持领先优势。但是，人们一般想不到也管理不好的一点是对旧的核心的处置，即现在成了外围的事务。公司仅仅通过引入资源去运营新的业务来获得增长，但它依然保有对旧业务的责任。

因此，随着时间流逝，核心对外围的比例不可避免地发生了转变。如果用绝对数据来理解这一点的话，一家成熟企业致力于核心的资源远远超过一家新建企业，但是从资源的相对分配比例来看的话，其核心与外围的比例则调换了过来。为什么这一点很重要？因为外围是滋生惯性的温床。

其原因不难发现。正如我们刚才所解释的那样，外围工作只允许两种结果：中性的结果和坏结果。这里不存在对杰出工作的嘉奖，然而对于失败却有着很多的惩罚措施。因此，负责这类流程的管理者变得越发地愿意回避风险，因为这是唯一聪明的做法。这一规避风险的行为本身并不坏。当你让某人负责一家核动力工厂时，你肯定会因为他们回避风险而感到放心。但是，随着时间推移，一家成熟企业中越来越多的流程变成外围，回避风险的管理者在数量上开始超过愿意冒风险的管理者。这样一来，就严重削弱了组织通过接受下一代变革而改变战略的能力。

因此，那些核心与外围的比例比较不利的成熟企业，即使它们对核心项目的投资远甚于新建立企业的总投资，也会常常发现自己在竞争中举步维艰。外围的惯性变得如此强大，以至于对核心的投资无法超过它，而创新也无法推向市场。

注意这些圆饼图反映的是核心的资源分布，而不是核心竞争力。核心竞争力是你最擅长做的事情，而成熟企业在此方面并不缺乏。在商品化的世界中，随着竞争者迎头赶上，成熟企业并不会丢失它们的核心竞争力，它们丢失的是差异化。简言之，它们发现核心竞争力不再是核心。

这的确犹如当头棒喝。一方面，一项制造竞争优势的长期资产失去了效力，尽管公司仍然对该能力进行大幅度的投资；另一方面，寻找新的核心意味着涉入完全未知的领域，没有任何记录可以使你或你的客户及合作伙伴安心。对这两个方面的担心会导致组织墨守其核心竞争力——即使它不再能制造差异化——因而增加了惯性，并阻碍了下一代核心的形成。

尽管这种墨守成规的行为可以理解，但从竞争的角度来看它却是灾难性的。曾经带来差异化的产品或服务如今被商品化了。顾客会继续购买——事实上，市场的单位增长还有所增加——但是价格却越来越低。因而收益减少，利润降低，从而投资停止。这正是驱使管理层创造下一轮核心的达尔文式刺激因素。但是，如果你所有的资源都被困在了外围中，而投资者不再注入资金，你如何才能资助下一轮的核心呢？而你又如何才能克服阻碍新核心进入市场的那种不停增长的惯性呢？

答案是，你必须学会一种一石二鸟的做法（见图3）。

从外围提取资源分配给核心

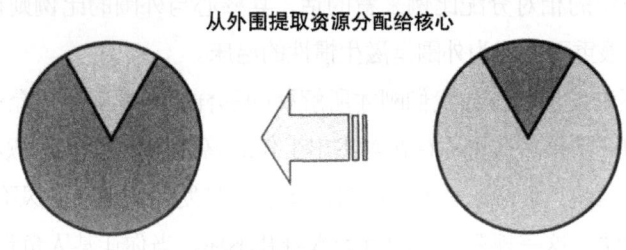

图3　一石二鸟

从外围提取资源重新分配给核心，可以达成三个关键目标：

（1）它解决了你的资产负债表问题。如果可以用当前的资产来对未来进行投资，你就不再需要寻求额外的投资。

（2）它解决了你的损益表问题。如果可以增加现有资产所能赚取的收益和利润，你就不需要推行一项成本削减计划。

（3）最重要的是，它解决了你的惯性问题。通过从外围中提取资源，你就减少了它对核心的惯性阻力。你从外围提取出越多的资源投入核心，这一转变的效力就越强。

要制造外围到核心的资源转移，需要进行两个并发的行动：其一，为了从外围提取资源，你必须对当前的工作量进行重新设计，减少它占用的资源，并减少其所需的稀缺人才；其二，为了将这些解放出来的资源重新分配给核心，你必须循环利用当前的劳动力，在符合现有人才条件下，满足新一代核心需求的方式。

这些挑战在过去曾击溃了许多管理团队。本部分的目标就是确保它们不会在未来再将你击垮。

DEALING WITH DARWIN
How Great Companies Innovate at Every Phase of Their Evolution

第 9 章

从外围提取资源

要理解是什么样的特性阻碍了对资源的提取，请参考图 9-1 所示的框架。

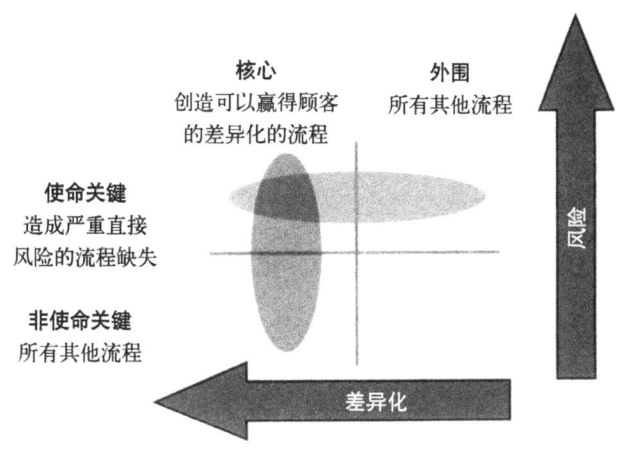

图 9-1 核心—外围分析框架

我们清楚我们想要做的是在资源分配上优先考虑核心。这是向左的箭头和左边两个象限内竖直方向的椭圆的含义，但是我们的决策是在使命关键风险存在的情况下制定的。作为管理者，我们必须分配资源来防止这一不利因素，而这是向上的箭头和上方两个象限内水平方向的椭圆的含义。无须多作思考，就能发现右上方的象限会出现问题。使命关键的外围所需要的，正是我们为下一代核心所分配的资源，但是我们却不敢将这些资源从它们的现有任务中释放出来。

我们所谓的使命关键性外围究竟指的是什么呢？每一次产品装运、每一件财务事务，每一张《萨班斯–奥克斯利》证明，每一份雇用协议；我们的计算机安全，我们的发明供给，我们的投资报表，我们的电子邮件系统。很少有企业会在这些方面形成差异化战略，因此它们不是核心。但是，如果它们之一出了故障，负责的管理人员就会遇到很大的麻烦，因此它们是使命的关键。

为了确保它们不出纰漏，我们让有经验的员工来完成这些任务，并指派有经验的管理者来监督他们的工作；我们组建系统来跟踪记录这些工作，并在出现问题时及时上报；我们设置主系统出现故障时可作替代的备用系统。简言之，我们如今占用了相当多有价值的资源来防范使命关键性失败所可能带来的不利后果。

现在来看看我们想要实现的未来情形，此时这些资源都已经被提取出来并重新分配。在这样的情况下，创新在核心和外围的范围内周期性地循环，如图9-2中所示。

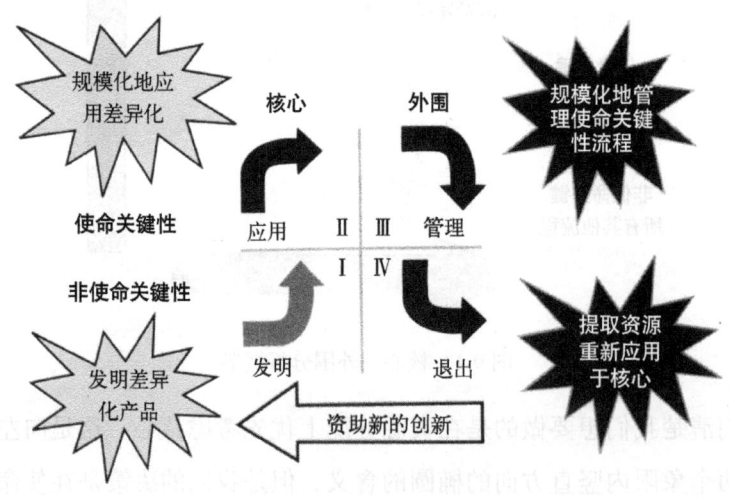

图9-2 创新的循环

创新从左下方的象限开始，此时的焦点是核心，但包含了降低风险的计划。

这是属于非使命关键性核心的区域，这里的主流是实验室实验、产品孵化、创新小组，以及小规模试验计划。在寻求差异化的过程中鼓励承担风险，而通过限制风险的影响范围，企业的其他部门则得到了保护。

当创新到了其黄金时段之后，它就从左下方的象限移至左上方的象限。现在我们来到了使命关键性核心的区域。在这个时候我们会推出新一代产品线，发动新一代的营销战役，投身新一代的市场品类，并在新的地理位置开办销售门市。此时企业期望得到最高的回报，因为它们拥有与众不同的竞争优势，并最大限度地开发和利用这种竞争优势。当然，风险仍然存在，但是回报与风险是相当的。

在竞争差异化得以维持的时间内，创新保持在左上方的象限内，时间越长越好。但是，最终达尔文主义会占上风，而竞争对手会找到办法同化那些令他们头痛的竞争优势。这种情况一旦发生，创新就从左上方的象限移至右上方，这样我们就来到了使命关键性外围区域。

一旦管理层意识到这类业务不再能带来竞争优势，其对待此类业务的态度就必须转变。这些工作仍然需要完成，并且完成得出色，但是关注的焦点从差异化转向了生产率。标准化替代了差异化成为首要焦点，目标从胜过竞争对手转为满足市场标准就好，而管理层的注意力转移到了系统和自动化，以及其他任何能够为其他任务解放人才的工具。

然而，为了将提取的资源最大化，企业必须将业务从右上方的象限移到右下方，系统性地根除那些附加于高价值资源的风险。换句话说，我们必须将使命关键性外围转变为非使命关键性外围。此时应当进行的是六西格玛优化和DMAIC分析，引入质量圈、统计流程控制、服务水平协议，并最终将整块业务外包。组织将继续保留名义上的管理部门来指导这些关系，但曾经被此占用的大量稀缺资源就可以被释放了，这些被释放的资源接下来又被投入到下一轮的创新循环当中。

创新循环图表示的是我们想要创造的情景。有两个主要的障碍阻碍着我们的前进：一个是我们不能适当地重新设计业务，另一个是我们不能适当地循环利用劳动力。前者我们将在本章剩余的部分进行讨论，而后者就留给下面几章。

然而，看一看如今生活的世界，就会发现我们想要创建的模式被整个翻转了过来（见图9-3）。

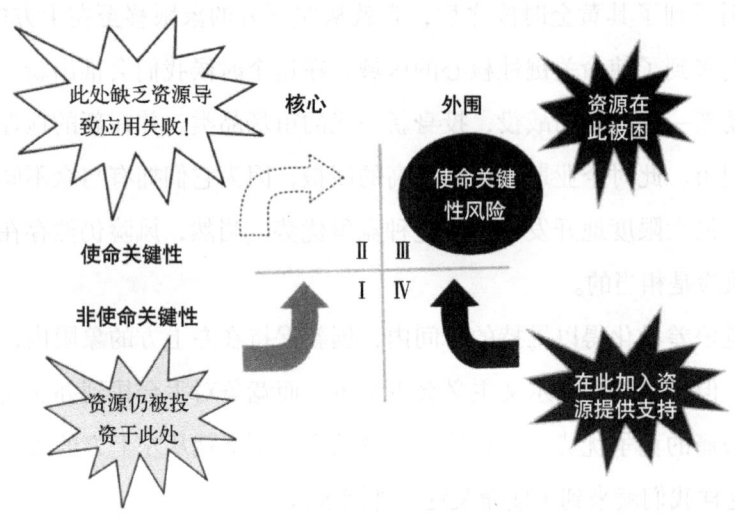

图9-3　执著于外围——资源是如何受困的

从第三象限开始看图9-3。资源正是在此受困，而且理由充足。这里存在着真实的风险，因而需要安排人员和系统去对其进行管理。一旦他们熟悉了这些业务，却要转交给不太熟悉的人手，这不仅仅风险巨大，更会导致生产率低下，因为后者的效率会降低。强化这种对变革的敏感度是相关管理者自然的规避风险行为。由于没有任何优势却存在许多劣势，你能够因为这些人想要留下几个得力干将、囤积一些额外的资源以备不时之需，而去责怪他们吗？最终这些人员会习惯这样的工作环境。毕竟，这是他们的核心竞争力，而他们对自己执行这些事务时所使用的技巧引以为傲。

基于上述原因，外围管理团队并没有减少这些属于使命关键性外围的资源，相反还增加了这些资源，这就是第四象限中向上的箭头的意义。因为每年都会出现越来越多的外围业务，而又因为没有适当的机制来处理这些业务，因而劳动力的负荷就变得越来越超载。为了减轻其负担，管理层就增加新的资源来分担它肩上的重担。这样就进一步增加了被束缚在外围的资源，同时也增加了阻碍下一轮核心的惯性。

尽管如此，管理层仍然继续投资于下一轮的创新。他们明白必须对未来投资，而他们也的确这么做了，因此事实上第一象限内没有任何改变。这一点很重要。人们一直争辩说，已建立的组织失败的原因是它们没能成功地创新。其实不然，已建立的组织在疯狂地创新。看看它们的实验室，看看它们的试验项目，看看它们花了多少钱在研发上，而且它们所制造的这些产品并不是不具有竞争力。许多由风险资本投资的伟大创新，事实上最初都始于企业实验室或部门投资的创新小组的项目。

所以，我们必须清楚地认识到：问题并不是成熟企业无法创新，而在于它们不能很好地应用那些已经孵化成功的创新！看看第二象限，你能看到什么？什么也没有！没有人接手，没有人去应用下一代的创新。为什么呢？因为他们都在第三象限里，被使命关键性外围困住而无法脱身。

但是，一旦这个问题症结被发现，管理层就会采取正确的行动吗？不尽然。他们会坚持现有的做法，因为其管理思维上存在一个严重的错误，直至组织的上层都沿用这一错误的思维方式——管理层将使命关键性错误地看成了核心！

事情是这样发生的。管理团队所关注的是季度报表上的数字，这就意味着尽可能地去完成那些使命关键的事情。那么他们会不会关注下一代的创新并努力地将它完成呢？显然不会。相反，他们会选择那些已经测试的商品，将其卖给那些最支持他们的客户，即使售价低得离谱。而这么一来，他们就做出了好看的季度报表。但在另一个季度中，他们也就是因此从进入并赢得新市场的竞争中退却了，从而导致现有市场也受到前所未有的威胁。换句话说，为了完成他们的使命关键责任，他们事实上牺牲了核心。

千万别弄错了：尽管实现预期收益绝对是使命关键的——CEO 会因为没有实现预期的收益而遭到解雇——但它并不是核心。核心是推动竞争差异化的引擎，它帮助你实现未来而非当前季度的财务目标。当你为了当前季度目标而忽略了核心时，事实上就是在毁灭你的公司，一个季度接一个季度地，为了偿还当期债务，而导致对未来投资的不足。你所做的是与你应该做的完全相反的事情：你实际上是在从核心中提取资源来用于外围。

"但是我们别无选择。"一个痛苦的声音脱口说道。其实不然。你的确遇到了麻烦，但仍然有办法解决。你必须找到办法，不仅完成你的使命关键性任务，又同时释放出资源来部署下一代的核心任务。简言之，你必须找到方法来突破性地提高生产率。

突破性地提高生产率的关键不是更加努力地工作。努力工作可以让你在短期内立即提高生产率，但是不能带来稳定的产出。它所无法解决的问题是，下一年又会有新的外围任务出现，而你还没能想到办法摆脱现有的外围负担。要突破性地提高生产率的唯一途径是直接减少工作量本身，而我们所谓的五大杠杆模型正好可以做到这一点。

五大杠杆

这五大杠杆代表了一系列的管理行动，系统化地重新设计工作量，从而首先剥离风险，以方便其后的资源提取。其中每一个步骤都有特定的行为（见图9-4）。

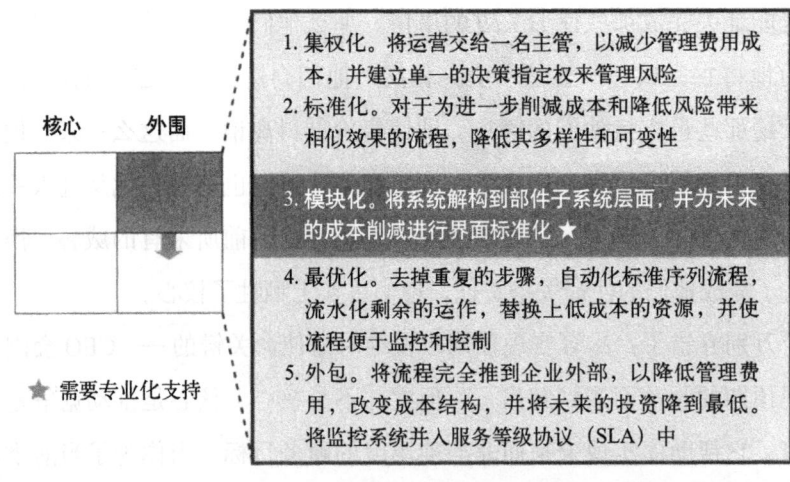

图9-4 五大杠杆模型从使命关键性外围提取资源

这个模型的工作方式是这样的：

1. 集权化

一旦一个流程被看做是外围，一旦它的期望产出从差异化变成了生产率，第一个提取资源的机会就来自集权化。这种做法可以消除在多个组织同时维持相同流程的管理费用，由此释放了相当多的资源，以供重新分配。集权化同时还放松了维护原有流程者对既得权益的把持，而这些把持权益的人通常会利用现有权力来要求作业产出水平的不断提升——即使已经超出所需的最低标准。在极具生产率的情况下，是没有办法满足这种要求的。然而，当前的任务团队却很有可能因为过去的一些好处，而对这些权益持有者心存感激。集权化打破了这一利益的联系，使管理层能够以更低的费用来执行之后的任务。

2. 标准化

相似的流程一旦被单一控制点所控制，下一个提取资源的机会就是将这些流程从多重事件转变为单一事件。这样的标准化行为进一步减少了资源的消耗，因为每一步的维护工作不需要再被重复、复制了。与此同时，减少差异还能降低风险。系统的可变性越小，其失败的可能性就越小，管理它所需的资源也就越少，这是突破性地提高生产率的基石。当然，那些被动接受这些改变的人们也许不会十分开心。尽管如此，由于这些流程是外围而非核心，因此必须把握从中提取资源的机会，而不是首先考虑这些人的喜好，即使这些流程是由他们预算出资的也一样。每个人都必须牢记，他们预算中的那些钱实际上都是属于公司的，而不是属于他们的部门或他们本人，公司最优先考虑的是将这些钱投资于核心。

杠杆 1 和杠杆 2 的结合有效地将工作量转移到一个共享服务模型。它减少了需要加以管理的创新数量，这正是你想要的，因为你打算将这些创新资源用在核心上，而不是用在外围上。如果你就此停步，你将无法解决下一次载入的工作量问题。这意味着迟早共享服务组织本身将开始膨胀，而你又会再次陷入困境。

为了取得进一步的进展，共享服务管理下的每一个流程模型都必须被解构开来，以进行更深层次的优化。这是第三个杠杆的作用，而它通常都需要专业化的支持。

3. 模块化

模块化的内容是将产品或流程解构到部件元素，以便为突破性地提高生产率进行重新设计。这个步骤特别需要专业化支持的原因是，它采取了一个双焦点的视角（bifocal vision），一只眼睛着眼于流程现有的执行方式来看待它，另一只眼睛考虑的则是一个来自极具生产率的公司的最佳实践的样板库。通常，做到这一点最好的方式是聘请专业咨询师，他们可以来自外部机构或公司内的六西格玛团队。他们进行模块化的目的是找到最简单的代表性流程，满足质量结果所要求的输入和输出标准。单单凭借这样的简化过程，就可以降低风险并释放出有价值的资源。

4. 最优化

在流程模块化之后，就可以对其进行最优化。在这期间，重复过剩的任务可以直接去除，其他一些任务可以被自动化，剩下的进行流水化作业。这些操作简化了业务的管理和执行，降低了复杂性和风险，使你能够用比较廉价的资源来进行替换，并解放出最有经验的人手。作为最优化的最后一步，团队给流程制定标准便于其监控，从而进一步降低其可变性，降低风险并保持控制。

5. 外包

突破性地提高生产率最终的目的是彻底地剥离外围的风险，外包是一个非常安全的途径。在某些情况下，这里需要涉及一个称为任务外包

（outtasking）的中间步骤。任务外包的适用情况是，整个流程的一部分仍然存在太多不可控风险而不能外包，但另一部分却适合外包。另外，如果你担心今天看似外围的东西有可能在未来复兴，重新成为核心，那么任务外包还让你可以将其中一部分的流程保留在企业内部不予外泄。但是，注意不要太过滥用任务外包，说到底这只是一个权宜之计，你是不能把你实现突破性地提高生产率之路进行任务外包的。

突破性地提高生产率最终意味着外包

外包就好像原子能。它可以被用到好的用途，也可以被用到坏的用途，而它的名声也正是如此。事实上，我认为一般所进行的外包有一个致命的缺点，就是它对现有劳动力及其社会同盟的疏远。我们将在本部分的最后一章正面迎击这个问题。现在，让我们先把它放在一边，来看看为什么外包尽管存在一些问题，仍然如此吸引人。

降低劳动力成本　直接劳动力成本的降低是外包的普遍结果，尤其当外包结合了离岸外包（offshoring）时更是如此。只要国与国之间的生活水平存在显著的差异，这样的劳动力成本节省就可以实现。如果跨国企业将这样的优势让给竞争对手而自己不参与进去，它就无法赢得竞争。话说回来，境内外包同样可以降低劳动力成本，因为外包商会将所承包的业务看做他们的核心，比起我们这些将该业务看做外围的厂商来，他们愿意付出更大的投资来提高生产率。此外，他们可以通过多客户业务的方式来分摊这些投资，因而让他们获得更好的总资本回报。那些将某项特定任务看做核心的公司还会对员工进行更多的投资，使得他们得以聘用到更加出色的人才，从而逐渐提升企业能力。与此同时，通过外包商之间的竞争，你的公司可以将劳动力实际成本逐渐降低，而这样的成本削减是使用企业内部劳动力所不可能达到的。最后，不论是境内还是境外，外包还能帮你节省管理相关员工所需的所有外围业务成本。

增加资本投资回报 对于那些运用资本以获取最高的风险调整资本回报的投资者来说,这是一个关键的衡量指标。他们想让他们的资本投资于核心,而不是外围,因为只有通过增加未来的竞争绩效才能得到可靠的回报。他们喜欢外包的原因有两个:对于该项业务属于外围的公司来说,它解放了资本,让这些资本可以被重新分配给核心;对于接收该项业务的公司来说,同样的业务被他们看做核心,而对它的投资就会带来回报的增加。这是外包的经济魔法——一家公司的外围可以成为另一家公司的核心,而通过将业务从一家公司转移到另一家公司,双方以及他们的投资者都能够从中获利。

固定成本的最小化 外包的第三个好处是允许公司将固定成本变为可变成本。即使一家公司对外包支付的价格比在内部完成同样的任务所需的费用更高——不过管理者应当对此类价格进行比较细查,因为内部团队常常会在上报他们的全部费用时大打折扣——外包可以给企业提供对其所属业务领域的周期性循环的缓冲。换句话说,有了一个可待利用的可变资源库,企业可以在景气的时候扩容,在不景气的时候缩编,而无须忍受在企业内部雇用/解雇的费用及其带来的痛苦。这不仅避免了诸如招聘费、解雇费等直接花费,同时还避免了会影响竞争绩效的情感耗费。

吸收风险 外包的第四个好处是,公司可以将风险责任转移给外包商,让确保可靠性和担保不出故障成为他们的责任。小概率但后果严重的事件,如数据中心故障或安全问题等,使得公司不得不以高昂的代价在这方面占用大量重要资源。外包商与其他任何厂商一样需要承担这一责任,但是他们可以将其分摊到多个客户,从而避免了我们重复的资本耗费。

减少惯性物质 一家公司保留在企业内部的外围业务越多,它的管理计划就必然会越倾向于规避风险。通过免除劳动力的外围业务,大量的惯性物质就会被移除,而资源就会被解放出来用于优化下一批外围业务,或重新分配于核心。

聚焦于核心 在变革期,最稀缺的资源是时间、人才以及管理层的关注。外围将这三者都占用了。除非外围流程完全被推到企业外部，否则管理层必须不断地平衡外围团队与核心团队的利益。外包让所有各方都能腾出手来关注核心。

基于上述原因，将尽可能多的外围业务完全推到企业外部是至关重要的。这是我们清除当前的工作负担，为未来的工作腾出空间的途径。外包是从外围提取资源的终极工具，也是实现突破性地提高生产率的关键所在。

将模型聚焦于何处

核心—外围分析与五大杠杆模型通常被应用于组织的每个职能部门内。其作用首先是找出它与核心之间的关系，然后确定它的哪些活动是核心使能的，哪些是属于外围管理的。然后在这些模型中引入使命关键性维度，从而将总工作量分布在四个象限之间。分布完成之后，他们接下来将这一模型带入了资源分配决策的过程中。决策的过程在职能部门之间各有不同，因此有必要更进一步地探索这个过程。

首先是销售和市场营销。在这里我们从一个相当罕见的问题开始：我们的哪些市场是核心，而哪些市场又是外围呢？这并不是我们使用这两个术语的范畴，但是事实上在这个地方应用这两个词会带来意想不到的好处。

当市场处于激烈竞争中时，它就是核心市场，意思就是市场份额在不断流动，而市场领先者的地位唾手可得。在成长型市场中获取市场领先者地位也许是竞争优势最持久的形式，而这样恰恰能够取得我们所寻求的丰厚利润。相反，当一个市场不在竞争中，我们的意思是市场份额的模式已经确立了一段时间，就不太可能会有大的变化，除非出现了真正颠覆性的事件。投资在这种市场内的资源不太可能影响我们已经拥有的任何利润优势，这样的市场就是外围，不是核心。

区分竞争市场与非竞争市场的一个简单办法是考察其累积年增长率（cumulative annual growth rates，CAGR）。累积年增长率高的市场每一个季度都会增加许多新的顾客,这些顾客尚未选定他们最喜爱的厂商,这就是该市场竞争激烈的原因。相反,累积年增长率低的市场一般都已饱和,这就意味着大多数的销售都是面向现有顾客的,这些顾客已经确定了他们所喜爱的卖家并且不愿意改变。这正是市场份额如此难以改变的原因,这也是为什么我们说这个市场的竞争不激烈。

继续这么考虑下去,当我们在一个市场中所寻求的收益对公司当前的财务绩效来说十分重要时,我们说这个市场是使命关键性的,反之则是非使命关键性的。因此,处于孵化阶段的市场是非使命关键性的,因为这种市场所带来的是零星的机会性销售;相反,当我们面临重大收益时,不论是核心还是外围,这种市场肯定是使命关键性的。

如果我们将上述两种看法结合起来,我们一般会发现公司的大部分收益都来自非核心的使命关键性市场,也就是说这些收益来自现有市场,我们在其中的市场地位已经相对确立,并且通常不再具有流动性。根据我们上述模型的原则,销售和市场营销团队应当将这种市场视为使命关键性外围,并运用五大杠杆模型来从中提取资源。释放出的这些资源会被优先分配给使命关键性核心,然后再分配给非使命关键性核心。任何耗费在非使命关键性外围上的时间、人才或管理注意力都是应该彻底摒弃的。

上述道理都很有意义,但是它违背了传统管理实践的本质。在绝大多数管理运作中,销售和市场营销资源都是根据收益来分配的,这样做的前提假设是,所有市场都应该被分配以差不多同样的份额,并留一些余地给孵化中的新市场。但是,这种惯例是完全错误的,它使现有的现金牛业务吞噬掉过多自己的产出,而缺乏现金的新兴业务却因为资金短缺无法扩大市场份额。正确的管理方式应该是坚持让现有业务逐渐提高生产率,使用越来越少的资源创造越来越多的收益。然而,这样的实践方式却常常被忽略,或者因为既定利益让它们偏离了原有的轨道,转而去追求丰富自身的补贴计划;或者由于害怕在使命关键性任务上失败,而导致管理层对该领域分配过多的资源。

下面让我们来说明一下。应用这五个杠杆总是会有风险的。在任何时候触动任何使命关键性流程，都有可能会令它失控。但是，如果不能触动这些使命关键性流程，任由资源在外围中备受冷落而不将它们重新应用在核心中，风险反而会更大。愤世嫉俗的管理者说第一种风险更直接而且个人化，第二种风险却可以被推迟并分散化，因此他们用这样的逻辑来为自己不采取行动的行为辩白。如果你让他们就这么侥幸逃脱处罚，请记住你将会不得不去收拾他们留下来的烂摊子。最好现在就直接正视这个问题，并坚决执行上文所推荐的方针。

现在让我们从那些营销和销售商品的人转向那些制造它们的人们，特别是研发和专业服务等直线职能部门，我们需要回答一个相似的问题：我们的哪些产品是核心，而哪些又是外围呢？跟前面一样，回答是：当某品类的产品竞争激烈时，意味着市场份额唾手可得，那么它就是核心，反之就是外围。相似地，当一个品类的收益对总体绩效贡献颇高，它就是使命关键性的，反之则是非使命关键性的。

这一点就引出了与销售和市场营销部门相同的资源分配特性。企业的大多数收益来自市场份额地位已确立的产品品类，意味着它们处于使命关键性外围象限，适用于五大杠杆模型。传统管理实践再一次阻碍这一主张，仍然坚持依照收益贡献来分配资源。这样会导致坏的结果：公司的旗舰产品会逐渐变得过于花哨，因为分配给它们的那些资源不得不想方设法地发挥作用。这接下来就会导致不稳定的成本组合，并为来自其他企业的颠覆性创新制造了机会，如克里斯滕森在其《创新者的窘境》一书中所述。并且，即使这一过量分配的行为尚未将所有的额外资源吸干，一大批次要项目还会得到资金启动，甚至还有一些纯属做着好玩的项目，其中完全没有与核心相关的东西。因此，过量支持外围会滋生出更多的外围，加速向惯性停滞状态的衰退。

跟前面一样，我们不能对此毫不担心。使命关键性产品总是容易受到别人的攻击，而对它们完全的忽略最终会导致收益不足。因此，必须对其维持适度的关注，但是它们不需要被过分关注。特别是成熟企业在现有品类中参与竞争时,不需要在每一个新特性上都力争第一个推向市场。后者对于成长型市场,或对于那些需要想办法吸引顾客注意力的落后竞争者来说,是一个不错的产品领先创新战略。即使对于再忠诚的顾客,现有公司也不需要不断地迎合这些用户的奇特想法。这些用户所提出的产品性能提高的要求,必须与公司其他资源使用要求进行竞争,才能获得资源。特别地,它们的优先级应该低于使命关键性核心产品对资源的需求,甚至在很多情况下低于非使命关键性核心产品。

最后,对于那些既不制造也不销售公司赖以生存的产品的直线职能部门来说,核心和外围具有第三种意义,并且与前面两种截然不同。这些职能部门通常会认为他们的所有工作都是外围而不是核心,但事实绝非如此。相反,他们必须首先问自己的问题是:在给定了我们公司的核心市场和产品品类,并且给定了我们为使竞争对手望而兴叹而需要努力扩大的创新矢量的情况下,我们在本部门内能做些什么来进一步加强公司在这些领域内的差异化呢?

财务部门可以做些什么来深化体验式创新?人力资源部门可以做些什么来增进价值工程?物流部门可以做些什么来支持营销创新?制造部门可以做些什么来支持流程创新?每一个问题的答案都很多。仅仅通过聚焦于公司所寻求的差异化结果,上述每一个部门就都可以重新设计流程,使其从根本上影响顾客。事实上,正是诸如此类的二级联盟创造了竞争对手无法仿效的总体竞争优势地位。因为尽管一个强大的产品部门或许可以将某种物美价廉的产品推向市场,或将一个销售团队推向目标市场,但这个产品部门不可能独自赢得组织其他部门的支持来增强这样的战术行动。

一旦这些职能部门确定了他们可以做些什么来增强核心,那么他们就也能填绘出自己的四象限图表,将他们的工作按使命关键性划分。这样一来,他们就可以使用五大杠杆模型来处理使命关键性外围流程,从而提取出资源重新分配给核心。最后,正如不存在百分之百核心的工作一样,也不会存在百分之百的外围。我们都需要不断重新设计我们的工作来增加对核心的相对贡献。

未来的走向

本章提供了确定在哪里如何从外围提取资源的必要工具，但是仅仅这些是不够的。为了真正地使用这一方法来实现突破性地提高生产率，你必须让全体员工参与进来。然而在历史上，任何以外包为目标的战略都意味着要放弃至少一部分员工的利益，因此没有办法让全体员工都围绕这样的战略齐心协力。

因此，在我们带着这些观念继续前行之前，我们需要继续描述我们打算如何将这些劳动力围绕核心重新分配。这将是第 10 章以及第 11 章的内容。

案例：思科及其核心—外围分析

管理外围的第一步是明确地界定核心。在最高层级，这是通过将一个或多个创新类型作为竞争差异化区域隔离出来而实现的。在思科公司，这些区域包括先进技术的产品创新，以及成熟的路由器和交换机产品平台上的产品线延伸创新和集成创新。

通过这种简单的澄清，管理层就令竞争态势明朗化了。在成长型市场中，思科并没有将颠覆性创新、应用性创新或平台创新看做当前竞争优势的可持续差异化来源。同样，在成熟市场中，思科也不会将增强型创新、营销创新、体验式创新、价值工程创新、流程创新或价值转移创新视为竞争优势的可持续差异化来源。这并不意味着这家公司没有参与这些类型的创新，而只是说它们进行这些创新的时候会清醒地意识到，这些创新相对于已界定的创新区域来说，优先程度会比较低。

特别地，如果一个直接竞争对手利用一种非核心形式的创新制造了突袭，那么思科便有正当的理由进行反击，同化该对手的竞争优势。同样，如果对于某种非核心形式的创新进行适度的投资，能够增强所界定的核心，或提高外围生产率，那么也是值得一试的。唯一不应当做的是，自以为是地致力于创建全新的竞争差异化。也许你会认为这是不太可能的，但如果你知道人们熬夜工作时脑子里都在想些什么的话,绝对会大吃一惊。

为了让这个方针在整个企业中更加切实可行,下一步就要将它进行转换,针对市场、商品以及运作流程进行专门的界定。思科的管理团队在这方面采取了一些非常有效的做法,我们将在下文中简述。

市场的核心—外围分析

首先,如图9-5所示,可以看出思科如何在宏观层面上评估其市场——先根据地理位置,再根据顾客细分市场。

	核心		外围
使命关键	印度 东欧 中国 俄罗斯 II	III	美国 加拿大 日本 西欧 澳大利亚
非使命关键	巴西 中东 东南亚 I	IV	非洲 拉丁美洲

图9-5 思科的市场地理焦点

正如我们从第8章中已经了解到的那样,思科的总收益中有一大部分来自占据第三象限的成熟经济模式。我们在这里提到这一点的意思是,思科在这些市场的地位并没有受到严重威胁。因此,从竞争优势战略的观点来看,这些市场相对比较有惰性,不再需要曾经倾注于它们的那种市场推动性投资。相反,销售和营销团队却被推向越来越高的生产率目标,因为市场惰性正符合它们的需求。

相反,对于核心来说,竞争激烈的市场在地理分布上主要集中在发展中国家,这一点毫不奇怪。近年来在印度和东欧市场取得成功,思科将这两个市场提升到了使命关键的地位。这是因为一旦一家公司的领导地位开始形成,在一段时间内它就有机会确立它的标准。在这段时间结束之时,市场围绕其地位进行了适当的重组,而自那时起要改变市场份额就很难了。在这种情况下，思科最大的目标是中国。中国市场的竞争同样激烈，但思科有一个重要的竞争对手——华为，正是它使得竞争如此激烈。尽管如此，直至市场最终形成之前，思科仍必须尽其所能地为自己争取最有利的市场地位。

图 9-5 左下方的象限中的市场正在开始进入状态，或者按思科的说法就是"转型中的市场"。思科强烈支持对转型市场进行投资，因此即使这些转型期市场都存在着各种各样的问题，它们仍然是思科严密关注的对象。相反，右下角象限中的市场则不受关注，因为它们此时不处于竞争之中，同时它们也没有足够的活力成为使命关键性市场的重心。应该用机会主义的眼光看待此类市场，而不应当在可预见的未来将其作为投资的目标。

下面转向顾客细分市场，思科公司当前的情形如图 9-6 所示。

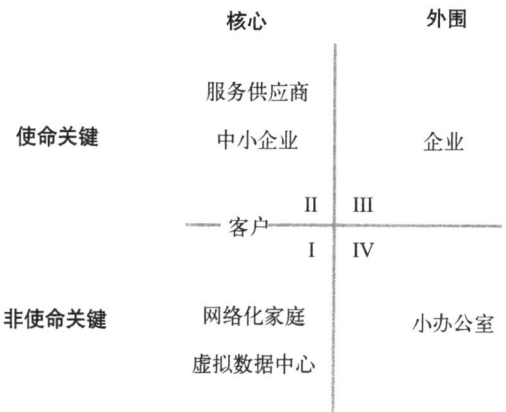

图 9-6　思科的市场顾客细分市场焦点

我们同样先来关注第三象限，思科最强大的顾客细分市场——企业网络，占其总收入的 50% 左右，它当然是使命关键性的。同时，思科已经拥有了占主导地位的市场份额，尽管它从不将这一点看做理所当然的，但没有谁会认为这个市场目前具有激烈的竞争。因此，该市场不是核心。跟前面一样，这意味着惯性站在了思科这一边，因此它可以预期在其细分市场内提高生产率，但不用以牺牲竞争优势为代价。

此外，两个竞争激烈的顾客细分市场是通信服务供应商和中小企业，这二者在过去都给思科带来了极大的挑战。因此，从某种程度来说，这正是它们仍然处于竞争之中的原因。但此外，它们最近又受到某种外部强迫机制的推动而进入了竞争的潮流。

对于通信服务供应商来说，这种强迫机制是长期以来所期待的从传统线路交换网络向对IP协议的完全依赖的转变。语音、数据或视频，不论它们是通过电线、光缆还是无线传播的，都将被视为穿越IP协议网络的0和1的二进制数据流。诚然，通信服务供应商网络将会被载入更先进的能力，但是它们将是建立在IP协议上的能力，而不是与IP协议相抗衡。正是这一点使得思科得以在曾经使它摔倒的市场中得以生存。

思科是这场赛跑中的挑战者，而不是种子选手。因此，它必须瞄准那些可以让它占据大猩猩地位的利基市场。在美国，有线电视运营商就是这样的一个客户细分市场，而将语音服务带入这个市场是思科的服务供应商市场战略的一个关键举措。但是，在美国之外的国家，有线电视运营商的力量要弱小得多，而无线电视是机会最大的一方。在移动系统方面，在位企业拥有该市场，因此思科必须寻求Wi-Fi合作伙伴，以求在无线通信市场争取一定的市场份额。不幸的是，作为猴猴而非大猩猩，想要赢得市场的话思科必须深入开展应用性创新并开发服务导向的产品。这一方向与其首要的创新矢量——产品创新——截然相反，因此服务供应商委员会必须采取单独行动，以专注于其所属的细分市场。

这项挑战是思科围绕通信领域进行相关调整的重心所在。整个团队对现状感到很沮丧，而关于最好该怎么前进又有多种观点。CEO约翰·钱伯斯很清楚，他不想再在通信领域复制出一个盈利欠佳的商业模式，但是他和他的团队还没有找到正确的方法。与此同时，针对这一细分市场最大通信量需求而专门设计的高端路由器，使思科得以在短时期内留住其客户。

接下来转向中小企业，这里的强迫机制是长期以来的强大竞争对手惠普、3Com等最近变弱的事实。有了下一代工程设计的帮助，思科可以提供更具成本竞争优势的产品；这样一来，中小企业网络化市场就进入了竞争的范畴。

思科在其商业委员会的领导下，发起了一场旨在拉拢间接渠道合作伙伴的跨职能部门攻势。委员会所呈现的每一项直线职能都参与行动，以赢得主导市场份额为目标进行流程调整。

同样，这一创新矢量也不是思科关注的主要焦点。这个客户细分市场及为其服务的渠道合作伙伴最关心的问题具有太强的产品复杂性、太复杂的业务流程，以及太高的底价。这就要求围绕价值工程这一创新矢量，要有一整套的进入市场计划。这一点对于工程部门来说是一项难度过高的挑战，因为工程部门主要致力于集成创新。因此，主要由渠道管理部门和支持性直线职能来在这个方面采取最主动并具有创造性的行动。

对于其余的核心市场，2005年思科销售额超过了10亿美元，因此这些部分正逐渐成为使命关键性市场。由于这部分市场长期以来一直被视为核心，因此思科不仅据此收购了Linksys，同时也对其整个部门给予了特别关注。这个部门目前所面临的挑战是大规模地建立使命关键系统。在其成立之初，创始企业家直接的管理使Linksys可以利用他们的产业关系以及个人经验和判断，采取一种高度竞争性的战术。特别地，在创新方面，它以一种产品创新和价值工程创新的独特结合方式著称，这使得它能够在刚刚起步的市场成为快速的跟进者。因此，它可以在不介入过多的研发投入或风险的情况下，获得市场份额领导地位。创业容易守业难，随着它的前进，公司需要找到巩固其竞争优势的途径，或许是通过一些能够复制它们的某些最佳实践的流程创新，尤其是在卓越运营方面。

接下来看第一象限，思科很明确两个重新界定市场的长期趋势——虚拟数据中心和网络化家庭。这二者都属于核心，因为它们各自使得其所属的整个市场部门都参与了竞争。因此，二者都有颠覆思科的市场领导地位的潜在不利因素。与此同时，如果它们可以被纳入思科的业务范畴内，它们又都具有显著扩大网络技术范围和影响的潜在有利因素。然而，目前这两个市场都没有足够的牵引力来对当前季度的经营业绩造成实质性的影响。思科以研发与商业应用项目相结合的方式应对机遇，帮助产品的先期顾客利用先进技术在自己的市场中创造颠覆性成果。

最后,在右下方的象限,思科承认小企业正好处于思科复杂系统的最佳点与其Linksys部门的规模运营能力之间。因此,与其直接对这一市场发起攻势,不如采取机会主义战略:让Linksys先向销售第一代产品,然后期待其后升级到思科的低端延伸产品线。

产品的核心—外围分析

关于思科产品的核心与外围分析,如图9-7所示。

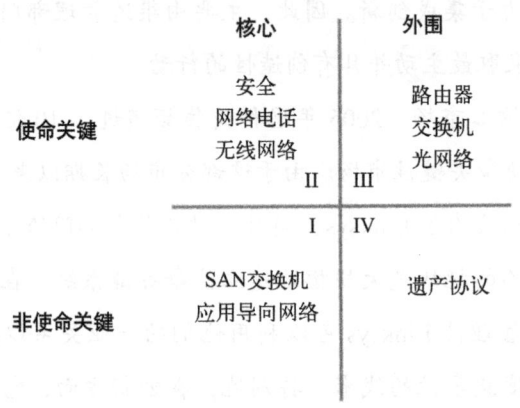

图9-7 思科的市场产品品类焦点

仍然从第三象限开始,占思科当前总收益约80%的路由器和交换机,被归为使命关键性外围。跟前面一样,这是因为这两个产品品类都没有处于激烈竞争之中。思科在两个市场中的地位都十分稳固,尤其在企业层面,尤以发达国家市场为主。在这些品类进行进一步的产品领先地位的投资,只会带来越来越小的回报。这就是思科将焦点转向集成创新,将这些产品转变为第二象限中先进技术的紧密持有型开发平台的原因所在。

这些先进技术被归为核心的原因是,这些品类的市场份额目前都在不断变化中。安全、网络电话以及无线网络仍然有可能出现重大的变动。每种产品都已经或即将实现10亿美元的收益水平,约翰·钱伯斯将这些产品看做重大性的代名词,因此也就是使命关键性的产品。

SAN 交换机的情况则不同。其第一代的市场基本上已经平息，尽管思科仍然继续从一些传统 SAN 交换机厂商那里夺取市场份额。但是其总收益对思科来说几乎不具有什么实质意义，而如果没有别的问题的话，思科将会把这个品类移至第四象限。但是，在思科看来，SAN 交换机是虚拟数据中心这一长远项目的一张入场券，因此它们本身的品类背后具有一定的战略价值。而短期来看，在从 SAN 交换机过渡到 IP 协议之际，思科期望其技术能够在其品类的传统范畴内给公司带来相当的优势。

最后，此刻正在市场崭露头角的下一代产品，叫做应用导向网络（Application Oriented Networks）。这是一种使信息而非仅仅是比特和字节实现网络化的成套设备，它们刚好适用于传统计算机和传统网络设备的功能边界，并且提供了一种突破性的架构，使得重新界定这一边界成为可能。这大概就是你能得到的核心了，但现在去谈这一品类还无利可图，因此它尚有待成为使命关键性的品类。

图 9-7 还记录了思科另一个挥之不去的困扰，这就是光网络设备。即使是在思科削减了对这一品类的投入之后，它仍然吸纳了很大一部分研发资源，但却不太可能创造出令人满意的经济回报，因为这一品类迄今仍尚未投放市场。继续保留这一品类，有赖于服务供应商市场最终转向 IP 协议网络，并成为视频文件的主要传输渠道。如果未来出现这种情况，思科的高速 CSR 路由器可以实现光学化，并为顾客实现大批量数据路由。但在眼下，光学产品线尚未实现充分的差异化，并且会过度损害除那些大批量应用程序之外的其他产品。它代表了一种给现有绩效带来严重负担的使命关键性外围活动，这会使思科雄心勃勃的绩效目标变得愈发难以实现。因此，它使得管理团队抱怨不已，这是钱伯斯心知肚明但却不愿加以解决的问题。

DEALING WITH DARWIN
How Great Companies Innovate at Every Phase of Their Evolution
第 10 章

将资源重新运用于核心

这一章代表我们在这个商品化的世界中创建竞争优势的最后一个步骤。我们这条竞争优势之路中最耀眼的亮点就是从外围提取资源以重新分配给核心。本章所讲述的是如何让我们的劳动力围绕这一使命进行工作。

在经济全球化的进程中，所有发达国家的劳动力市场，都深受利用海外廉价劳动力的海外外包商的威胁。这一趋势没有任何下降的迹象，而那些没有对这一机会加以利用的公司都在产品和服务的定价方面面临严峻的挑战。在公共领域，政治家分成了两派，一派倾向于贸易保护论，以减轻对本地劳动力市场的影响；另一派则相信消费者利益和自然选择这两股力量应该占上风。简言之，目前还没有达到协同的状况。

在我们看来，这个问题必须让企业自己来解决——管理层与一线员工相互协作，为消费者、员工和投资者的利益共同努力。他们必须共同建立一个解决方案，积极地采取外包和海外转移，同时又在企业内部加大力度进行与当地生活标准相匹配的国内劳动力补偿。我们承认这是一个苛刻的要求，但我们认为这一点不仅能够实现，也必须实现。本章将描述我们设想可以成功实现这一要求的方法。

图 10-1 中强调说明了外包问题的实质。

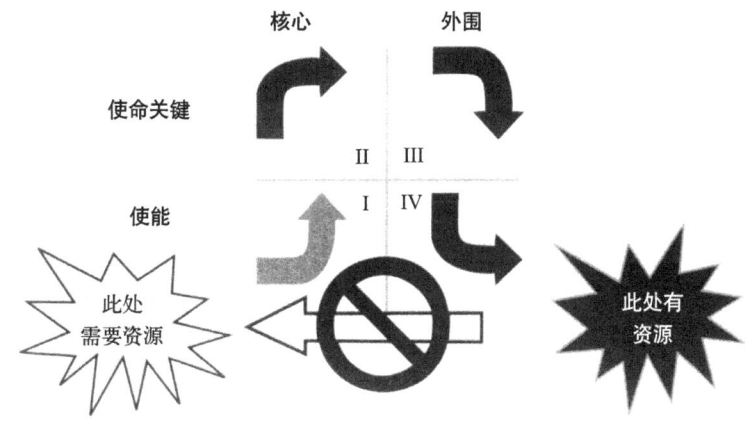

图 10-1 外包的问题——劳动力市场会发生什么

在第 9 章中，我们讲述了管理层应该使用五大杠杆模型来系统性地简化、流线化使命关键性外围业务并降低其风险，使其可以最终被外包，其目标是从外围中提取资源来再利用于核心。在资产负债表方面，这一方法实施的效果不错，因为金钱被经济学家称为"替代性资产"（fungible asset）——它比人力资产更加容易被重复利用。相反，要重复利用人力资源，则不是那么容易的事。

从图 10-2 的第四象限中解放出来的人力资源，一般并不具有被重复利用到第一象限所需要的技能。许多研究反复探究他们接受再教育来获取此类技能的可能性，但是成功率极低。因此这一模型事实上执行的方式是在右方的象限内解雇员工，在左边招聘人才。

这是最残酷而狭义的达尔文主义，它腐蚀文化和价值观，贬低经验的价值，抛弃了忠诚。它使前端增加了招聘费用、雇用风险以及培训成本，而给后端增加了解雇费用、知识损失和商业秘密泄露的风险。它向整个劳动力释放了周而复始的冲击波，四处减损生产率。简单地说，这实在是一个很差劲的模型。

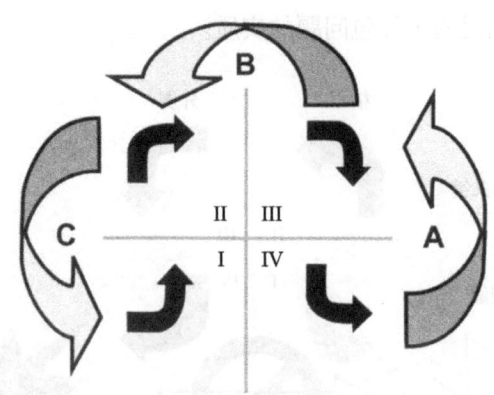

工作沿顺时针循环
人员则按逆时针循环

图 10-2　资源的循环利用

那我们还能做些什么呢？第四象限中的人们不太可能去适应第一象限的空缺职位，这是肯定的。但是，他们很可能适合去填补第三象限中的空缺，而这又使得第三象限中的人员可以被解放出来去填补第二象限的空缺。进而，第二象限中的人们又可以去填补第一象限的空缺。我们将这种"依次上垒运动"称为资源的循环利用（见图 10-2）。

下面说明这一模型的工作原理。第四象限中的人们给第三象限的工作岗位带来的是管理外围的经验和专业知识。所有那些滑落到自动扶梯底端的任务，所有那些每年给外围增加更多重量的陈旧核心——这些人懂得的东西。所以，如果我们的确将第四象限中的一些人解放出来，我们可以有理由期待他们有能力应付第三象限的工作。当然，他们可能需要接受再教育来完成新的一组任务，但是他们不需要进行性格上的转变。

沿逆时针循环路径继续前进，第三象限的人们给第二象限的任务带来的是管理使命关键性任务的经验和专业知识。不论业务是核心还是外围，如果它是使命关键性的，它就必须按时、按规格并按预算完成。它需要保持对所有相关风险因素的可见度，采用控制系统来适当地预警这些因素在何时会偏离规格，任命干涉系统来在问题扩大化之前对其进行拦截，并准备突发性事件预防计划来应对任何偶发性的问题。能够在这种压力下茁壮成长的正是那些被困在第三象限管理使命关键性外围的人才,第二象限正需要这样的人来帮助展开下一代的使命关键性核心。通过循环利用从第四象限转移到第三象限的人员来接手他们现有的工作,我们将这些员工解放出来送往第二象限,来开发下一代的创新。当然,他们也需要根据新一代的任务进行培训,但是他们不需要改变固有的才能或定位。

最后,第二象限的人们给第一象限的任务带来的是管理核心的经验和专业知识。核心工作在某种程度上总是无前例可循的,否则它就不可能带来差异化。它一般需要创造性地思考问题,它还意味着不断地重复试验——无前例可循的流程很少能第一次就顺利工作。它们几乎总是需要反复地修整。这需要有一种不仅仅能够容忍,而且能够在这种原初发展的模糊性和不确定性中取得成功的特殊人才。这种人乐意回到第一象限,而好消息是,这一次你不需要培训他们,因为他们知道得比培训者还要多。

从这些各种各样的本地化运动中退后一步,我们能看到的总体局面是:业务从核心走向外围,要经过三个区域,如图 10-3 所示。

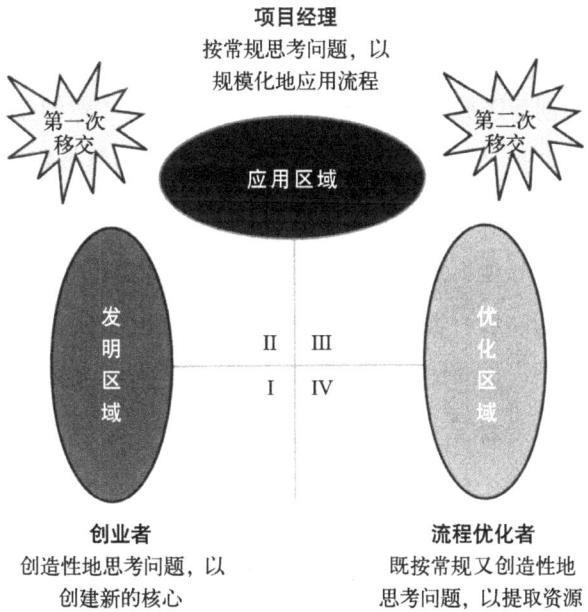

图 10-3 资源循环利用区域

图 10-3 中每一个区域都对价值创造有着特殊的贡献。不同的价值主张多多少少都会在不同的区域花费一定时间，但是每种价值主张都会在某种程度上接触到所有三个区域。在发明区域，关注的焦点是创造核心。一旦创新战略被选定，这是第一个进入的区域。所有的项目开发、所有的测试营销、所有的初次顾客获取、所有的试验计划和特殊顾客支持——任何创造并确保差异化商品的步骤，都在此发生。

注意，这里的区域并不等同于一个部门。也就是说，不要将发明看做是由研发部门或产品管理部门等单一职能部门所拥有的。诚然，如果所选择的创新战略是颠覆性创新，那么它可能是由研发部门所领导的；如果选择的是营销创新，它就会由市场营销部门领导；而如果是流程创新，则很可能会被运营部门领导。还要注意到的是，它不等同于品类成熟生命周期中的一个象限。你必须在每一次改变创新矢量时都进行发明，然后应用，最后进行优化。而最后，注意我们在这里一直提的是领导。创新区域与其余两个区域一样，是由跨职能团队所组成的，他们从整个企业的资源组合中找出完成这个区域的使命所需的技能和支持。没有哪个职能部门指挥着另一个部门，这是一个内生的协作方式。

所有成功的创新区域所共有的一个特征是拥有天才般创业能力的领导者，这些人会不顾一切地让事情成功。他们被理想主义的愿景所推动，但又对这个愿景的实现过程抱有相当实用主义的态度。他们通常都非常敏锐、高度自信，并且精力集中。他们通常是可怕的管理者，却是很棒的激发者。他们知道自己想要前进的防线，而他们的积极性会感染周围的人。而尽管他们可能不知道正确的路径，而且有时候可能会盲目地前进，但最终他们都一定能走到终点。在事情结束之后，这些人只想着要制造一些影响，而一旦影响形成，他们就准备着手下一个任务。这是他们喜欢在第一象限和第二象限之间循环的原因。

当一项创新证明了自身的生存能力，并表明了使得公司想要大规模对它进行应用的那种市场影响力之后，它就可以进入应用区域了。这个区域最大的贡献是，强化创新项目使它可以满足使命关键的检验，并被大规模应用。这里我们所指的同样也是跨职能团队。商品的每一个部分——营销、销售、配送、服务甚至财务——必须具有可靠性以及可规模化的性质。任何一环的失败都会导致应用的破产，还可能因此出现大麻烦。竞争性市场很少会给你第二次机会。你绝对不想因为一个预期之外的陷阱，而输掉整场比赛。

应用区域的领导者一般是出色的项目经理。与那些以创造性思考为傲的创业者不同，这些人以按常规思考而自豪。他们了解让事情按时、按规格并按预算完成的原则。从制造期望、界定交付能力、建立信用、设置标准、守护承诺以及监控进程的角度来看，他们是十分出色的管理者。他们能够准确并且频繁地进行沟通，并且擅长让讨论不偏题并切中要害。他们不关心列车上装载的是核心还是外围，而唯一关心的是让列车按时、安全地载着货物到达。

对外围来说，他们的能力也过剩了。尽管如此，只要任务是使命关键性的，他们就不愿放开它，而管理层也不愿意看到他们被分配别的任务，这是他们被困在第三象限而被第二象限需要的原因。为了解放出这些人，我们需要再次转变工作任务，以通往优化区域。

优化区域关注的是质量和生产率的持续改进。这二者精密相连，因为质量的改进可以带来低成本的支持工作，而生产率的增进降低了出错的概率——这正是菲利普·克劳士比（Philip Crosby）具有影响力的著作《质量免费》（*Quality Is Free*）中所讲述的那种良好的关系。跟其他区域一样，优化区域中的工作也是跨职能的，在此它瞄准的是一个流程从一个直线职能部门转向另一个部门时所产生的事务成本。早期的行动聚焦于更有效地"与平常一样执行这些流程"——这是这项工作常规化的部分；后期的努力关注的是流程再造，利用创造性的思维模式将流程模块化，然后流线化，以降低风险并最终摆脱整类的任务。

优化区域的工作由流程优化者领导。这些人是产业工程、流程建模、质量控制系统等方面的专家。他们可以从日常工作特定的细节中跳出来，发现形成这些工作的基础体系，并改造这一体系以减少摩擦、改进质量并降低成本。他们还有本事传播造成流程改进的原因，并将团队中的普通成员转变成为日常流程优化者。的确，他们的目标是使每一个没有积极参与到发明者或应用者的角色中的员工都应该默认地起到优化者的作用。

所有努力想在商品化市场中实现差异化的公司，都普遍会对流程优化十分关注。我们的方法的新颖之处是，它关注的是解放创新应用区域的资源，将其循环用于核心任务。忽略了这个方面的公司无法成功地推出能够经得住商品价格竞争的下一代商品。他们通过优化来提高生产率，但对差异化的缺乏意味着他们最终必须以更低的价格将商品销售给顾客。这样一来，他们就无法为投资者创造丰厚的回报，同时造成了劳动率低下的恶性循环，以及他们本想避免的不断商品化。

最后，除了三个区域之外，注意这个模型还强调了两次移交。事实上，工作在区域之间的转变是一个非自然的行为，很大一部分的原因是每个区域的风格截然不同。在第一次移交处，在发明与应用区域之间，所存在的问题是创业者移交商品的时间比项目经理愿意接受它们的时间早很多。这是因为在创业者心目中，商品已经"基本上完成了"，而在项目经理挑剔的眼中，它还存在着各方面的问题。结果是许多创新落入了早期采纳者与主流实用主义者之间的一个鸿沟，前者忽略了已存在的一些问题，而后者则会无情地检测出这些问题。

处理这个问题的正确方式是，让负责创新的管理者直接干预移交阶段的管理。这个人必须让创业者更长时间地参与其中，并让他们负责地与项目经理合作，为移交的产品制定适当的接受标准。与此同时，他们必须确保项目经理释放出了实现新一代创新规模化所需的高质量资源。由于这一过程要求跨职能的团队的参与，管理者需要具有足够的影响力来获得销售、营销、工程以及服务部门的支持。反过来，这意味着他们应该向 CEO 直接负责，并为即时完成这一移交过程担负个人责任。

接下来考虑第二次移交，我们发现这里存在着几乎完全相同的问题。也就是说，与创业者想要过早地移交商品的倾向相反，项目经理倾向于过久地坚持不放。对使命关键性风险及其后果根深蒂固的敏感性，使得项目经理不愿意将他们的产品委托给优化团队。因此，这里又一次需要高层的干预，但这一次参与调解的必须是负责优化的管理者。这个人必须确保项目经理和流程优化者建立积极的时间期限和清晰的标准，以便加速移交、促进资源的循环。这个项目的跨职能特性再一次需要多职能部门之间的协作，任何有责任强迫保留资源的部门都必须参与其中。因此，负责优化的管理者必须拥有跟创新管理者一样的影响力，并且同样对 CEO 直接负责。

依照这种方法来进行资源循环利用的公司能够在不危及其劳动力的情况下进行外包。相反，它们通过将员工在新的、不同的任务中循环利用，但又将他们保持在同一个价值创造区域中，来持续不断地更新并补充每一名员工的技能，进而增加他们的经济价值。这使得他们能够建立共同的经验基础和最佳实践，又能不断地重建这个基础与下一代商品之间的关系（见图 10-4）。

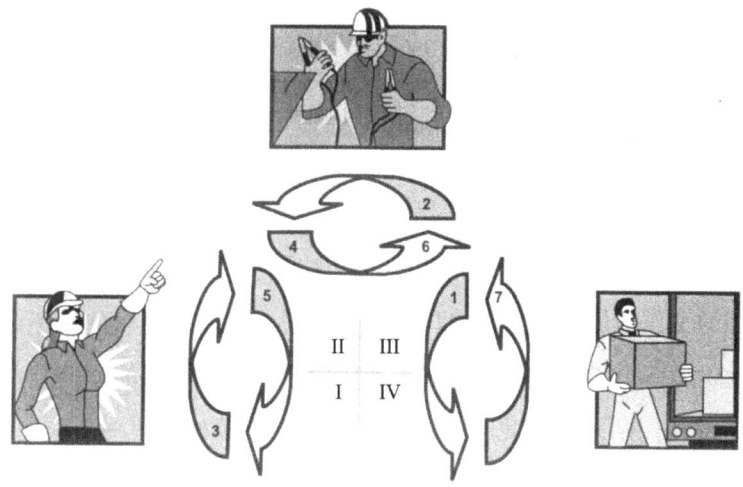

区域转动推进永恒的创新

图 10-4　资源循环利用与外包

正如我们所说的，在这个模型中，工作流和资源配置在三个区域之间循环的方式，结合了持续的创新和持续的劳动力开发和更新。让我们以第三象限中第二次移交为例来揭示这一过程，并按箭头指示走完整个循环，来看看这个过程是如何展开的。

（1）流程优化者接手项目经理所完成的工作，并开始应用五大杠杆模型来降低风险并提取资源，随着流程进一步地去风险化（de-risked）和流程化（streamlined），从项目经理自身开始，相继应用其他应用区域的资源。

（2）应用者现在被解放出来，重新分配到第二象限，在那里他们可以参与到下一代创新的移交过程中。

（3）下一代创新的发明者完成他们的工作，达到项目经理和高层主管所制定的标准。

（4）移交之后，应用者将商品进行大规模增产，组织得以收获其对创新的投资。特别地，此时应占领市场份额以确保长期竞争优势。

（5）与此同时，投资者回到第一象限，推动下一代的创新。

（6）最后市场跟上了创新的步伐，而核心变成了外围。然而，作为收益的主要来源，该商品依然处于使命关键区，因而它仍在应用区域的项目经理及其团队的管理之下。

（7）由于资源被束缚在使命关键性外围业务中，造成对下一轮流程优化的需要，此时需要的是流程优化者。为了从第四象限中解放这些优化者，让他们回到第三象限，外包前一阶段的最优化流程成为了必需。

因此，外包非但不会破坏劳动力的整体性，事实上为那些不再能够得到足够关注的工作提供了必需的出口。换句话说，五大杠杆模型的工作流已经完成。优化者挤出了尽可能多的成本和风险，为管理剩余的业务准备好了足够的清晰度和控制系统，此时可以放心地将工作转移给另一个公司。同时，随着下一批使命关键性外围到达第三象限，他们通过这个循环获得的经验和专业知识成为了宝贵的资源。

总的来说，这个模型要求你把工作想象成四个象限之间的传送带，将三个区域看做不停转动的齿轮，它们让工作保持不断运动的状态。随着不断地逐出资源密集型低利润工作，取而代之的是不断地创造密集型高利润工作，管理层就能持续地增加股东价值。员工通过在下一轮差异化工作中获取专业知识而持续更新自身的价值，不论处于发明区域、应用区域还是优化区域。公司作为一个整体，在更新着其竞争优势，而没有费尽财务资本或耗尽人力资本。事实上，它们在这两种资本上都创造了不少的盈余，增加了它们在下一轮市场竞争中投资的机会。

相反地，没有能实现资源循环利用的公司牺牲了未来去获取生产率的一时拔高。它们回避在一条新的学习曲线中进行投资，从而获益于继续使用已经获得良好训练的员工，但却得付出使自己陷于商品化恶性循环之中的代价。在未来，随着差异化消失、利润降低，它们唯一的选择就是使用有经验的劳工继续利用生产率优势。由于没有对员工投资培训下一代的技能，使得员工在新一代的工作中越来越不具备竞争力。事实上，管理层为了满足其运营收入目标，而在逐渐降低员工经验的资产价值。它一点一点地将公司廉价卖出，却将这一过程视为运营收入，直到不得不关门大吉之前，其业绩一直看起来很不错。

反过来，致力于资源循环利用的公司则可以期待持续更新的竞争优势，这是公司得以永续创新的机制。每一条新的学习曲线都由上一条学习曲线所带来的更高利润所支撑。这个系统中唯一错误的行为就是试图阻止这一进程。坚守这一流线上任何一处的工作，都会造成瓶颈，使得齿轮停止转动并让坚守者面临危机。正如鲍勃·迪伦（Bob Dylan）在《变革的时代》（*The Times They Are A-Changin*）这首歌中唱的那样，"受伤的准是停滞不前的人"。

这句至理名言与劳工谈判代表的传统行为相违背，后者致力于保住工作，而实际上这些工作不保住对大家更好。我们无法通过保住低价值的工作来维持在发达国家的高生活水平。我们必须将这个工作转移到另一个低成本的社会中，让它在那里可以继续创造良好的利润。同时，我们必须寻找能创造我们的生活水平所需的高回报的下一代产品的工作。

要完成这一转变必须要有绝对的信念和信任。劳工与管理层之间的对立关系会破坏成功所需的基础——就像我们许多最成熟的行业中的例子那样。

我们都必须学会的教训是，要建立必不可少的信念和信任，不论要花费多少时间、人力以及管理层的注意力，都必须不遗余力地去做。

达尔文战略要求的是耐心和执著，但是它必须同时维持不留情面的现实主义色彩。有一段时期可以采取贸易保护主义式的行动，但只在为转变计划服务时可以。还有一段时期会出现解雇行为，但只有在为了清理那些无法通过有机的方式解决残留阻塞时才可以这么做。然而在大多数时候，都有机会创造生机勃勃且充满活力的组织，能够在竞争性市场中蓬勃发展，并提高整个市场的水准。这是我们必须齐心协力努力的目标。

案例：思科与资源循环利用

思科公司在资源循环利用方面表现最为出色的是服务部门。服务部门为2005年公司200亿美元的总收入贡献了其中的20%，并且一直创造着高利润和高顾客满意度，这一切都是通过资源循环利用这一非比寻常的创造性方法对核心和外围进行管理而实现的。

在更加细致地进行考察之前，还是让我们先弄明白，对于业务重心主要在产品方面的复杂系统公司来说，扮演专业服务商的角色是多么富有挑战性。你所要完成的任务，其范围之大可谓非比寻常。在高端市场，客户要求你帮助创造架构，并且与他们合作去开发前所未有的系统；在低端市场，客户则要求你确保在全球任何地方都能获取备件，以保证实现对客户和合作伙伴进行全天候服务的承诺；在不同的时刻，中端市场则可能要求你设计网络、安抚某个焦虑的潜在客户、飞奔到怒气冲冲的客户身边、安装某个大型网络中心、处理某个表现不稳定产品的故障，甚至是去上一堂培训课。

简言之，服务可能是高利润、低利润，也可能是中等水平利润、中高水平利润、中低水平利润的生意。那么，你到底怎么对组织进行设计，才能够回应这些需求，而同时仍旧创造高的利润回报呢？

思科是从一种称为"P-P-D-I-O-O"（prepare-plan-design-implement-operate-optimize，即"准备—规划—设计—实施—运行—优化"）的架构起步

的。在这个序列中，越靠近前端，就越贴近核心，服务部门也就越需要直接面对顾客。与此相比，越贴近右侧，也就越贴近外围，服务部门也就越需要通过服务伙伴间接面对顾客。

项目的实施位于这个序列过程的中间靠右的位置。通常情况下，系统公司主要通过这个环节赚取收入，从而保证整体收入水平的稳定。这一策略主要存在两个问题：第一个问题是，此举疏远了潜在的服务伙伴，因为他们要与你竞争这份生意；第二个问题则是，随着时间流逝，系统不断实现标准化，服务的实施也实现了商品化，服务部门就会发现自己要消耗大量的资源，以至于无法创造出引人注目的利润。

这两大问题都众所周知，但大部分公司仍然执迷不悟地这么干，因为它们无法拒绝眼前收入的迷人诱惑。然而思科却能够拒绝这种诱惑。思科非常清楚自己希望合作伙伴来做尽可能多的实施工作，而顾客也乐意让思科这么做。简言之，思科在公司战略中将实施环节及其下游的网络运行和优化环节都界定为使命关键性外围。与此相对照，它将准备、规划以及设计等上游环节纳入使命关键性核心，这对于其核心市场的顾客而言更是如此。因此，思科服务部门的资源循环利用目标就是，从实施、运行和优化环节抽取资源，转而投向准备、规划和设计环节。

为此，它将业务部门划分为两组，即技术支持服务部门（Technology Support Services）和高级服务部门（Advanced Services）。前者主攻外围，而后者则重点应对核心。在工作流程方面，通过共同关注与服务最佳实践相关知识产权的生命周期，两个部门被紧密结合在了一起。下面就是具体的做法。

服务实践产生于第一象限的项目之中，早期采纳顾客与高级服务部门的特别小组携手努力，共同进行思科所谓的"业务转型项目"（business transformation project）。这就是思科所参与的最高形式的服务型研发，它们基本上都是在发明区域中进行的。项目领导者要完成两项关键任务：首先，他们必须满足顾客和项目本身的应用程序的要求；其次，他们必须把握项目中产生的最佳实践和关键知识，并将它们转化成可以重复利用的知识产权，以便在这些应用程序更加流行起来的时候,为后续的项目团队服务。通过这种做法,思科得以将高级服务部门在架构和实施方面的稀缺资源,应用于更加广泛的专业经验略逊一筹的顾问人员中去——不论是在企业内部,抑或在合作伙伴之间。

当特定类型高级服务的需求增长驱动了面向第二象限使命关键性状态的转型之时,思科对产品和服务实施了正规化和标准化,以便确保实现规模化。这方面的一个典型例子是网络设计。思科面向有线和DSL服务供应商和应用了无线或网络电话等高级技术的企业,提供定制化的设计开发、设计评估以及设计验证服务,这就将交流整体纳入了发明区域和应用区域间的"第一次移交"活动。负责实施业务转型项目的团队由此得到了解放,能够前去寻找其他的下一代项目,并且再次形成工作成果以便进行更大范围的应用。

随着这些应用活动开始规模化地进行,思科服务部门在整个P-P-D-I-O-O生命周期中与顾客展开合作,以便确保端对端的高品质成果,并确保得到顾客的高度推荐,以便提升人们对新服务的需求和对思科的偏爱。随着越来越多项目的完成,整个循环后半部分(即"实施—运行—优化"一端)的性质开始由外围向核心转化,现在团队从外围抽取资源转而投向核心的时机也已成熟。

把握能够利用更少的稀缺资源完成工作——这些工作正拖累着更加稀缺的资源——的知识产权,又一次成为关键问题。在这种情况下,对设计模板进行组装并训练将其予以实施的合作伙伴,使得公司可以将网络架构的稀缺资源重新配置到更加核心的任务上去。同时,这种做法为合作伙伴带来了生意,不仅改善了服务的品质,也提升了生产率。顾客得到了好处,可以更加方便地以更低的成本获得资源;合作伙伴得到了好处,可以获得更加稳定的符合其盈利模式的生意;思科通过将自身资源循环利用于符合自身的业务模式,并创造了更高利润的业务,也得到了好处。

随着市场规模的进一步扩大,焦点也转向第三象限,指挥棒传到了技术支持部门的手中。这时的目标是对此前已纳入某种业务的互动内容进行转型,不论这种互动是在线自助服务请求,还是下载某个软件工具。这就要对知识产权进行更加紧密的组装,而这就是服务部门的专长所在。

然而,当顾客或合作伙伴面临困扰或陷入僵局之时,他们还是需要交互式的支持,即使这样做并不符合其盈利模式。思科技术支持中心(Cisco Technical Assistance Centers)实行全天候运营,以便通过网络、电话或者是兼容两者的网络电话(VOIP)提供这种支持。然而,因为这项业务利润很低,思科致力于将其外包给低盈利经营模式的合作伙伴。为了向这些合作伙伴提供支持,思科特许它们使用思科专有的知识产权和软件工具,由此也创造了巨额利润。结果又是一次双赢,思科和合作伙伴都取得了符合自身盈利模式的收入源,而顾客在这个过程中也得到了品质更高而成本更低的服务。

如果你去找那些参与管理了这一循环的管理者们的话,你就会见到我们所勾勒的三大区域的生动写照了。休·博斯特罗姆(Sue Bostrom)充分代表了发明区域,她于20世纪90年代从麦肯锡进入思科,负责创建互联网业务解决方案组,也就是思科起先的业务转型部门。休是一个绝对能够跳出常规思考的人,喜欢开辟新天地,但只要某个产品已经渡过了"鸿沟"并且已经可以进行规模化了,她也乐于将指挥大权转交他人。负责高级服务部门的加里·摩尔(Gary Moore)曾进行了一次完美的应用定向——他职业生涯的很长一段时间待在电子资讯系统公司(EDS),而此前供职于美国陆军安全部门。他在服务部门树立起了很高水平的纪律,提升了营业收入,并巩固了它的高盈利模式。当他的部门完成了自己的任务之后,他就把指挥棒传给乔·平托(Joe Pinto)主管的技术支持部门。乔可谓优化者中的优化者,他加盟思科后的第一次行动就是将其技术支持运营重心从电话转向网络。如今每五条支持请求中,就有四条是通过网络解决的,每次呼叫的成本平均节省了一个数量级。同时,乔还专注于缩短循环时间,并对IP进行组装以便合作伙伴再次使用。最终,将这三大区域和团队之间的互动整合在一起的人是威姆·埃尔弗林克(Wim Elfrink)。和休一样,他最喜欢扮演发明区域的角色,这也就是在采纳围绕核心——外围管理和资源循环利用的业务实践模式方面，服务部门引领了思科公司的原因所在了。

这些原则并非只能应用于服务领域。实际上，这些原则起先是由卡尔·雷德菲尔德（Carl Redfield）和兰迪·庞德（Randy Pond）提出的，他们在20世纪90年代发起并继而优化了合同制造的外包做法。通过这种做法，他们从起点就排除了外围业务，从而破解了外围发展的两难。至于他们具体是怎样做的，以及如何同时保持透明度和有效控制，就是件很有趣的事情了。

就在思科的财富开始快速增长之前，还是自身进行产品制造，当时正纠缠于按单定制的业务模式，这种模式复杂到超出了运营团队的掌控能力。顾客原本订购的是他们想要的，但公司送过去的货却经常是别的东西。制造部门建立了发货前检验系统，着手解决这个问题，这个系统能够自动下载顾客订单、检验待发产品以确保所有部分都符合订单要求，并且只在全部符合发货要求后才打印送货单。

随着这个系统的逐渐推广，思科路由器产品的需求预测也达到了最高点。扩张制造能力需要大量资本，所以公司开始考虑外包。然而，由于这属于使命关键性业务，许多人不愿意进行外包，因为这样做会丧失对供给的管理透明度和有效控制。制造团队想出了一个好办法：只需要把他们的检验系统安装到承包商那里就可以了。这样一来，他们就能够保持必要的管理透明度和控制，而无须去管理这一流程本身，公司也能在不制造惯性的情况下，构建一个全球范围的供应链。

如今思科的制造和物流部门正在迈进一个新的时代，并必须再次重塑他们的流程。他们早期对问题的解决方案已经逐渐陷入了外围的困境。它过于集中化和标准化，不能满足当前对机动性和响应率的要求。因此，思科展开了新一轮的流程再造，聚焦于模块化——利用五大杠杆模型中的第三个杠杆。随着对流程的审视，它将这些流程标注为核心使能和外围使能，再区分出它们是否使命关键，然后思科就能更有选择性地决定将哪些任务外包，而将哪些留在组织内部。

在销售方面，市场的核心—外围分析带来了 2005 年夏季的现场运营重组行动，该行动旨在使管理层更加关注发明而非应用。在过去，销售通过全球地理中心（global geographic theater）进行组织，因而使得各种类型的市场混杂在一起，不管它们是否适用于核心—外围分析。这意味着每个中心的领导者都必须能够理清市场，并善于在所有三个区域中进行管理。采用这种类型的组织注定会带来混杂的结果，因为它不允许人们发挥他们的个人特长。

在新的地理中心配置下，思科整合了它最为成熟的两个市场——美国、加拿大市场与西欧市场，并将它们指派给该公司最能干的两个应用型领导者——罗布·劳埃德（Rob Lloyd）和克里斯·迪里科特（Chris Delicoat）。这代表着对使命关键性外围的关注，以在这种管理效率不高会造成严重后果的地方提高管理效率。它让其印度和中国的管理层保持现有的体制，这代表着使命关键性核心市场的连续性。与此同时，它合并了拉丁美洲和加勒比海、中东、非洲、俄罗斯以及东欧等地一系列的新兴市场，将它们指派给其最出色的发明型领导者保罗·蒙特福德（Paul Mountford），保罗最近通过领导中小企业市场的复兴而展示了其创造才能。这代表着对一系列非使命关键性核心市场，以加速它们向 10 亿美元的使命关键性市场的成熟进程。总的来说，通过将新兴市场从成熟市场的笼罩下拉出，每种类型的市场都将得到更好的管理，而不同类型的领导者也都能将其才能发挥到极致。

最后，在工程方面，思科仍然在寻找途径进行资源循环利用。管理层清楚地了解现有的核心—外围特性，但由于它所需的任务专业知识过于精深，而很难继续迈向下一代的技术。将资源重新运用于核心意味着你现有的人才可以适时地进行转变，但如果这个转变是通向一套全新的规则——如从光电子到服务导向的软件设计——所要跨越的差距就太大了。

我个人的观点是，这样的差距只是例外而非惯例，管理层需要更积极地进行资源循环利用，从某种程度上是为了确保现金牛不会囤积关键性的应用资源。同时，思科又在采取另一种方式来应对这个核心—外围的问题。它仍然从外围中提取资源,但没有将这些资源运用于设计下一代核心,而是将它们转向提供售前和售后服务这样直接面对现场的岗位,来帮助应用下一代核心。这一转变尤其具有挑战意义,尤其对于那些转变职业的人来说更是如此。但是,在高科技领域,这些角色之间有着足够多的共同点,使得这种转变成为了一种可能的选择。

总的来说,在钱伯斯的领导下,思科越来越强调核心——外围的特性,以及资源循环利用的必要性,但是他并没有规定应该怎样做。本章所勾勒出的概念和方法是多种理论中的一种,但各类理论的最终目标是相同的。钱伯斯坚持要将思科转变成一家能够永续创新的公司,并将这一转变建立在一种文化基础之上,这种文化创造性地利用工作分配来逐渐增加其员工的资产价值。

DEALING WITH DARWIN
How Great Companies Innovate at Every Phase of Their Evolution

第 11 章

企业的惯性管理

在结束我们对惯性管理的讨论之前,让我们再来看看如何将这些管理原则用在你的企业中吧。跟前面对创新管理的探讨一样,本章也是直叙式指引性的章节。然而,与前面章节不同的是,本章需要我们从阅读开始就怀着警惕之心。

无论是核心—外围分析还是资源循环理论的分析,都是英明之举。但我们会发现,在核心—外围的分析中,当外围方感知到自身接近主要资源的条件被一一限制,个人收益与晋升的机会实际上已经或将会受到冲击时,外围方就很有可能极力反抗。同样,当发生外包和资源循环时,无论职业安全是否已受到威胁,其威胁的范围已经逾越了人们一直拥护的福利大家庭中个体的利益。当我们的大家庭本身受到威胁时,即便是最忠诚的员工也将起来反抗。

总之,与达尔文共同进化需要我们工作时能够应对突如其来的事件,并尽我们所能去解决这些问题。突发的问题在被充分地认识之前,总需要一段时间让整个事件变得透明。人们在做出承诺之前需要思考的空间,在脑海中形成对这件事情的看法。疑问、焦虑、猜疑、冷嘲热讽等各种态度都会随之而来，在人群中纷纷流传，但我们必须保证在组织继续发展之前，所有的负面情绪都被驱散。

这便是领导者和管理者应当承担的任务。我们在本章中刻画了构架者角色作为分析的工具，他们应在整个流程的前期就介入进来，为提取外围资源重新服务于核心这一挑战性的工作创造和谐的环境、编织共同的语言。然而，如果单单靠这些构架者自身的努力，我们无法指望他们能够独自赢得其他员工的心灵与智慧，只有通过孜孜不倦的沟通才能做到这一点。

将这些告诫铭记在心，我们就可以着手制订一份斗志昂扬的计划，来改变整个组织的惯性力量的方向——使之从外围转向核心。基本的步骤如下所示。

1. 对你当前的业务进行核心—外围分析

首先，在四个象限中将你的各个市场部门划分种类。对于复杂系统导向的企业，描绘核心与外围运作的典型多重网格，是由产品品类、消费者行业与地理位置构成的；对于规模运营公司，这一多重网格是由产品品类、消费者人口统计学（包括地理位置）、销售渠道构成的。

我们应该多花些时间在定位问题上，因为其有助于指导下游的资源分配决策。同时，由于这些问题是主观判断的，一定会出现各种不同的观点。然而，当讨论结束之后，每个参与者都必须持有相同的态度进入下一个环节。

2. 利用资源分配分析补充核心—外围分析

不要因为预算而分心，我们需要关注的是人员的安排，特别是在发明、应用与优化三个区域部门中确认和任命最佳操作者。这些个体具备的领导或职能技能可以改变整个项目的结果，你必须保证你能利用他们的技能来达到最优的效果。

3. 设立更具雄心壮志的目标

现在，在你心里，对公司的现状已经有了较为全面的了解。接下来就是你寄予希望的时候了，公司该如何发展呢？心怀渴望是因为你对企业当前的绩效并不那么满意，但问题是，你如何进行改进呢？

原则上，你所做的努力应该包括以下几点：

- 将目标瞄准一个或更多的核心机会并给予高度的关注。
- 确定最有成效的最高执行官，驱动项目的发展（这可能会带来一个或两个关键人物招聘的需求）。
- 瞄准一个或多个外围机会，从中提取资源为核心服务，同样也特别考虑执行这个项目最高执行官的候选人。

在这个过程中，你要让管理者脱离他们原有的安逸地带，使其产生危机感。如果一切过于风平浪静，那可能意味着你的议程还不够具有挑战性。

4. 将你的计划定位为团队的活动

从外围中提取资源服务于核心，需要协作的力量。为了局部优化之利而保留哪怕一项的关键资源，都有可能让所有的努力白费。再者，把握好正确的时机也同样重要，如果工作在特定的时间内没有按照设想的意愿去完成，资源的无故浪费绝不是件好事。记住，我们的愿景是设立一个共同协调的计划：从各个直线职能的内部协作开始，一直到交错职能间的协作，来将问题一一解决。

5. 关注进入市场的时间

营造必要而又适度的危机感，直接质疑你计划中各种行程安排的假设。这些假设与给定的资源限制相对应。这一过程的目标是让我们更有动力采用激进的资源循环策略，尽可能地摆脱各种限制束缚。

6. 让齿轮开始转动

首先，努力将那些表现最佳的开发者从他们当前的使命关键性外围任务中释放出来。接着给优化者分配任务，让他们用五大杠杆模型设定工作量。在他们承担当前角色责任的最后一天，设定具体的任务目标数并加以督促。同时，更加紧密地管理那些创新者，为下一代使命关键创新的加速做好充分的准备。驱使整个组织早日达到第一次移交、第二次移交的水平。

7. 保持齿轮的转动

一旦资源循环开始了，你就必须保证它的生生不息。记住，每一条新的学习曲线都是由上一条曲线创造的利润来支持的。反过来，我们总是期望新的曲线能够产生更高的利润来支持下一条曲线的出现。如果任何齿轮停止了旋转，其他齿轮要么也停下来——开始了商品化向下的螺旋；要么继续运转——但在系统的任何地方都可能出现缝隙和缺口。因此，为了保证一切正常运作，你必须维持整个过程处于永不间断的相互补充的活动中，所有齿轮必须协调转动。

总之，这些步骤为管理公司的惯性勾勒出了一个新的战略。战略的核心是保持组织所有部门都持续不断地向前发展，不断地根据市场的需要和劳动力技能的变化重新规划产品项目组合。我们不能把惯性力量看做是创新的敌人，而应将其视为与创新共存的遗产。我们不应该抵触或设法摆脱这种惯性，而应扭转惯性的方向来为公司的发展服务。在对惯性渐进的重新定向过程中，我们有特定的模式可以效仿：抽取外围的资源为核心服务。这就是我们一直想要做的。

管理者和员工都应该时刻保持警觉之心，来确保战略实施的成功。管理者应该抵挡住当前劳动力技能丰收的诱惑——牺牲长远的生存能力来获得短期的生产率是错误的；劳动者也不能附和这一短视的战略并沉迷于过去的成就中。二者都应该抵制各种看似美好却十分危险的利益诱惑。若我们被利益俘虏，那只会徘徊不前，坐享以前的成果还津津乐道，这绝不是达尔文式的做法。

自然选择的游戏永远没有休止。然而，自然选择也是无限替代的过程。

资源循环不仅仅能够提高效率，同时也为企业注入了新的活力。只要拥有坚定而又强烈的意愿去重新参与循环的过程，我们就会永不知疲倦，我们所不能承担的是碌碌无为，这也正是为何"不解雇政策"在这里行不通的原因。在人们生命的某些时刻，只是无法在工作中投入必需的精力，我们必须尊重这些时刻的存在，但我们不能允许这一个人阶段拖累了企业更好的发展。

因此，资源循环有时确实意味着会解雇员工，但同时也意味着雇用了新的员工。其含义在于：现代经济和现代生活的本质，与提供终身雇用制的公司、终生忠诚于一家公司的员工是不符的。两者的一致之处在于，可以更好地利用我们的集体，创造智慧来获得更多的互惠成果，并能与我们的利益相关者平等地分享所得的财富。

任何团体都需要持久的雇员资源；顾客需要稳定的供给资源；政府需要稳固的税收基础；投资者需要各种机会去获得诱人的风险调整回报。或多或少地，我们都是某一战略联盟中一员，新的时代只是要求我们在一个新的竞争空间中各尽其力。

这就是进化的本质，向前发展的势头永无止境，对各种事物的要求也越来越高。这也正是为何国家不断提高人民的生活标准、为何每年都会有新的公司成立、为何人们在职业生涯中不断学习的原因。旅途中，我们可能会觉得有些疲惫，但我们永远不会觉得厌倦。许多时候，我们都想有所作为。

欢迎加入竞争的行列！

术 语 表

acquisition innovation　并购创新　见"创新类型"。通过收购或剥离（资产或业务）以创造差异化，不论行为主体是收购方还是被收购方。

application innovation　应用性创新　见"创新类型"。发现和利用某现有技术的新适用性或用途，从而创造差异化。它是面向解决方案营销的基础。

bowling alley　保龄球道　见"技术采纳生命周期"。技术采纳生命周期中的一个阶段，此阶段中技术已为利基市场所采纳，但尚未在业界获得广泛应用。

brand　品牌　由某公司或某产品的名字所引发的心理联想，是规模运营模式用于赢得消费品市场客户的一个重要工具。在复杂系统模式中，则经常是管理混乱的一个来源，见"声誉"。

business architecture　商业架构　以一种或两种商业模式为基础的组织结构，分为复杂系统模式和规模运营模式。视企业所采纳的模式不同，创新类型以完全不同的方式得到人们的理解和执行。

competitive advantage period(CAP)　竞争优势持续期　见"股东价值管理"。投资分析术语，用于估算投资者相信一家公司能够维持创造竞争差距的差异化地位的时间长度。

category 品类 客户用这一术语对他们所要购买的产品或服务进行分类，并将其与其他购买选择区别开来。通过确定一个或多个相关竞争者，新兴品类得以界定。成熟品类则可以帮助分析者追踪某一市场，以及帮助投资者决定其资产分配战略。

category maturity life cycle 品类成熟生命周期 描述某个产品或服务品类的产生、发展和消亡过程的模型。

category power 品类力 见"力的层级"。涉足经营特定品类，并因此承继了该品类与其他采购品类竞争的能力，从而获得的竞争优势。成长型市场能增强品类力，而衰退性市场会削弱品类力。

chasm 鸿沟 见"技术采纳生命周期"。技术采纳生命周期中的一个阶段，在该阶段，市场由于缺乏自然的客户群体维系而变得萧条，曾经主导该品类的理想主义者已经将注意力转向了其他品类。此时需要实用主义者来主导，但由于他们所见来自同行的技术采纳行为还不够多，因而尚不愿采纳新的范式。

chimp 狒狒 见"市场份额层级"。次于市场领先者（大猩猩）的市场份额地位，在该市场中两类企业都拥有与他人迥异的专属技术。为了生存，狒狒型企业一般必须牢牢把握利基市场——在这一市场中它们是局部的市场领导者，或者叫做"利基市场中的大猩猩"。

collaboration culture 协作文化 见"企业文化"。四种商业文化之一，植根于归属的需求，其特征是由团队对其所理解的主观决定价值承担责任，例如，原惠普公司的企业文化。

commoditization 商品化 随着商家越来越多地中和彼此之间的差异性而产生的自由市场竞争的自然结果。它使得顾客可以货比三家，由此造成价格竞争，使得除运营状况最好的企业之外的所有其他企业都无利可图。

company power 公司力 见"力的层级"。凭借公司在特定产品品类中所居市场份额地位而获取的竞争优势。典型情况是，市场份额领先者具有最强的公司力，第二位的商家公司力明显减弱，而第三位商家的减弱幅度更大。

因此，杰克·韦尔奇所采取的战略，就是要成为市场中的第一或第二，否则就退出该市场。

competence culture　竞争文化　见"企业文化"。四种商业文化之一，植根于成就的需求，其特征是由个人对客观所决定的度量标准承担责任，例如，微软公司的企业文化。

competitive advantage gap　超额竞争优势　见"股东价值管理"。投资分析术语，将一家公司当前报告的收入和盈利表现视作它目前在目标市场中所占有的竞争差距。

competitive advantage grid　竞争优势方格　在既定品类中分析优势竞争战略的模型，该模型基于一个力的类型矩阵（品类力、公司力、市场力以及供给力），并同时考虑关注创造差异化的价值定律（卓越运营、客户亲近和产品领先）。

competitive separation　竞争差距　使得客户认为某家公司的产品与其诸家竞争对手不同的差异化，由此降低了该产品被替代的威胁，并增强了在目标市场提价或扩大销售量的能力。

complex-systems model　复杂系统模式　见"商业架构"。两类商业架构之一，最适用于大型机构买家在慎重考虑各备选产品之后再进行重大采购的B2B交易。其特点是咨询式的销售关系，以及针对每一客户进行产品和服务开发的高度定制化。

conservative　保守主义战略　见"技术采纳生命周期"。仅在新技术即将完全取代陈旧的现有技术时才予以采纳的技术采纳战略。

context　外围　见"核心—外围分析"。任何从顾客的角度看来不能在目标市场使公司与众不同的活动。外围管理旨在以尽可能高的效率满足（但不超越）适当的公认标准。

control culture　控制文化　见"企业文化"。四种商业文化之一，植根于秩序和安全的需求，其特征是由团队对客观所决定的度量标准承担责任。例如，通用电气公司的企业文化。

core 核心 见"核心—外围分析"。在目标市场中创造可持续的差异化,带来售价提升或销量增加的所有活动。核心管理寻求在核心领域内显著地超越所有竞争对手。(注意,此处的"核心"与"核心竞争力"或"核心业务"并无关系。核心竞争力描述的是差异化的能力,而核心业务描述的则是在总营业收入中占很大比例的品类。)

core/context analysis 核心—外围分析 进行资源优先排序的一个框架,区别对待差异化流程与其余各类工作。核心—外围管理主张从成熟市场的使命关键性外围业务中(小心地)提取资源,从而为成长型市场中的差异化行为提供所需资金。

corporate culture 企业文化 塑造了沟通、激励和决策制定方式的一组固有规则。在 TCG Advisor 模型中,根据占据主导地位的各种马斯洛需求层次,文化原型可分为以下四种:培育、竞争、控制、协作。

crossing the chasm 跨越鸿沟 见"技术采纳生命周期"。技术采纳生命周期中体现了首次渗透主流市场的过渡阶段,一般以亟待解决现有技术力所不及的难题、注重实效的顾客为目标细分市场的切入点。

cultivation culture 培育文化 见"企业文化"。四种商业文化之一,植根于自我实现的需求,其特征是个人对主观界定的价值承担责任。例如,谷歌公司的企业文化。

customer intimacy 客户亲近 见"价值定律"。三种价值定律之一,大量投入人、财、物力收集客户信息,使产品或服务与目标客户的需求和价值观更加精确地联系起来,以实现差异化。

Darwinian 达尔文式的 自由市场竞争围绕稀缺的顾客收入和投资资本等资源不断展开,这个形容词描述的就是由此造成的水涨船高效应——迫使居于现有竞争优势地位的企业要么继续进化,要么变得商品化。

declining market 衰退性市场 见"品类成熟生命周期"。市场成熟后的一个阶段,除周期性波动之外,该阶段的增长率为负。战略上来说,此时应选择革新品类,或盈利并退出市场的战略。

delighter　惊喜因子　某一成熟市场产品或服务的新颖性，它能够在不增加成本或不带来风险的前提下建立起顾客偏好。

demographic segmentation　人口统计细分　一种市场分析方法，将市场看做根据人口统计学特征（如年龄、收入、性别或种族）划分的不同客户群体；一般用来将提供价值的活动聚焦于规模运营市场。

deployers　应用者　见"资源循环利用"。擅长对使命关键性计划的时限、规格和预算进行管理的人。应用者是将业务流程快速规模化的关键所在。

deployment zone　应用区域　见"资源循环利用"。核心—外围分析模型中靠上的两个象限，都具有使命关键性，这个区域是证券分析师和成长型投资者最为关注的，是重新产生应用者的自然区域。

discontinuous technology　非连续性技术　见"颠覆性创新"。作为两大类颠覆性创新之一，非连续性技术与当前的主流标准不相容，迫使采用该技术的商家替换他们现有的系统，由此启动一个新的技术采纳生命周期。

disruptive innovation　颠覆性创新　见"创新类型"。创新的一种类型，通过以下两种机制的其中一种来创造一个新的品类——非连续性技术或价值链中断。

dissatisfier　不满因子　成熟市场的产品或服务具有的一种属性，若对其管理得不够好，就会导致顾客拒绝该产品或服务；如果管理得非常好，也不会带来顾客偏好。

early market　早期市场　见"技术采纳生命周期"。技术采纳生命周期的一个阶段，其中技术热衷主义者和理想主义者倡导新技术，而主流市场则只是观望而不参与。

enhancement innovation　增强型创新　见"创新类型"。注重与客户保持亲近关系的一类创新，它凭借适度的研发投资，大幅提升现有产品或服务的客户感知价值，重新激发消费者的兴趣，从而使成熟市场的地位实现差异化。

experiential innovation　体验式创新　见"创新类型"。注重与客户保持亲近关系的一类创新，在客户最初接触一直到最终丢弃产品的过程中，通过不断调整与客户的端对端体验，使成熟市场中原本将被商品化的产品或服务实现差异化。

fault line　断层地带　见"品类成熟生命周期"。品类成熟生命周期中非常靠后的一个过渡阶段，此时由于非连续性技术的出现，或颠覆性创新进入龙卷风期，导致该品类变得陈旧。

gorilla　大猩猩　见"市场份额层级"。市场份额领先者，其领先地位的维系依赖于转换成本很高、以高 GAP 和长 CAP 彰显非凡股东价值的专属技术。

growth market　成长型市场　见"品类成熟生命周期"。市场发展的一个阶段，该阶段的市场增长率大大超过 10%。从战略意义上来说，这是一个市场份额可以比利润最大化创造出更多股东价值的时期。

hierarchy of powers　力的层级　把各种商业力的类型从最具战略性向最具战术性依次排列的模型。具体包括：品类力、公司力、市场力、供给力和计划力。

horizons 1, 2, and 3　三层面理论　由莫海德（Mehrdad Gaghai）、史柯林（Stephen Coley）和白大维（David White）在《增长炼金术》（*The Alchemy of Growth*）一书中提出的战略管理模型，它将战略行为细分为三个时间段：第一，当前财政年度；第二，该年之后 12~18 个月；第三，该时段之后的进一步发展。

indefinitely elastic middle　不确定性弹性中期　见"品类成熟生命周期"。成熟市场的持续期，始于成长型市场阶段的结束，终于衰退性市场阶段的开始。

industry segmentation　行业细分　以涉及共同行业部门为标准进行客户群体划分的市场分析方法。在 B2B 营销中，它是垂直营销的首要组织原则，同时也是跨越鸿沟和保龄球道阶段战略的关键所在。

inertia　惯性　现有企业将资源优先分配给现有业务，而拒绝将其重新配置给新兴业务的风险规避特性。

innovation for differentiation　**着眼于差异化的创新**　见"创新产出"。在目标市场中成功创造与相关竞争对手的竞争差距的创新行为。

innovation for neutralization　**着眼于同化的创新**　见"创新产出"。在目标市场中的成功减少或消除由相关竞争对手创造的竞争差距的创新行为。

innovation outcomes　**创新产出**　某项创新投资的经济结果,包括四类:差异化、生产率、同化或是造成浪费。

innovation for productivity　**着眼于生产率的创新**　见"创新产出"。以增加产出的方式提升所配置资源收益的创新行为。

innovation strategy　**创新战略**　紧密关注一两个创新向量,以创造竞争差距。明确地说,就是凭借高度差异化的产品或服务,在目标维度上显著超越竞争对手。

innovation that is wasted　**被浪费了的创新**　见"创新产出"。没有带来差异化、同化或生产率的创新。具体而言,就是为获得竞争优势而寻求差异化,但却没能成功获得顾客青睐的创新。

innovation types　**创新类型**　为创造获取竞争优势的差异化而对比分析的创新模型,分为14种不同的类型。

innovation vector　**创新向量**　一种将各类创新视作以备选"向量"竞逐资源的战略投资方向的思想。一家企业的总体差异化水平,就是在各向量上表现出的绩效加总——在资源平均分配的情况下其值将为零,因此需要采纳创新战略。

integration innovation　**集成创新**　见"创新类型"。注重卓越运营的一类创新,凭借集成一系列现有产品和服务创造一个更便于管理的单一产品或服务,使成熟市场的地位实现差异化。

invention zone　**发明区域**　见"资源循环利用"。核心—外围分析模型中共同扮演着核心角色的左边两个象限,这个区域是行业分析家和风险投资者最为关注的,是重新产生发明者的自然区域。

inventors　**发明者**　见"资源循环利用"。作为擅长开发核心的人,发明者是确保创新的持续供给，从而创造可持续竞争优势的关键所在。

investable category　可投资品类　现有的产品或服务品类，证券分析师追踪其市场份额变化，以帮助投资者按先品类后公司的顺序最优分配其资本。

killer app　杀手应用程序　具有广泛的水平吸引力的应用程序，它可将某一品类猛力推向其技术采纳生命周期的龙卷风期。

king　君王　见"市场份额层级"。市场份额领先者，其地位主要通过执行力得以维持。与大猩猩相比，君王一般具有同样高的超额竞争优势（GAP），但是由于他们能够更加容易地转行，竞争优势持续期（CAP）明显更短，因而其股东价值较低。

line-extension innovation　产品线延伸创新　见"创新类型"。注重与客户保持亲密关系的一类创新，瞄准客户的特殊偏好创造新的子品类（subcategory），从而吸引新客户或重新吸引老客户。

Main Street　主干道　见"技术采纳生命周期"。技术采纳生命周期的最后一阶段，从龙卷风期的末尾开始，它标志着保守主义战略意义增强。

managing for shareholder value　股东价值管理　用长期投资者的价值标准进行战略行动优先排序的管理原则。一种将市场资本化水平分解为 GAP 与 CAP 之乘积的分析工具。

market　市场　经济活动的加总，不论它们是按客户细分市场还是按产品细分市场组织起来的。它为据以推断市场力的市场份额度量标准设定了背景。

marketing innovation　营销创新　见"创新类型"。注重与客户保持亲近关系的一类创新，凭借新颖的投放市场计划，影响在营销沟通和配送渠道中与潜在客户进行的互动，从而实现成熟市场地位的差异化。

market power　市场力　见"力的层级"。凭借公司在特定客户细分市场或利基市场中的市场份额地位而获取的竞争优势，通常用来抵消市场份额领先者的公司力。

market-share hierarchies　市场份额层级　描述市场领先者、紧跟其后的挑战者与竞争失败者之间的市场力强弱次序的模型。在一个具有高转换成本的专属技术市场中,上述角色分别是大猩猩、狒狒和猴子;而在低转换成本的商品化市场中,所对应的角色就是君王、王子和奴隶。

mature market 成熟市场 见"品类成熟生命周期"。市场发展的一个阶段,若撇开周期性波动,此时的增长率较为适中,一般低于10%。战略上,这个阶段利润比总收入和市场份额更加重要。

monkey 猴子 见"市场份额层级"。在一个由大猩猩主导的品类中拥有极少甚至零市场份额的公司,其战略是尽可能地复制大猩猩的产品并以大幅折扣进行销售。

mission critical 使命关键 对决定公司存亡的产出而言至关重要。缺乏使命关键性活动,会对股票市值等造成危害。

mission-critical context 使命关键性外围 见"核心—外围分析"。使命关键性外围活动由必须根据市场期望而采取,否则就会造成可怕后果的活动组成。然而,在这些方面比其他公司表现得更好,并不能提升差异化水平和增加利润。从战略上来说,在某一领域过度分配资源会导致下一代创新活动的资源分配不足。

natural selection 自然选择 对稀缺资源竞争的结果,赢家在下一轮竞争中资源更加宽裕,而输家则愈发捉襟见肘。从战略意义来看,自然选择导致旨在获取更大竞争优势的差异化不断进化。

nine-point checklist 九点检查表 描绘构成市场开发战略的关键变量的一种产品营销工具。所谓九点是指:目标顾客、非买不可的理由、整体产品、合作伙伴和战略联盟、配送、定价、竞争、定位以及下一目标客户。

offer power 供给力 见"力的层级"。凭借相较某一目标市场中的相关竞争者具有更优特色、性能或价格的产品或服务,所获取的竞争优势。

off-shoring 离岸外包 不论是为了利用成本优势,引进人才,还是确立进入国外市场的切入点,从位于另一个国家的某家公司获取特定产品或服务的方式。

operational excellence 卓越运营 见"价值定律"。三种价值定律之一,注重对流程和系统的投资，凭借低价格、高质量或更快的投放市场时间，实现产品或服务的差异化。

optimization zone　最优化区域　见"资源循环利用"。核心—外围分析模型中共同扮演外围角色的右边两个象限，这个区域是生产率分析师和价值投资者最为关注的，是重新产生优化者的自然区域。

optimizers　优化者　见"资源循环利用"。作为善于从使命关键性外围活动中提取资源以便根据核心重新配置的人，优化者是支持将面临内部阻力的下一波创新和组织解构的关键人物。

organic renewal innovation　有机创新　见"创新类型"。注重品类革新的一类创新，把资源从衰退性品类转向成长型品类——一般通过内部研发，以实现衰退性市场地位的差异化。

outsourcing　资源外包　从另一家公司获取特定产品或服务，而不是由公司内部自产或提供，目的是为了利用另一家公司的专业化优势，或是为了将公司内资源专注于核心。

out-tasking　任务外包　在保持一定比例的内部生产或服务的同时，从另一家公司获取一定比例的特定产品或服务，目的是为了减轻使命关键性风险，或是保留产品和服务以便用于创造未来的核心。

platform innovation　平台创新　见"创新类型"。注重产品领先的一类创新，通过巩固从传统环境到下一代新兴产品或服务的界面，实现成长型市场地位的差异化。

positioning　定位　战略上来说，影响购买者心目中某一产品或公司所占据的品类形象，从而确定其相关竞争对手。从战术上来说，是将某一产品或服务与其相关竞争对手进行比较和对比。

pragmatist　实用主义战略　见"技术采纳生命周期"。技术采纳战略之一，当其支持者观察到他人采纳新技术时才接受新技术，这种跟随策略对口头推荐尤其敏感。

prince　王子　见"市场份额层级"。市场份额挑战者，其地位主要凭借执行力而非转换成本很高的专属技术加以维系。与狒狒相比，王子的竞争优势持续期（CAP）相当不稳定，因为他们既有机会取代君王成为新的市场领先者，又容易受到攻击而被其他想要成为王子的对手所取代。

process innovation 流程创新 见"创新类型"。注重卓越运营的一类创新，凭借彻底的流程再造，在成本降低、质量保障或投放市场时机方面获取巨大优势，使成熟市场地位实现差异化。

product innovation 产品创新 见"创新类型"。注重产品领先的一类创新，凭借研发，改进成熟产品品类的特性、性能或市场价格，从而实现成长型市场地位的差异化。

product leadership 产品领先 见"价值定律"。三种价值定律之一，进行大量研发投资，凭借令人满意的特性、更加出色的性能或更低廉的市场价格，实现产品或服务的差异化。

program power 计划力 见"力的层级"。在目标市场中凭借优于相关竞争者的投放市场计划而获取的竞争优势。

reputation 声誉 在复杂系统市场中，由某公司或某产品的名字所引发的心理联想。在分析某一复杂系统企业的市场营销投资回报时，比品牌的意义更为广泛。

resource recycling 资源循环利用 一种人力资源管理战略，循环利用劳动力，从而在发明、应用或优化这三个区域之一使个人贡献最大化。为了刺激和加快对下一代创新的采纳，这项管理战略摧毁了孕育惯性的传统。

sectoring 划分 与细分相反，此方案将市场划分为不同区域，以组织地域覆盖和销售渠道管理。

segmentation 细分 与划分相比，此方案根据客户自发形成的利益群体来推知市场区域。细分往往关注市场份额的盈利情况，并强调口头推荐。

serf 奴隶 见"市场份额层级"。作为转换成本很低的市场份额竞争失败者，奴隶凭借短期供给力优势投机性地进入和退出产品品类，它们是商品化的根本力量。与猴子相比，由于无须复制专属技术，奴隶的进入壁垒更低。

skeptic 怀疑型战略 见"技术采纳生命周期"。技术采纳战略之一，始终反对技术的采纳，认为后果不可预期定律会破坏任何据说可以带来的收获。

technology-adoption life cycle 技术采纳生命周期 描述团体对引进某一非连续性技术如何反应的一个模型，它包括五种采纳战略：技术热衷主义战略、理想主义战略、实用主义战略、保守主义战略和怀疑型战略。

technology enthusiast 技术热衷主义战略 见"技术采纳生命周期"。一种技术采纳战略，从个人角度接受非连续性技术，将其看做一个学习并投身技术创新前沿的机会。

tornado 龙卷风期 见"技术采纳生命周期"。技术采纳生命周期的一个阶段，在该阶段中注重实效的客户受到某种杀手级的应用程序的刺激，成群结队地进入市场，导致供不应求，造成狂热的扩张和权益估价的迅速飙升。

value chain 价值链 某产品或服务从最初创造到客户配送，直至最终废弃处理所经过的一系列的流程和提供者。

value-chain discontinuity 价值链中断 颠覆性创新的两种形式之一，价值链中断挑战在位者的商业模式，从而打破现有市场的价值链。然而，它并没有启动一个新的技术采纳生命周期。

value disciplines 价值定律 由迈克尔·特里西（Michael Treacy）和弗雷德·威尔斯马（Fred Wiersema）在《市场领导者的修炼》一书中提出的战略发展模式。该模式将价值创造聚焦在以下三个领域之一：产品领先、亲近顾客或运营卓越。

value-engineering innovation 价值工程创新 见"创新类型"。注重卓越运营的一类创新，通过从成熟产品或流程设计中提取价值，使成熟市场地位实现差异化。

value-migration innovation 价值转移创新 见"创新类型"。注重卓越运营的一类创新，通过将关注焦点从价值链中的价值流失要素转向价值增进要素，使成熟市场地位实现差异化。成熟市场中常见的两个经典价值链转移分别是：从产品向消费品的转移，以及从产品向服务的转移。

vertical marketing　垂直营销　专注于在某一行业细分市场中获取支配性市场份额、由此创造"利基市场中的大猩猩"这样的市场力地位的营销。

visionary　理想主义战略　见"技术采纳生命周期"。技术采纳战略之一，由技术热衷主义者推动先行者采纳非连续性技术，以获取显著的竞争优势。

volume-operations model　规模运营模式　两类商业架构之一，最适用于单个客户在即将采购时做出购买决策的B2C业务。一般地来说，这种模式向每一位客户提供具有很高程度标准化水平的研发、配送和服务。

whole product　整体产品　要使目标顾客非买不可所需要的产品和服务的最小集合，在技术采纳生命周期的保龄球道阶段尤其重要。

杰弗里·摩尔管理系列

畅销30年,全球销量超100万册

ISBN	书名	作者
978-7-111-71084-4	跨越鸿沟:颠覆性产品营销指南(原书第3版)	杰弗里·摩尔 著
978-7-111-68589-0	龙卷风暴	杰弗里·摩尔 著
978-7-111-69518-9	猩猩游戏:高科技潜力股投资指南	杰弗里·摩尔 保罗·约翰逊 汤姆·基波拉 著
978-7-111-65849-8	断层地带:如何打造业务护城河	杰弗里·摩尔 著
978-7-111-46706-9	公司进化论:伟大的企业如何持续创新(珍藏版)	杰弗里·摩尔 著
978-7-111-72546-6	换轨策略:持续增长的新五力分析	杰弗里·摩尔 著
978-7-111-65084-3	梯次增长:颠覆性创新时代的商业作战手册	杰弗里·摩尔 著

推荐阅读

读懂未来前沿趋势

一本书读懂碳中和
安永碳中和课题组 著
ISBN：978-7-111-68834-1

双重冲击：大国博弈的未来与未来的世界经济
李晓 著
ISBN：978-7-111-70154-5

一本书读懂 ESG
安永 ESG 课题组 著
ISBN：978-7-111-75390-2

数字化转型路线图：智能商业实操手册
[美] 托尼·萨尔德哈（Tony Saldanha）
ISBN：978-7-111-67907-3